JN269914

BEST INTRODUCTION TO ECONOMY

［入門］ 見る 読む 深く わかる

“株”のしくみ

杉村 富生

SUGIMURA TOMIO

日本実業出版社

まえがき

株式投資は本当にむずかしい、とほとんどの人が思っておられることでしょう。実際、株式投資において、コンスタントに儲けている人は全体のわずか3〜4％にすぎない、との大手マスコミの調査結果もあります。まして、ここ数年はサブプライムローン・ショック、リーマン・ショック、東日本大震災、超円高に直撃されたほか、１９９０年のバブル崩壊以降、株式市場は20年以上にわたって基本的に〝一進二退〟の動きを続けてきたのです。さらに、最近は短期売買のネットトレーダーの全盛時代です。それに、外国人に振り回されています。２０１５年にはギリシア危機、中国株の暴落もありました。いや〜、こんな局面では〝利〟を確保するのは大変です。

しかし、だからこそ、まず基本を学ぶことが大切なのではありませんか。そのために、本書は株式投資の基礎、イロハを勉強する入門書です。

〝入門〟というとおり、わかりやすい記述ですが、証券市場と株式市場の本質に迫っています。ビギナー（初心者）向けの入門編に加え、銘柄選定、売買タイミングのつかみ方、実戦的な投資戦略（上級編）まで学べる内容です。

株式投資は〝３Ｋ〟が大事だといわれます。すなわち、①基本を学び、②記事の裏を読み、③人の話を〝聞く〟ということです。とくに基本については、「基本を知る者が勝つ」といわれ、何事においても大切なことです。この3つに加え、最低限の投資哲学・ノウハウを身につけることが、株式投資で成功するための秘訣です。

現在、外部環境では世界的に「リスク・オン」の姿勢が鮮明になっています。日本では2012年12月に自公連立の安倍政権が発足、アベノミクスを断行し、日銀は異次元の金融緩和を推進、デフレ脱却、円高阻止、成長戦略を推し進めるなど、政策は大きく変化しました。株式投資のチャンス到来といえるのではないでしょうか。さらに、2013年7月の参院選では与党が圧勝、衆参ねじれ現象が解消されました。この意味するところは大きいですね。政策遂行能力が高まるとともに、スピードがアップします。2014年12月の衆院選では与党が圧勝、安倍政権は長期政権となることが確実視されています。まさに、株式市場にとって〝黄金の時代〟の到来です。すなわち、長期政権↓株高なのです。

本書を契機に、より多くの人々が正確、かつ役に立つ株式投資の知識を身につけられますように。感謝。

2015年8月

杉村　富生

まえがき

1章 そもそも"株"ってナニ？

1-1 "株"ってナニ？ …… 010
オランダ東インド会社に起源を発するとされる「出資の証明」

1-2 株式会社のしくみは？ …… 013
小さな資金を集め、大きな資本にして事業を行ない、株主の責任は有限

1-3 株主になるということは？ …… 016
その会社に出資するということで、出資額に応じて責任と権利が生じる

1-4 株券は誰がどうやって発行するの？ …… 019
会社が発行し、その会社に対する出資を証明するのが株券（株式）

1-5 株式売買の目的は？ …… 022
企業は資金調達（発行市場）、投資家は儲けるために売買する（流通市場）

1-6 株式相場ってナニ？ …… 025
モノの価格は需要と供給のバランスで決まる。株式も例外ではない

先人の知恵　相場格言 一 …… 028

2章 株式市場のしくみは？

2-1 株式市場とは？ …… 032
「発行市場」と「流通市場」の両輪によって成り立つ

2-2 証券取引所とは？ …… 035
株式や債券などを売買する証券流通市場の中心

2-3 上場企業と非上場企業 …… 038
一般投資家が売買できるのは上場株だけ

2-4 株式市場の種類と基準 …… 041
1部、2部、東証ジャスダック、東証マザーズなど

2-5 証券会社は何をするの？ …… 044
投資と貯蓄のデパート、その仕事には4つの柱がある

2-6 注文の仕方と決済 …… 047
何（どの銘柄）を、何株、いくらで、どのように、売るのか買うのか

2-7 注文時の注意点 …… 050
注文の仕方（指し値、成り行き、寄り付き、大引け……）と売買単位

2-8 株価の決まり方 …… 053
「価格優先」と「時間優先」の2大原則とザラバ方式と板寄せ方式

2-9 信用取引とは？ …… 056
証券会社が顧客に信用を供与して行なう有価証券取引

2-10 株式売買と税金 …… 059
申告分離に1本化。さまざまな特例に注意

先人の知恵　相場格言（二） …… 062

3章 株価を決めるものはナニ？

3-1 株価は何で決まるの？ …… 066
内部要因と外部要因に加え、投資家の複雑な思惑や予測が絡み合う

3-2 これまでの株価水準の歩み …… 069
89年のバブルまで、トレンドは一貫して右肩上がりだったが……

3-3 企業の業績と株価 …… 072
株価に影響を与える業績とは「予測」のこと。みんなが知ったらおしまい

3-4 株式需給とは？ …… 075
株価は買いが多ければ上昇、売りが多ければ下落。この基本図式が株式需給

3-5 金利と株価 …… 078
基本図式は金利上昇→株価下落、金利低下→株価上昇

3-6 為替と株価 …… 081
為替の動向は金利に影響を与え、株価を決める重要な要因となる

3-7 景気と株価 …… 084
大相場は、不況の最終局面でスタートし、景気のピーク前に終わる

3-8 ファイナンスと株価 …… 087
「ファイナンスは買い！」「ファイナンス明けを狙え！」は昔の話だが……

3-9 海外情勢と株価 …… 090
大暴落は海外からやってくる！

3-10 新技術・新製品と株価 …… 093
市場は夢を評価しようとするが、理想買いだけで終わるケースも

先人の知恵　相場格言（三） …… 096

4章 株式売買の主役は誰か？

4-1 法人と個人投資家 …… 100
機関化現象が高まっているが、個人投資家こそが市場の担い手

4-2 機関投資家 …… 103
生保、投信、年金など膨大な資金運用で相場を左右する力をもつ

4-3 外国人投資家 …… 106
第4次外国人買いブームがやってきた?

4-4 証券投資信託 …… 109
証券投資信託の特色は資金の合同運用、分散投資。基本的に元本保証ではない

4-5 年金 …… 112
年金の運用資金は、21世紀に向けて株式の最大購入者になる見込み

4-6 大手証券 …… 115
3大証券はマーケットに与える影響が大きく、その動向に注目が集まる

4-7 仕手 …… 117
財テクブームとともに増大・減少したが……

4-8 投資顧問 …… 120
金融資産の運用と助言と情報提供を専門的に行なう認可業者と登録業者

4-9 ディーラー …… 122
自己売買業者は行き過ぎがないように、厳しい規制を受けている

4-10 ストックオプション …… 125
将来の株価次第で莫大な報酬を手にすることもできる自社株購入制度

4-11 金庫株と自社株買い入れ消却 …… 128
株価を意識した経営姿勢の高まりで、実施する企業は激増

先人の知恵　相場格言㊃ …… 130

5章 相場をつくるもの動かすもの

5-1 なぜ暴落するのか …… 134
戦後の大きな上昇相場は5回。相場には周期(リズム)がある

5-2 M&A、TOB …… 137
海外・国内、国境を越えて活発化。友好的なものも敵対的なものもある

5-3 仕手株・仕手化するとは …… 140
時代とともに仕手筋も変化している。非難もあるが、株の醍醐味でもある

5-4 裁定取引とS.Q. …… 143
市場に中立な手法だが、相場の撹乱要因になることも

5-5 経済指標 …… 145
国の政策、業界別指標、国際情勢なども株価の重要なファクター

5-6 材料 …… 147
2大株価決定要因(業績・需給関係)の背景にある材料は無数に絡み合う

5-7 相場テーマのつくられ方 …… 150
テーマのバックにあるものは「世相」。それを株式市場がスケッチしていく

5-8 情報を流すヒト、読むヒト …… 153
マスコミ、アナリスト、評論家、機関投資家などそれぞれの背景・立場を知る

先人の知恵　相場格言㊄ …… 156

6章 投資の尺度・技術あれこれ

6-1 出来高・売買代金……160
市場エネルギーのモノサシ。上げ相場で増加、下げ相場で減少する

6-2 日経平均株価……163
データの連続性で投資家に愛用されている生き物のような指標

6-3 利回り……166
「利回り革命」までは投資尺度の王様。株価暴落で見直し気運高まる

6-4 PER（株価収益率）とEPS（1株利益）……169
株価収益率は成長株理論で、1株利益の何倍に株価が買われているかを見る

6-5 PBR（株価純資産倍率）……172
純資産から株価を判断、解散価値ともいう。1倍を切れば底値圏

6-6 PCFR（株価キャッシュフロー倍率）……175
キャッシュフロー倍率はPERの応用編。機関投資家がよく使う

6-7 ROE（株主資本利益率）……178
「会社は株主のもの」という考えからクローズアップ

6-8 チャートのいろいろ……181
株価の足取りを図式化したチャートで、将来の波動を予見できる

6-9 ケイ線の見方……184
ケイ線の王様は陰陽（ローソク）足。いろいろな型で相場のゆくえを占う

6-10 チャートとトレンド……187
満ち潮（上昇相場）か引き潮（下落相場）かを見極めることが大切

6-11 市場関連指標の見方……190
相場全体の強弱や物色の傾向をつかむものなど様々。組み合わせて効果あり

6-12 レーティングと格付け……193
個別銘柄の株価判断がレーティング、債券のリスク評価が格付け

先人の知恵　相場格言 六……196

7章 新興・海外市場とデリバティブ

7-1 ジャスダック市場……200
取引所取引に移行して、よりスケールの大きいマーケットに

7-2 東証マザーズ……203
ハイリスクという認識が必要だが、ハイリターン

7-3 転換社債型新株予約権付社債……205
一定の確定利息を受けながら、株式転換やCBの売買でキャピタルゲインも

7-4 新株予約権証券……208
いわば権利に値をつけて売買するもの。ギャリング効果期待と紙クズの恐怖

7-5 ETF（株価指数連動型上場投資信託）……211
株価指数に連動し、リアルタイムで売買できるファンド
7-6 株価指数先物……214
現物株市場に多大な影響を与える
7-7 指数オプション……217
代表的なデリバティブ取引
7-8 個別株（株券）オプション……220
株価が上がると思えばコールを買いプットを売る、下がると思えば反対
7-9 外国株……223
円安に向かうなら外貨資産への投資に妙味
7-10 欧米市場……225
世界最大のNY市場。欧州市場は1つの経済圏として再発展の可能性あり
7-11 中国株とBRICs……227
インド、中国などの「潜在力」は魅力
先人の知恵　相場格言 七……230

8章 株式投資の実践ノウハウ

8-1 株式投資の目的は？……234
〝自分の性格〟もよーく考えて、投資の目的とスタイルを確立する
8-2 銘柄選び① 長期投資の場合……236
「成長株」を見極めて投資！
8-3 銘柄選び② 短期投資の場合……239
上昇トレンドの銘柄にタイミングよく飛びつく
8-4 銘柄選び③ 大型株or小型株、主力株or材料株？……242
銘柄の特徴によって値動きは異なることに注意
8-5 銘柄選び④ 一番手銘柄か二番手銘柄か……245
ビギナーはトップ企業の動きを観察して投資するのが無難
8-6 買いと売りのタイミング……248
同じ銘柄でも、投資のタイミング次第で損にもなればトクにもなる
8-7 「薄価ゼロ株」をつくって、株式分割で儲ける法……251
趣味の投資における必勝法
索引

イラストレーション／髙木一夫
装丁・ＤＴＰ／村上顕一

BEST INTRODUCTION TO ECONOMY

1章 そもそも“株”ってナニ?

SECTION 1-1

"株"ってナニ?

オランダ東インド会社に起源を発するとされる「出資の証明」

各国にあった東インド会社

株式、株式会社の始まり（起源）については諸説があります。一般的にはオランダ東インド会社を起源とするようです。

オランダ東インド会社は外国貿易を営む海商企業の寄せ集め的な性格をもっていましたが、海商企業そのものが有限責任の出資者群から成り、その出資を証明する証券が自由に売買されていたそうです。それぞれの海商企業がいまでいう株式会社であり、出資証券が株券に当たるわけです。

ちなみに、**東インド会社**は17世紀にイギリス（1600年）、オランダ（1602年）、フランス（1604年）などで相次いで設立され、インドおよび東南アジアとの独占貿易権を与えられた企業です。ただし、同じ名前の東インド会社でもイギリスやフランスのそれは貿易商人たちのギルド（組合）的な性格が強く、権益を守るための組織だったようです。

当初は東南アジアの香料、インドの綿布、中国の絹などを輸入し、ばく大な利益を得ていました。その後、植民地経営のための国策企業となります。

なにしろ、イギリスの東インド会社はイギリスの国王から徴兵権、士官任命権、首長国との交戦権まで認められていたほどです。1757年のプラッシーの戦い以後のイギリスのインド征服は、東インド会社が行なったの

● 株式会社的なしくみの始まりは「船舶共有組合」

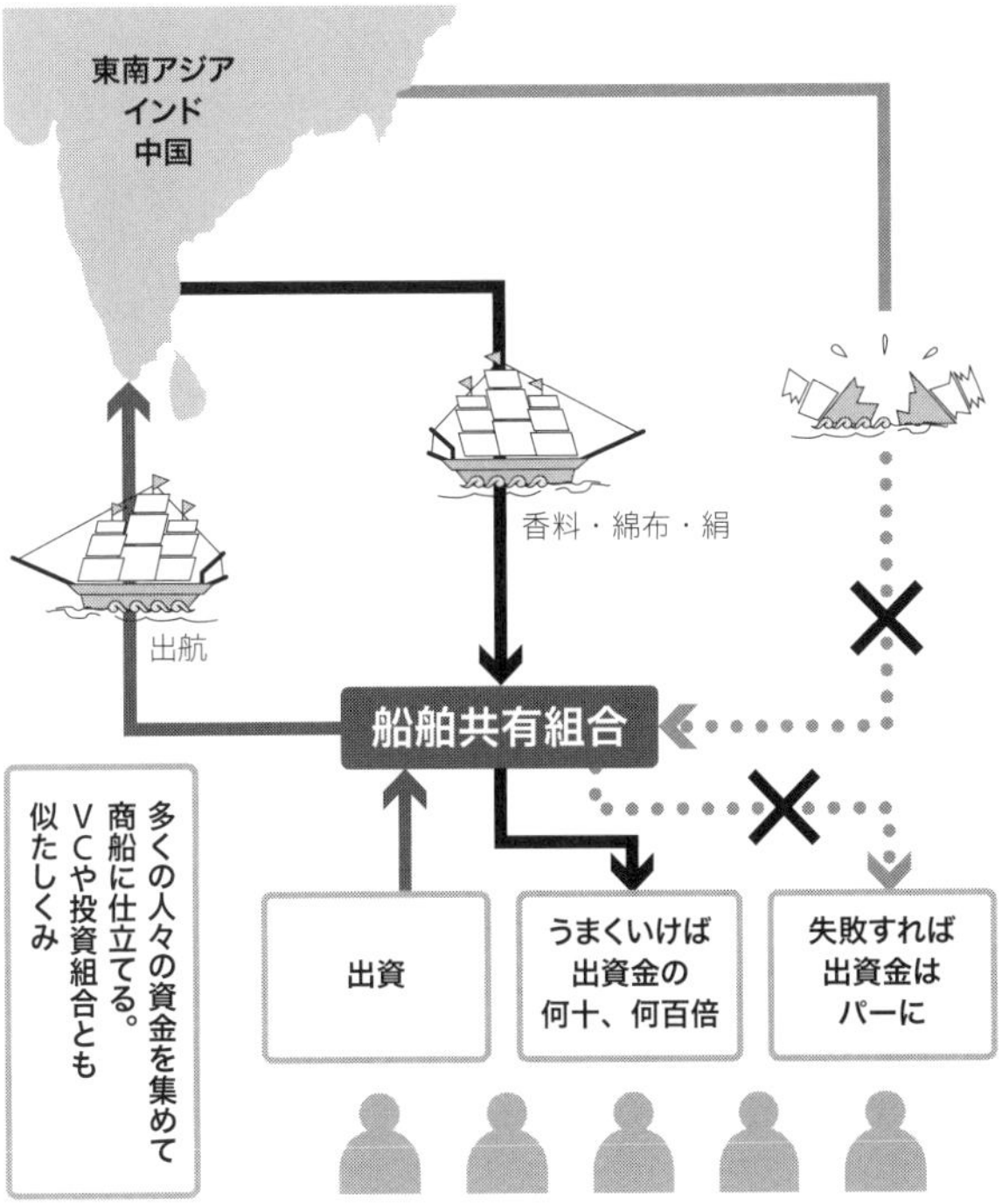

KEY WORD

単元株：2001年10月から改正商法が施行され、従来の単位株、ならびに額面は廃止され、無額面の単元株となった。1単位当りの純資産5万円以上という規制も撤廃されたため、企業は自由に売買単位を決めることができる。

です。

これ以前には、株式会社に似た「船舶共有組合」というものがありました。これは、多くの人達が自分で出せる範囲の資金を拠出し、集まった資金で商船を仕立て、アジアに向かうものです。もちろん、航海はプロにまかせます。出資者はヨーロッパに居て商船の帰りを待ちます。うまくいけば出資金は何十倍、何百倍になって戻ってきますが、嵐や海賊に襲われたりすると、出資金はすべてパー。まさに、ハイリスク・ハイリターンですね。現在のベンチャーキャピタル（VC）、投資組合などと考え方は同じだと思いませんか。

日本では明治維新以後に導入

一方、わが国では坂本竜馬の「**亀山社中**」が最初の株式会社的なものともいわれますが、本格的に株式会社の企画、組織が入ってきたのは、明治維新（1868年）以後のことです。最初の株式会社としては明治2年に通商会社、為替会社などが設立されたそうですが、いずれも不完全であり、その多くが失敗したといわれています。

正式な株式会社の登場は、明治5年の国立銀行条例の公布を待たねばなりません。この条例は、国立銀行は株式会社でなければならない——と定めていたのです。

株式のことをドイツ語ではアクツィエ、フランス語ではアクションなどと表現されますが、いずれもオランダ語のアクシー（株の意）が語源になっています。一方、米国ではストック、英国ではシェアが使われています。

株式とは〝株式会社における株主としての地位を示す有価証券〟です。わかりやすく説明すると、株式会社の出資者（株主）の〝持ち分〟ということ。したがって、外国語では英国のシェア（share）がその意味をもっともよく表わしています。

SECTION 1-2

株式会社のしくみは？

小さな資金を集め、大きな資本にして事業を行ない、株主の責任は有限

著名企業はすべて株式会社

トヨタ自動車、ソニー、日立製作所、全日本空輸、パナソニック、三菱ＵＦＪフィナンシャルグループ、ＪＲ東日本など皆さんがよく知っている主要企業は、ほとんど**株式会社**です。また、かつては相互会社だった生命保険会社も、株式会社に転換しているところが多くあります。

海外でもＩＢＭ、ＧＭ、モトローラ、ウォルト・ディズニーなどといった著名企業はすべて株式会社の形態をとっています。

いまや、共産主義国家の中国でも株式会社が次々と設立され、証券取引所さえあるのです。

オランダで始まった株式会社のしくみがこれほど普及したということは、とりも直さずこのシステムが優れている、という証拠でしょう。

株式会社とは会社に対する出資、すなわち株式の集合体ですが、そのメリットについて考えてみましょう。

お金を集めやすいしくみ

第一に、小さな資金を集め、巨額の資金にし、大事業を行なうことが可能だ、ということです。

事業を始めるには膨大な資金が必要です。事業の元は〝モノ、カネ、ヒト〟といわれま

●株式会社のしくみ

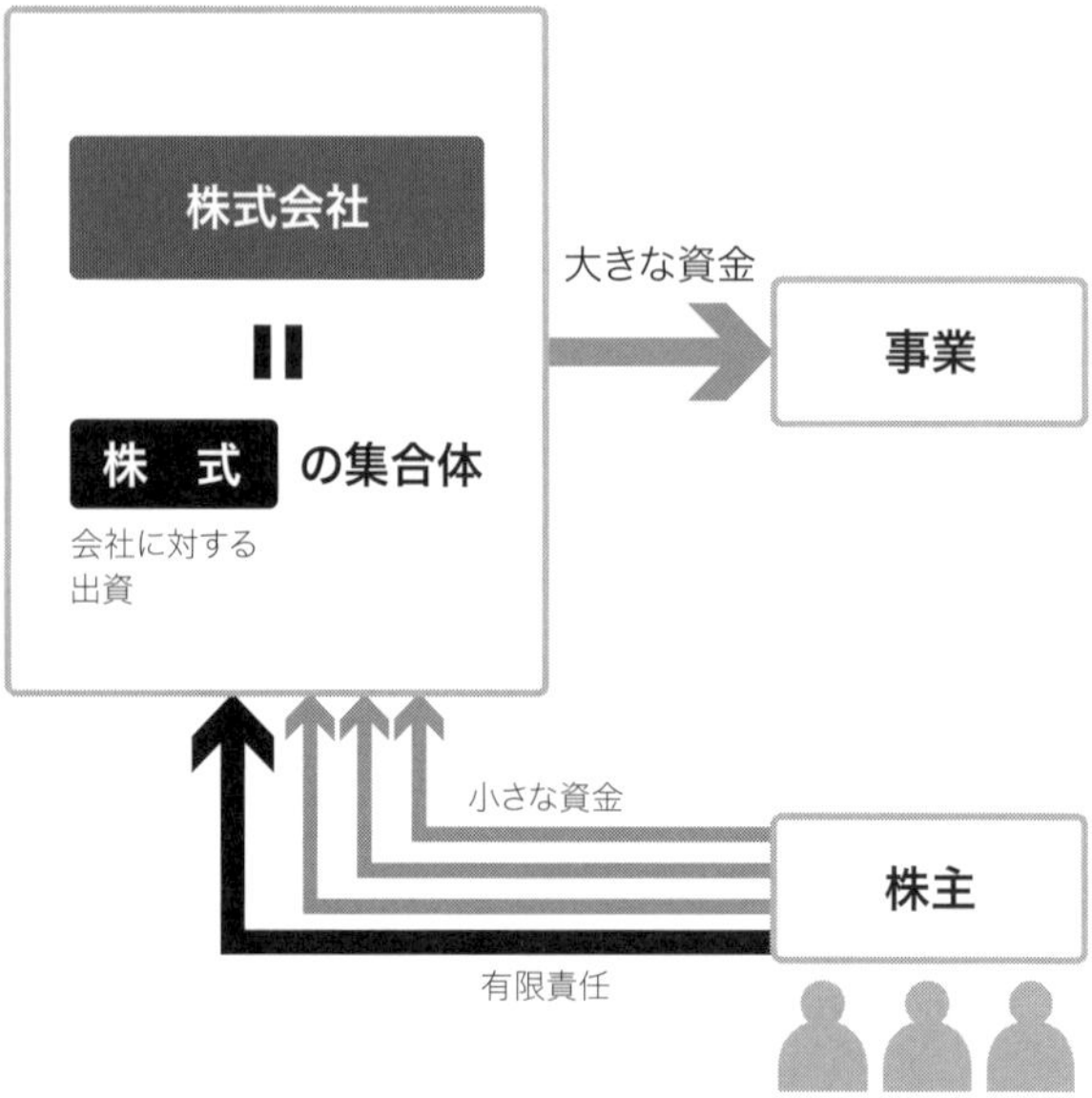

●合名会社のしくみ

すが、土地を取得したり、オフィスを借りたり、人を雇ったりするにはお金がいります。工場を建設し、設備を入れるとなれば、何百億円、何千億円単位の資金が必要な場合もあります。この資金を効率よく、広範囲に集められるシステムとしては、株式会社が最良でしょう。

第二の利点は、**有限責任**ということです。

株式会社は出資者を募り、その出資金額に応じ株券（株式＝出資を証明する証券）を発行します。出資者（株主）は出資金額の範囲内においてのみ、責任を負います。

仮に、株式会社が負債をかかえて倒産したとしても、株主は出資分をあきらめるだけで済むのです。この意味で、株式会社における株主の責任は〝有限〟なのです。

これに対して、たとえば合名会社だと、そうはいきません。合名会社が倒産した場合、出資者は出資金にとどまらず、個人財産を提供し、損金を埋める必要（義務）があります。すなわち、責任は〝無限〟なのです。

株式には一般的な株のほかに、**優先株**（普通株に優先して配当と残余財産を受け取る権利がある株式）、**後配株**（優先株と逆の株式）といった種類もありますし、普通株より議決権を制限される議決権制限株、事業部門ごとに株券を発行する**トラッキングストック**もあります。特殊な**黄金株**もあります。２０１５年にはトヨタ自動車が5年間は売れない株式を発行しました。これらを総称して種類株ともいいます。

優先株は、いすゞ自動車、ＪＦＥ商事などが銀行を主な引き受け手として経営危機を乗り切るために発行したことがあります。

KEY WORD

史上最高値：その銘柄が上場して以来、いちばん高い株価。上場来高値ともいう。ＮＴＴの３１８万円（87年4月）がそう。ただし、株式分割を行なうと、連続性が失われる。

長期投資：余裕のある資金で長期に、じっくりと投資すること。配当をもらい、株式分割などによって持ち株も増える。

SECTION

1-3 株主になるということは？

その会社に出資するということで、出資額に応じて責任と権利が生じる

持株数に応じて権利に差がある

上場企業の場合、だれでも**株主**になることができます。株主になるというのはその会社に出資するのと同じ意味です。株主は出資額に応じて責任を負うことになります。

株主になると、配当、増資（株式分割、株主割り当ての有償増資など）の権利を受けることができます。また、会社解散時の**残余財産分配権**もあります。さらに、株主総会に出席し、役員の選出、決算案の可否などの審議に参加し、議決する権利もあります。

こうした株主の権利（**株主権**）は平等な取り扱いを受けるのが原則です。しかし、持ち株数に応じ、その権利に若干の差が生じるのはやむを得ません。

たとえば、当該企業の発行済み株式総数の一定比率以上の株式を持っている株主には、**帳簿閲覧権**、株主総会の開催を請求する権利などがあります。

大株主には、いろいろな〝特典〟がありますが、制約もあります。**5％ルール**というものがあり、発行済み株式総数の5％以上を保有する株主は、その持ち株の増減を内閣総理大臣等（実際には地方財務局や証券取引所）に届け出なければなりません。

3つに大別される株主の権利

一方、株式を持つ側から権利としての性格

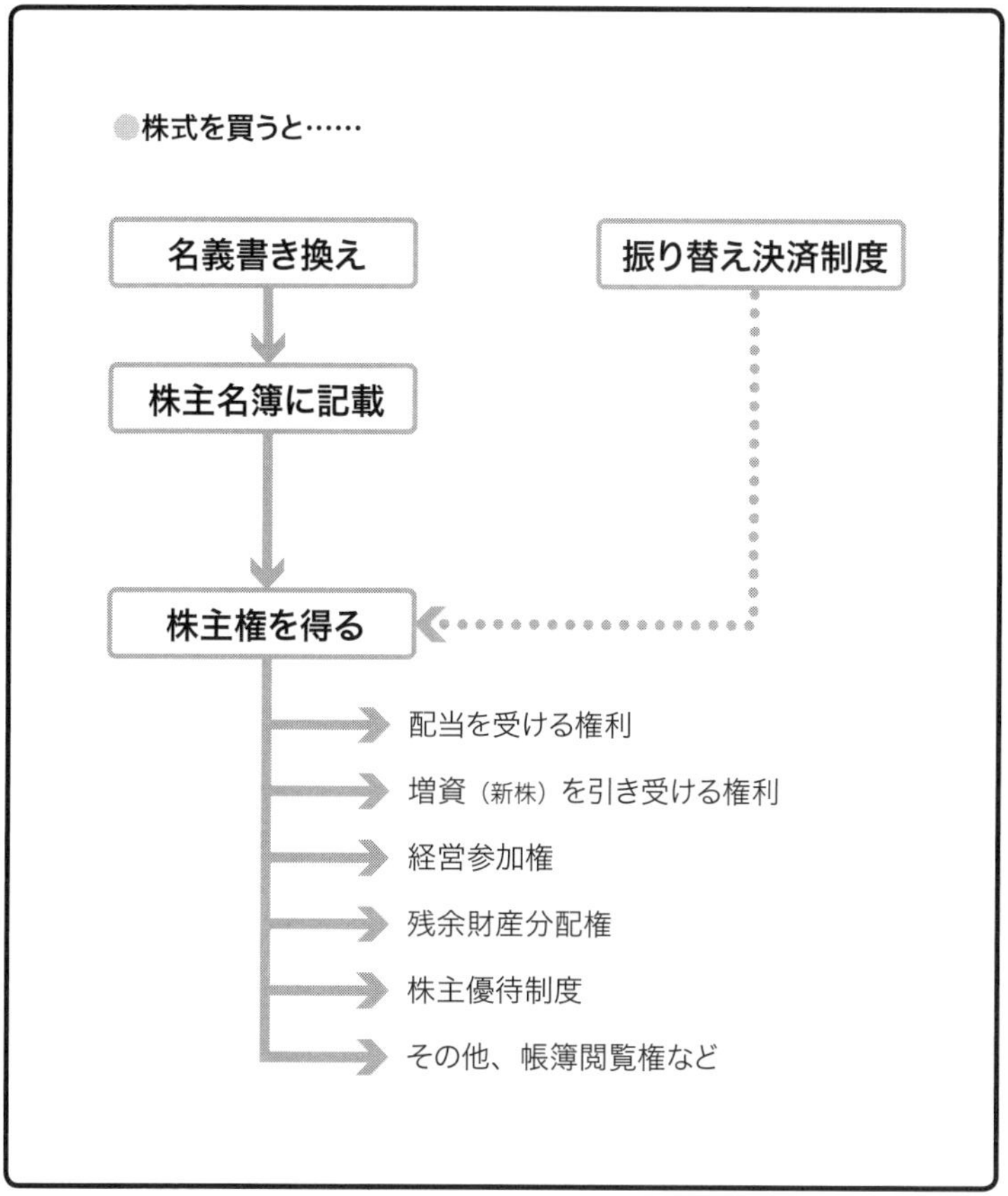

KEY WORD

新高値・新安値：上場来、年初来、昨年来などいくつかのケースがある。新聞の相場欄に記載されているのは通常、年初来のこと。ただし、株式分割などによる権利落ち後は、落ち後の高値、安値を使う。

拒否権：発行株式数の3分の1以上の株式を保有すれば特別決議（3分の2以上の賛成が必要）を阻止できる。

を大きく分けると、①**利潤証券**、②**物的証券**、③**支配証券**――の3つに大別できます。

①利潤証券とは会社の収益配分に参加する権利です。株主は配当、株式分割などの形で収益の配分を受けることができます。

②物的証券とは会社が解散するときに残余財産の分配にあずかる権利（残余財産分配権）を持っているということです。株式市場では土地の含み、純資産などが評価されて人気化する銘柄がありますが、これなどはまさに解散価値を買っている、との見方もできます。

③支配証券としては、株主総会への出席、議案の議決権、発言権があります。ただし、議決権は持ち株数に応じて変わります。

総発行株数の3％以上を保有していれば臨時株主総会の開催も請求できます。また、総発行株数の1％以上を持つ株主には株主総会での議題提案権、同3％以上の株主には帳簿閲覧権、同10％以上の株主には解散請求権もあります。さらに、過半数の株式を持つ株主は会社の経営権を握ることもできます。

なお、配当分配請求権、残余財産分配権を**自益権**、議決権を**共益権**と称したりもします。

権利のほかに優待制度も魅力

ところで、株式を買っただけでは本当の株主とはいえません。**名義書き換え**が必要です。名義書き換えを完了すると**株主名簿**に記載され、株主として認められます。なお、最近は**振り替え決済制度**（2－7参照）があり、これに入っていれば改めて名義書き換えをしなくても株主の権利が受けられます。

株主になると、前述したような諸々の権利のほか、**株主優待制度**も受けられます。近年、株主優待制度を導入する企業が増えており、鉄道・バスの優待パスのほか、各種割引券、お買い物券、自社製品のプレゼント、お米の贈呈などユニークなものもあります。

SECTION
1-4 株券は誰がどうやって発行するの？

会社が発行し、その会社に対する出資を証明するのが株券（株式）

設立時と資金需要があるときに発行する

株券（株式）を発行（ただし、現状は株券電子化によりペーパーレス化）するのは株式会社で、株券とは株式会社に対する出資を証明する証券です。株式会社を設立する場合、1人以上のメンバー（発起人）が資本を出し、その出資額に応じて株券を受け取ります。

また、株式会社が成長を続け、おう盛な資金需要に対応して発行するときもあります。

会社が新しく資金を調達したいと思ったとき、その方法には、銀行借り入れを行なう**間接金融**と銀行を介さず市場から資金を調達する**直接金融**の2通りがあります。後者の直接金融にはさらに、①社債、CP（コマーシャルペーパー）の発行と、②新株発行があります。②を**増資**といい、株式市場ではファイナンスと呼んだりします。逆に、業績が悪化し、資本金を減らすケースもあり、これを**減資**といいます）。

増資にはルールがある

増資には**公募増資**、優先株の発行、**第三者割り当て増資**、**新株予約権付社債**（旧転換社債、ワラント債）、**新株予約権証券**（旧ワラント）などがあり、これらを**エクイティ・ファイナンス**（新株発行を伴う資金調達）と称しています。また、資本準備金を資本金に組み入れる株式分割も増資の一種です。

●新しく資金調達するには……？

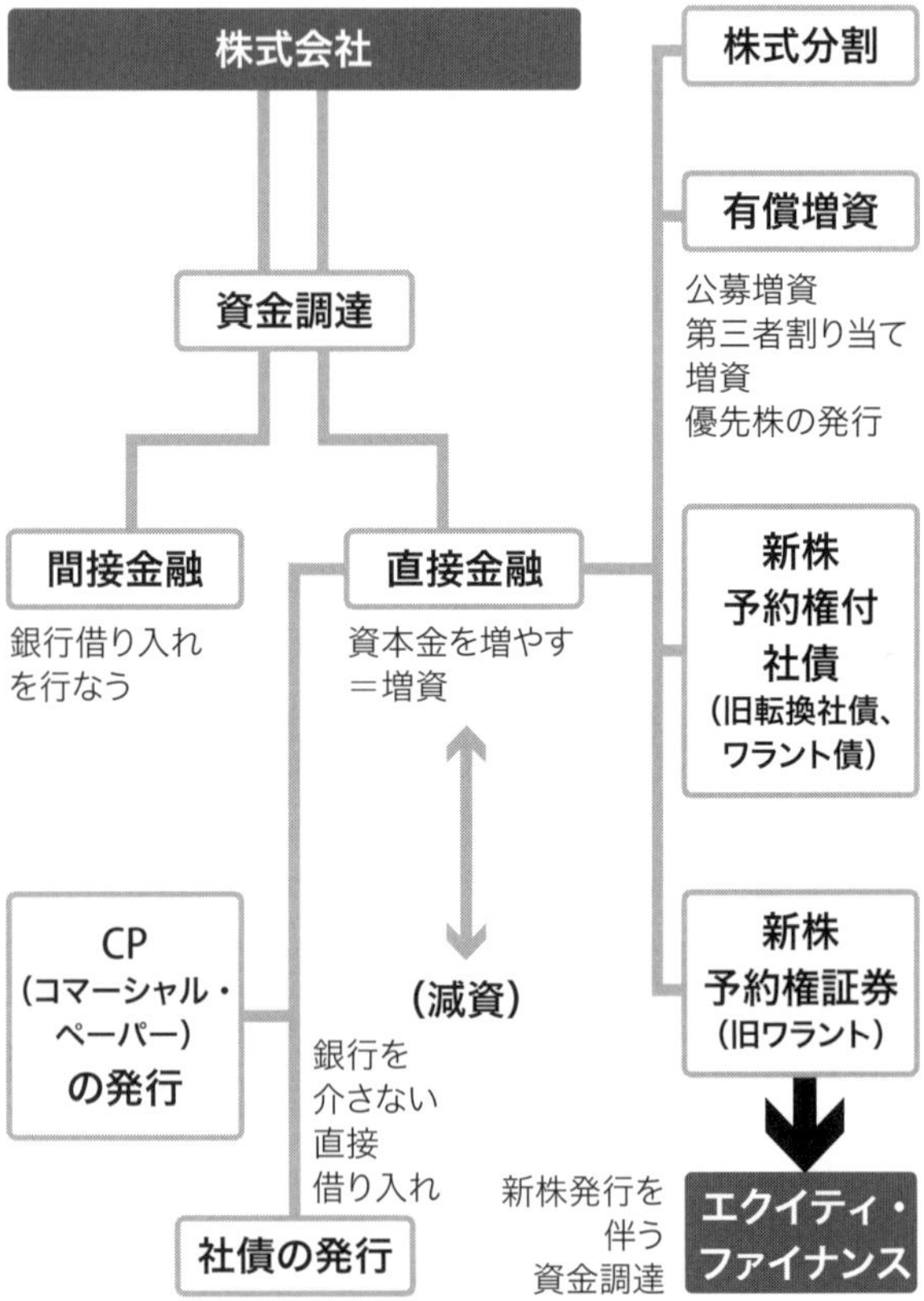

これらの発行は上場企業でなければいろいろな制約があって、簡単ではありません。なにしろ現状では、公募増資は上場企業でさえ、株主資本利益率（ROE）などに厳しい条件がついているぐらいです。

公募増資は**時価発行**がほとんどです。発行価格は流通市場の時価を基準に決められます。一方、新規上場の場合はブックビルディング（需給調整方式）によって、公募価格、および売り出し価格が決まります。

新株予約権付社債の発行も大半が公募によって行なわれます（外債では私募債が一般的です）。なお、MSCBとは転換価格の下方修正条項付き転換社債型新株予約権付き社債のことです。企業は資金調達ができる半面、既存の投資家は株価が下落し、不利益を被ります。

第三者割り当て増資は増資新株を取引先、金融機関、自社の役職者などに割り当てる形で実施されます。その目的は親会社による経営不振子会社のテコ入れ、経営権の強化、関係の緊密化などのほか、エクイティ・ファイナンスができない企業の資金調達、財務内容改善などを狙っても行なわれます。

また、上場（株式公開）を控えた企業が株主づくりなどのために実施することもあります。発行価格が時価よりも著しく低い場合は、株主総会での特別決議が必要です。

2013年6～7月にはJトラストが株主割り当ての1000億円強の増資（ライツ・イシュー）を行なって話題を集めました。ただ、発行価格1800円には疑問があったようです。

KEY WORD

ライツ・イシュー：大量の公募増資によって、株式の価値が希薄化（ダイリューション）、既存株主が不利益を被るケースがある。このため、日本取引所は株主に引き受けの権利を与えるライツ・イシュー制度を推奨している。

黄金株：特定の株主に拒否権など特別の権利を付与する株式のこと。種類株のひとつ。M&Aに対する防衛のために発行される。

SECTION 1-5

株式売買の目的は?

企業は資金調達(発行市場)、投資家は儲けるために売買する(流通市場)

大きなメリットは「抜群の換金性」

資本(株式)市場には**発行市場**と**流通市場**の2つの顔があります。流通市場は多くの人々が株式投資をすることによって、多種多様の価値観が生まれ、流通に厚みができます。その結果、価格形成がスムーズになり、公正な価格が生まれるのです。

ある人(株主)が突然、お金が必要になったとき、上場企業の株式であれば、よほど変な銘柄でない限り売ることができ、4日目(営業日で数える)には売却代金(現金)を手にすることができます。抜群の換金性——そこが絵画、不動産などに対する投資と違うところです。

このため、流動性の確保、すなわち、証券取引所を中心とする流通市場の整備・充実は、株式会社制度、資本主義社会の発展には欠かせないものです。たとえば信用取引は仮需ですが、これも流動性を高める施策のひとつなのです。流通市場、すなわち証券取引所があるからこそ、安心して株式投資ができ、株主になれるのです。

売買の目的はさまざま

上場・公開企業の株式の売買は、基本的に証券会社で行ないます。売り買いをするのは全国約3000万人の個人投資家をはじめ、事業法人、金融機関、外国人投資家、公的資

●株式による資金調達と流通が日本経済の発展に貢献

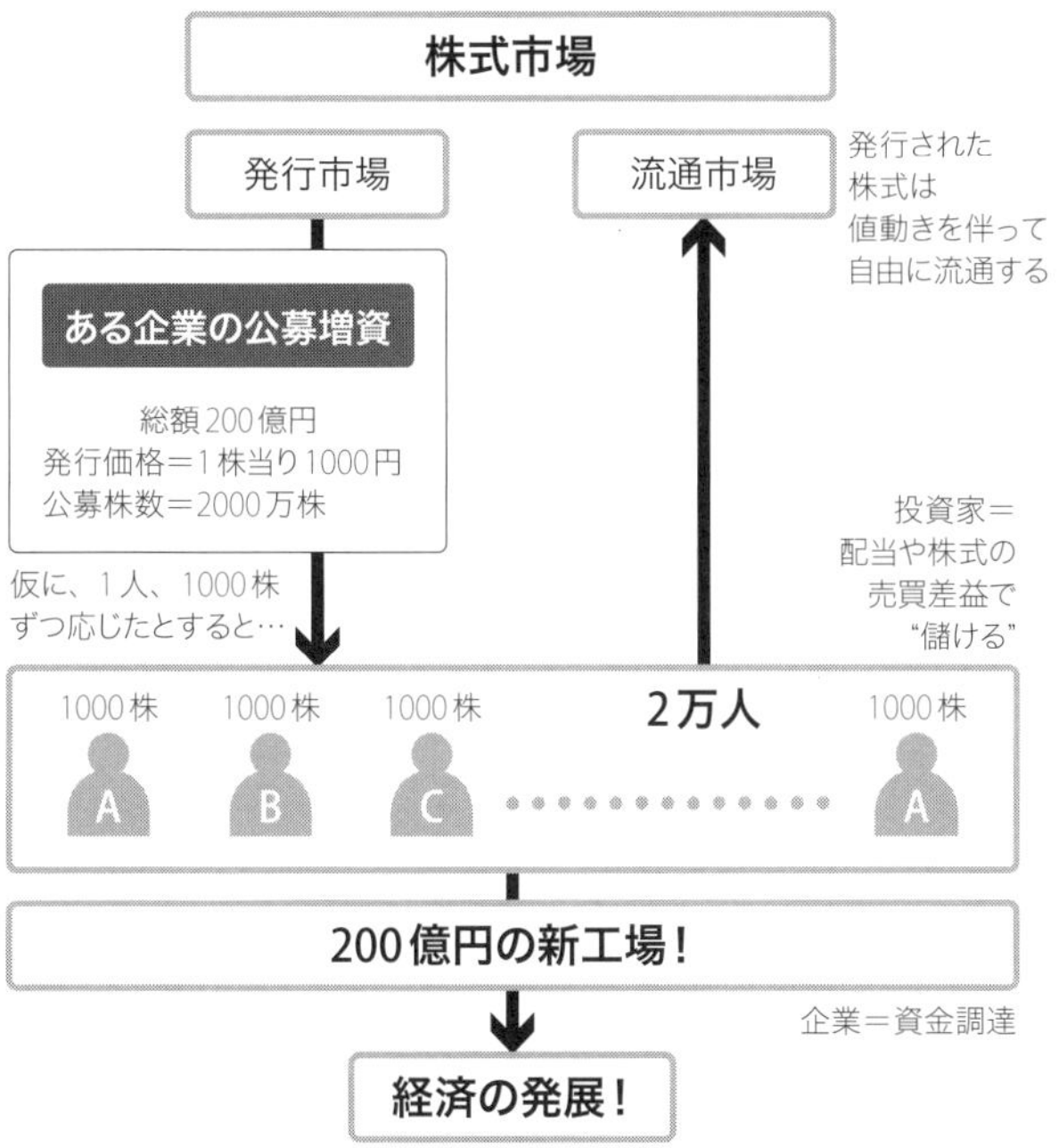

KEY WORD

テーマ：物色の流れ。たとえば福祉関連とか、太陽光発電、エコカー関連とかといったこと。超電導、省エネ、アジア関連など、その時々の世相を反映した話題が物色の中心になる。

トレンド：相場の流れのこと。上昇に向かっていれば上昇トレンド、下降中の場合は下降トレンドという。

金（年金など）などです。

株式を売買する目的は、個人投資家にとって、つきつめれば儲けるためにほかなりません。しかし、このことが株式の流動性を高めたり、上場企業のファイナンス（資金調達）に応じたりすることによって、日本経済の発展に多大の貢献をしているのです。

株式の売買とは株主の権利を売り買いすることです。いつでも株主になれ、いつでも辞められ（**換金性**）、有限責任（出資額の分だけ責任を負う）であるうえに、限りない投資のロマンがある——これが株式投資の魅力ではないでしょうか。

企業は資金調達のために株を売る（発行する）

企業（株式会社）は常に、事業の拡大を目指しています。新しい工場をつくる、工場の増設をする、研究所を建設し新製品や新技術の開発を推進する、本社ビルを建てる——ことを考えているものです。

これらの資金は自己資金や銀行借り入れによってまかなうこともできます。しかし、低利・ロングの資金を調達することも必要です。その切り札が**エクイティ・ファイナンス**です（**1－4参照**）。たとえば、ある企業が200億円を投じ、新工場を建てる計画を作成し、その資金を公募増資によってまかなうとしましょう。発行価格が1000円とすれば、公募増資を1000株引き受けるAさんは100万円の払い込み金額になります。

公募株数は2000万株になりますから、仮に、Aさん同様、1人1000株ずつ引き受けてもらうとすれば、2万人の投資家が必要です。100万円の出資者が2万人集まって200億円の資金になり、新工場が建つわけです。まさに、一人ひとりの金額は小さくとも多数が集まれば巨額になる、これが株式会社の強みです。

SECTION

1-6 株式相場ってナニ？

モノの価格は需要と供給のバランスで決まる。株式も例外ではない

株式相場は大きな関心事

全国紙、地方紙を問わず、ほとんどの新聞には、いろいろな市況が掲載されています。青果物、水産物、さらに原油、銅、合板、木板、繊維などの市況まで多岐にわたっています。なかでも、株式市況には各紙ともいちばん大きなスペースを割いています。

このことはとりも直さず、株式市況に対する読者の関心が高く、国民経済的に重要だということを示しています。NHKニュースの最後には必ずといっていいほど「きょうの経済情報」として、株価の動きについてのコメントがあります。株価は金融機関の経営、企業業績、個人消費などのほか、年金基金の運用成績などにも深く関わり、社会全体に大きな影響を与えます。

所得倍増論で高度経済成長をリードした故・池田勇人首相は毎日、側近に「きょうの株式相場はどうかね」とたずねたそうです。さすがに、経済通で知られていた宰相ならではの話ですね。株式市場が経済、政治の動向や国民のムードを映す鏡だと認識されていたのでしょう。これがマーケットとの対話につながります。1990年以降の株価暴落時、「株価の下落が実体経済に影響をおよぼすことはない」とノー天気な発言を繰り返していた、どこかの国の中央銀行総裁とは大きな違いです。

●株式相場を左右するものは何か

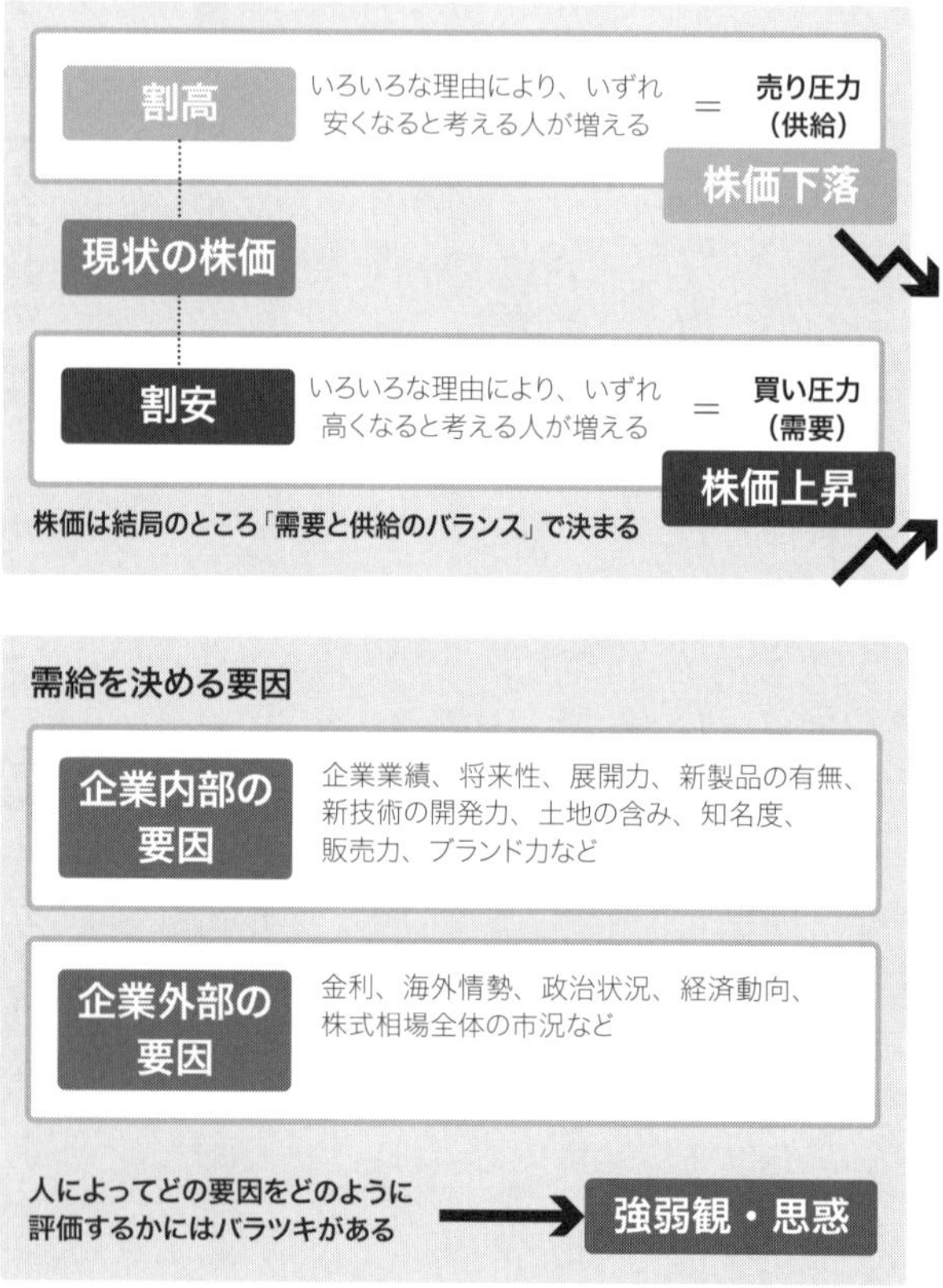

割高
いろいろな理由により、いずれ安くなると考える人が増える
＝
売り圧力（供給）
株価下落
現状の株価
割安
いろいろな理由により、いずれ高くなると考える人が増える
＝
買い圧力（需要）
株価上昇
株価は結局のところ「需要と供給のバランス」で決まる
需給を決める要因
企業内部の要因
企業業績、将来性、展開力、新製品の有無、新技術の開発力、土地の含み、知名度、販売力、ブランド力など
企業外部の要因
金利、海外情勢、政治状況、経済動向、株式相場全体の市況など
人によってどの要因をどのように評価するかにはバラツキがある
強弱観・思惑

●業績と需給で価格が決まる

株式市場の**相場**、すなわち価格形成のメカニズムは基本的に他の市況商品と同じです。割高→いずれ安くなると考える人が多ければ売り圧力→株価下落につながります。逆に、割安→いずれ高くなると思う人が増えれば買い圧力→株価上昇となります。もちろん、株価形成の過程は他の市況商品のどれよりも複雑です。ただ、一言でいえば価格（株価）は**需要と供給のバランス**によって決まります。

その株価を決める需給のみなもとには、企業業績や将来性、展開力、新製品の有無、新技術の開発力といったものがあり、さらに土地の含み、知名度、販売力、ブランド力なども価値判断の元になります。

これらに対する判断、評価は投資家の見方によってバラツキがあります。さらに、そうした企業内部の要因だけではなく、金利や海外情勢、政治状況、経済動向など企業外部の要因にも大きな影響を受けます。そう、株価はあらゆるファクターが複雑に絡み合うことによって決まっていくのです。

たとえば、ある人は「すばらしい製品だ」と評価したものの、ある人は「たいしたことはない」と分析するケースはよくあります。ここに強弱観が生まれ、思惑を呼ぶのです。

98年末から2000年初めまでインターネット関連株が大暴騰しました（ITバブル）。思惑が偏って、超一極集中相場が続いたのですが、その後は急落しました。需要と供給のバランスが崩れ、行き過ぎた株価は、どこかで〝修正〟されるということも覚えておくとよいでしょう。

KEY WORD

投資尺度：投資の際のモノサシのこと。利回り、PER、PBRなどいろいろある。自分自身のモノサシを持つことが大切であり、使い方には〝工夫〟がいる。

PER：株価収益率。株価を1株当り税引き利益（EPS）で割って算出する。EPS20円の会社の株価が200円の場合、PERは10倍となる。

先人の知恵

相場格言

一

大勢観をつかめ

◆大勢観をつかむのは基本理解が第一と心得よ！
◆景気・企業業績と株価のズレを見落とすな！
◆不景気の株高
◆金魚売りに売りなし
◆豊作に売りなし
◆続く流れに逆らうな、ついていくのが儲けの道

ニュース活用法

◆記事の裏を読め　想像力を働かせよ！
◆小さな記事に大きなヒントが隠されている
◆見出しの大きさは材料の評価ではない！

株式投資はタイミングが命

◆株を買うより時を買え！
◆上がる理も時節がこなければ上がらないと知れッ
◆需給はすべての材料に優先する
◆ニュースは報道されたとたんに古くさいものになる
◆軽率にニュースに同調するな！
◆うわさで買って「事実」で売る
◆ヘビは足がなくても木に登る

国策に逆らうな

国策にカネを乗せよ！

「国策に逆らうな！」ともいう。国の政策は時代の潮流である。社会インフラの輸出促進とか、女性の活用などといった政策は、株式市場のメインテーマになる。

大化け株の見つけ方

◇社名変更は業態変貌の証明
◇復配は企業サイドの「業績回復宣言」
◇新人採用計画は経営陣の先行きに対する意識を示すとともに、企業の将来を反映する
◇新製品・新技術の開発は業容を一変させる

情報の見分け方

◇早耳の早倒れ
◇飛びつく魚は釣られる
◇知識と情報が多すぎると勘が鈍る
◇勘は知識と情報の裏づけがないと精度が落ちる
◇聞いて極楽、買って地獄

BEST INTRODUCTION TO ECONOMY

2章 株式市場のしくみは？

SECTION 2-1

株式市場とは？

「発行市場」と「流通市場」の両輪によって成り立つ

●投資家は株を保有し続けるわけではない

株式市場は機能的な面から「**発行市場**」と「**流通市場**」の2つに分けられます。これは債券市場も同じです。株式市場と債券市場を一緒にして**証券市場**と呼んでいます。

発行市場とは、企業によって新しく発行された証券、株式の場合は、株券が証券会社の仲介によって最初の投資家に保有されるまでのあいだのことを指します。つまり、株式供給の流れのことです。

上場企業は新株や新株予約権付社債などを発行することによって、設備投資資金など長期の事業資金を調達します。市場から直接資金を得ることから直接金融（1－4参照）と呼ばれ、金融機関から借り入れる間接金融とともに大切な機能です。

一方、払い込みに応じた投資家（株主）は、いつまでもその株式を保有し続けるとは限りません。第三者に転売し、これが次々に売買されていきます。これが流通市場です。

主な流通の場としては証券取引所が開設する「**取引所取引**」と証券取引所以外で取引される「**店頭市場**（ジャスダック）」がありましたが、ジャスダックは取引所取引に移行しています。

そして、東京と大阪の市場統合に伴って、2013年7月にジャスダックは東京取引所に吸収されました。また、機関投資家などの

発行市場と流通市場の関係

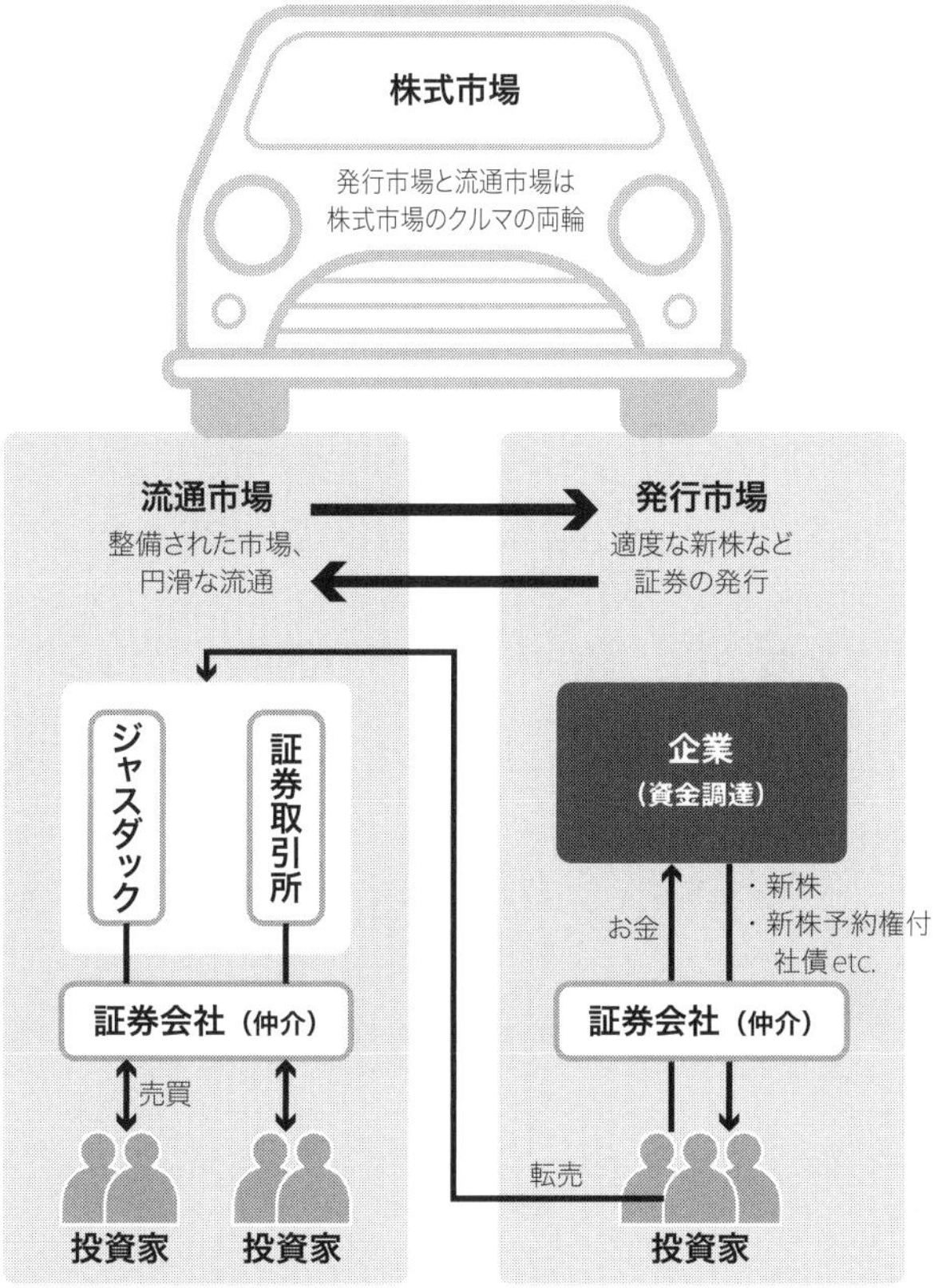
株式市場
発行市場と流通市場は
株式市場のクルマの両輪
流通市場
整備された市場、
円滑な流通
発行市場
適度な新株など
証券の発行
ジャスダック
証券取引所
証券会社（仲介）
売買
投資家
投資家
企業
（資金調達）
お金
・新株
・新株予約権付
社債 etc.
証券会社（仲介）
転売
投資家

大口取引については立会外取引での商いが増えています。

●両市場の活性化が重要

株式市場の発行市場と流通市場は車の両輪です。どちらか片方だけが機能し、もう片方が機能しないのではダメです。

証券（株式市場は株式）が発行されるためにはしっかり整備された流通市場が必要です。いざというときにすぐ換金できないようでは、投資家は安心して出資できません。逆に流通市場が円滑に機能するためには、新株など証券の発行が適度に行なわれ、市場が活性化することが必要なわけです。

1990年以降の株価暴落、出来高の減少に伴って、数年間にわたって新規上場、新規公開、さらに公募増資などの制限が行なわれました。

こうした制限が行なわれると、株式による資金調達の道が著しく狭まることになります。その結果、経済全般にもマイナスの影響を与えてしまいました。こうした状況を憂慮し、近年、株式市場の活性化、魅力の向上が求められ、様々な対応策が打ち出されています。

売買単位の引き下げ、NISA（Nippon Individual Savings Account＝少額投資非課税制度）の導入などが好例です。

KEY WORD

PTS：私設取引システムの略称。取引所ではなく証券会社のコンピュータネットワーク上で取引される。一部のネット証券が夜間取引などを取り扱っている。

塩漬け：手持ち株が値下がりし、材料的にも業績面でも反発が望めず、さりとて投げるには損が大き過ぎるときに、それなら、「しょうがない、戻るまで待つか」と持ち続けること。

SECTION

2-2 証券取引所とは？

株式や債券などを売買する証券流通市場の中心

●現在は国内に5つの取引所がある

ストック・エクスチェンジ＝**証券取引所**は株式、債券、新株予約権付社債などを売買する証券流通市場の中心をなす場所です。そこでは証券の集中売買による流通性の向上、公正な価格形成が行なわれています。

証券取引所での取引を「**市場内取引**（取引所取引）」と呼び、上場会社の証券は原則この取引で行なわれます。「**市場外取引**」では、大口投資家同士の相対売買や端株取引などがあります。

わが国の証券取引所は明治11年の「株式取引所条令」に基づいて東京、大阪に設立されたのが最初です。取引所自体が株式会社であり、上場もされていました。第2次世界大戦の終戦直前の1945年8月10日まで続きました。現在の証券取引所は戦後約4年経過した1949年5月16日にスタートしています。

はじめは全国に9取引所あったのですが、神戸が廃止され、8取引所（東京、大阪、名古屋、京都、広島、福岡、札幌、新潟）に。2000年3月には広島、新潟が東京に吸収され、京都も大阪に併合されました。その一方、従来は店頭取引であったジャスダックは取引所取引に移行しました。

証券取引所は証券会社による会員制でしたが、東京、大阪、名古屋、そしてジャスダックは株式会社になっています。なお、東証と

●日本取引所グループの発足スキーム

①東証グループによる大証の子会社化（2012年7～8月）

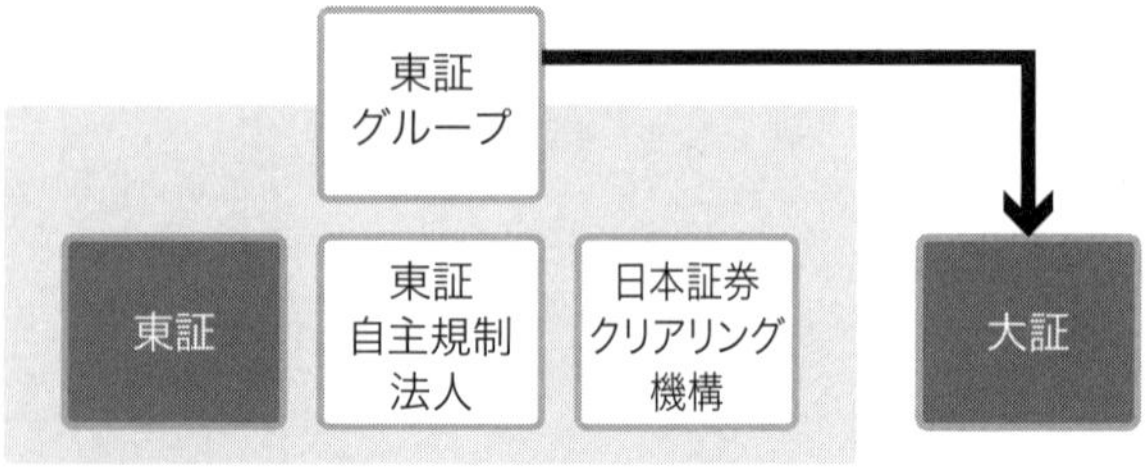

②大証による東証グループの子会社化
（2013年1月1日）

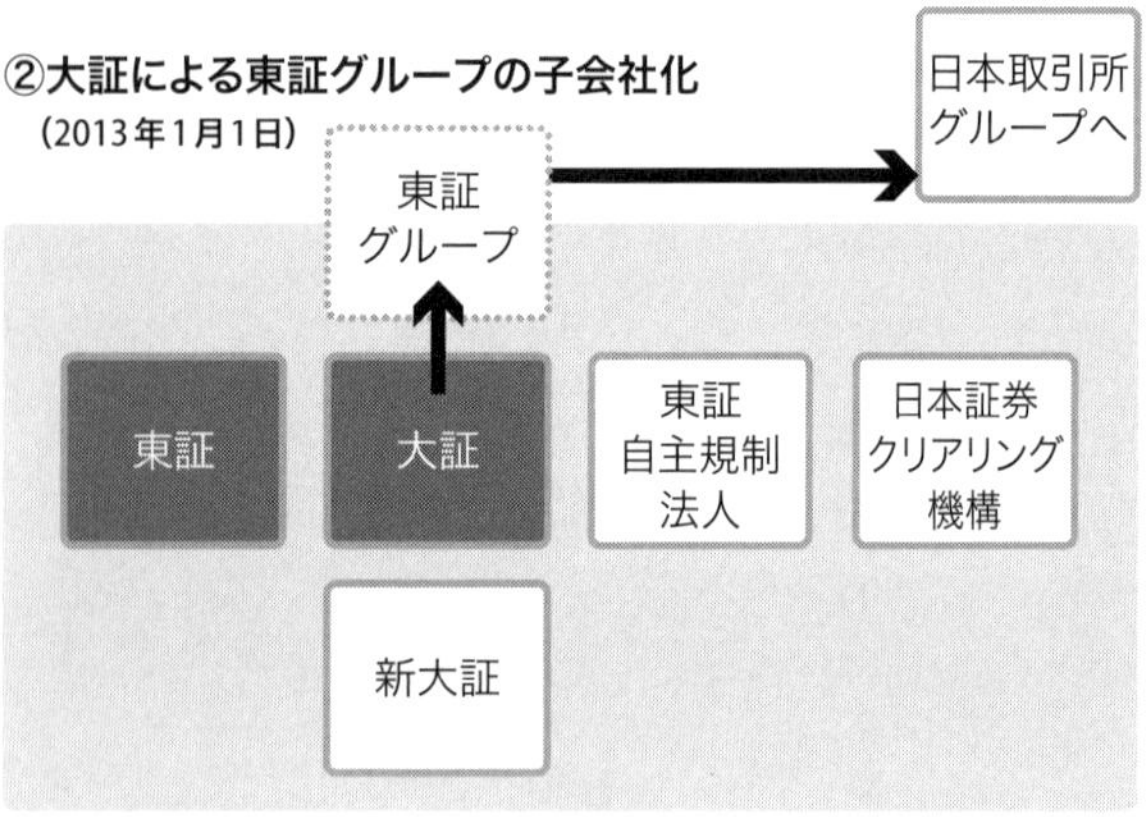

※大証は東証グループを吸収合併し、統合持株会社となる。東証グループは合併後解散する。東証グループ及び大証は、現在行なっている事業をそれぞれ東証と新大証に承継させる。

大証は2013年1月に経営統合、日本取引所グループとなり、東京証券取引所第1部に上場しています。いずれ、取引所の株価が戦前の「東株」のように、相場の指標になる時代が訪れるのでしょうか。

立ち会い時間などはどうなっている？

東京取引所の立ち会い（売買）時間は月～金曜の午前9時～11時30分（**前場**《ぜんば》）、午後12時30分～午後3時（**後場**《ごば》）の2回行なわれます。前場または後場の最初の取引を**寄り付き**、最後の取引を**引け**といいます。なお、後場の引け時間は東証が午後3時、名証が同15分など、各取引所で時間差を設けています。年の売買の始まりは原則1月4日（**大発会**《だいはっかい》）、終わりは12月30日（**大納会**）です。

各取引所は立ち会い時間外取引の拡大にも力を入れており、東京証券取引所では、**大口専門市場**（ToSTNeT-1）をスタートさせています。

なお、2010年1月には新しい売買システム「アローヘッド」が稼動しています。

現在、現物取引は東京証券取引所に一本化されています。デリバティブについては2013年度に大阪取引所に統合されました。

KEY WORD

大引け：証券取引所の後場の最終商いを大引けという。この値段を大引け値、大引けが出来なかったときはザラバ引け（値）と称する。

ポートフォリオ：複数の銘柄の組み合わせ。分散投資法。資金を分散して投資することにより、リスクの低減を図る。〝タマゴはひとつのカゴに盛るな〟ということ。

SECTION 2-3

上場企業と非上場企業

一般投資家が売買できるのは上場株だけ

●上場には厳しい基準がある

株式は証券会社を通じてだれでも買える――といいました。では、どの会社の株式も買えるのでしょうか。たとえば、JR北海道、JTB、竹中工務店などは有名な会社ですが、どうでしょう。

答えはノーです。なぜなら証券取引所などに上場していないからです。上場されていない以上、一般の投資家はその株式を取得するのは困難なのです。たとえ、手に入ったとしても今度はなかなか売れないでしょう。

上場された会社を**上場企業**、上場していない企業は**非上場企業**といいます。かつては**ジャスダック上場企業**については**公開企業**と呼び、他の上場企業と区別していましたが、現在では上場企業と同じ呼称になっています。

株式会社が株式を上場するには厳しい審査をくぐり抜けることが必要です。東京証券取引所の上場基準を見ると、上場株式数は4000単位以上が必要です。また、株主資本(純資産)が10億円以上、さらに株主数、利益などにも細かな基準が設けられ、これをクリアして初めて上場が認められるのです。

要するに、上場企業とは投資家の信頼を裏切ることがないように課せられた、厳しい条件を突破した企業群ということです。日本には270万社以上の株式会社があります。このうちジャスダック上場を含めて株式を公開

◉東京証券取引所の内国株券上場審査・指定基準（概要）

	上場審査基準	一部指定基準
(1)株主数（注1）	800人以上（2,200人以上（注4））	2,200人以上
(2)流通株式（注2）	a.流通株式数　4,000単位（注3）以上 b.流通株式時価総額　10億円以上 c.流通株式数　上場株券等の30%以上 （a.流通株式数　2万単位以上 b.流通株式数　上場株券等の35%以上）	a.流通株式　2万単位以上 b.流通株式時価総額　20億円以上 c.流通株式数　上場株券等の35%以上
(3)上場時価総額	20億円以上（500億円以上（注4））	40億円以上
(4)事業継続年数	3年以前から取締役会を設置して事業活動を継続	―
(5)純資産の額	直前事業年度末日において10億円以上（原則として連結貸借対照表による）	同左
(6)利益の額	次のaからcまでのいずれかに適合すること（原則として連結損益計算書による） a.利益の額が最近2年間において、最初の1年間は1億円以上、最近の1年間は4億円以上 b.利益の額が最近3年間において、最初の1年間は1億円以上、最近の1年間は4億円以上、かつ、3年間の合計が6億円以上 c.時価総額が1,000億円以上（最近1年間において売上高が100億円未満である場合を除く）	同左
(7)虚偽記載又は不適正意見等	a.最近2年間（(6)bの基準を適用する場合は3年間）に有価証券報告書等に「虚偽記載」を行なっていないこと b.最近2年間（(6)bの基準を適用する場合は3年間）（最近1年間を除く）の監査報告書において「無限定適正意見」又は「除外事項を付した限定付適正意見」が掲載されていること c.最近1年間の監査報告書等において、「無限定適正意見」等が記載されていること	a.最近5年間に有価証券報告書等に「虚偽記載」を行なっていないこと b.最近5年間の監査報告書等において「無限定適正意見」又は「除外事項を付した限定付適正意見」等が記載されていること
(8)売買高	―	最近3か月間及びその前3か月間それぞれの月平均売買高が200単位以上
(9)その他	上場会社監査事務所（注5）による監査、株式の譲渡制限、指定保管振替機関における取り扱い	―

注1：株主数」とは1単位以上の株式を所有する株主の数をいう　注2：「流通株式」とは、上場株券等のうち、上場株式数の10%以上を所有する者が所有する株式、自社が保有する株式、役員等が所有する株式を除いたものをいう　注3：1単位とは、単元株制度を採用する場合には1単元の株式の数をいい、単元株制度を採用しない場合には1株をいう　注4：市場第一部に直接上場する場合。注5：日本公認会計士協会の上場会社監査事務所登録制度に基づき上場会社監査事務所名簿に登録されている監査事務所（同協会の品質管理レビューを受けた純登録事務所を含む）をいう

している企業は約4000社弱、率にして0・2%以下にしか過ぎないのです。

上場廃止になるケースも……

もちろん、厳しい条件を突破した上場企業であっても、倒産して投資した株券が紙クズ同然になってしまうこともあります。また、「最近5年間無配継続で、かつ最近2年間債務超過の企業」は上場廃止の対象となります。

このほか、2005年には西武鉄道（2014年に再上場）、カネボウが有価証券報告書虚偽記載により**上場廃止**となりました。取引所によって異なりますが、株価、時価総額などの上場廃止基準を設けています。

なお、全国4取引所はそれぞれに新興市場（東証マザーズ、東証ジャスダック、名証セントレックス、札幌アンビシャス、福岡Qボード）を設けています。

KEY WORD

裏口上場：非上場会社が業績不振の上場企業を買収、合併したりして実質的に上場企業になること。M&Aブームによって、こうしたケースが増えたが、近年は規制される方向にある。

時価総額：株価×発行株式数の計算式によって、算出される。日本の企業のトップはトヨタ自動車である。

NISA：ニーサと読む。少額投資非課税制度のこと。イギリスの制度（ISA、アイサ）を導入、Nは日本の意である。2014年1月にスタート、年間100万円までの証券投資に対し、その収益を非課税とする。5年間の限度措置であり、最大500万円分の投資が非課税となる。この制度を利用するには、証券会社に非課税口座をつくる必要がある。

SECTION
2-4

株式市場の種類と基準

1部、2部、東証ジャスダック、東証マザーズなど

1961年に1部と2部に分けられた

株式を売買する市場である東京、名古屋の2つの証券取引所には**第1部市場**、**第2部市場**があります。また、東京証券取引所には新興企業を対象とする**マザーズ**、ジャスダック、名証にはセントレックスがあります。

第1部市場と第2部市場に分けられたのは1961年10月のことです。発足当時、東京証券取引所の第1部市場には661社、第2部市場には325社が上場されていました。それが、2014年12月18日現在では第1部市場が1855社、第2部市場が541社に増えています。

企業規模、株式売買高などに違いがある

第1部市場と第2部市場の違いは、会社の規模、株式売買高などです。上場の順番としては、まず第2部からというのが原則ですが、NTT、JR東日本、電通、日本たばこ産業、JR東海などは最初から第1部に上場されました。第1部に直接上場するには、流通株式数2万単位以上で、時価総額500億円以上などの基準があります。

第2部市場の企業が第1部に移るには、①流通株式数が2万単元以上、②流通株式の時価総額20億円以上、③流通株式数が上場株券等の35%以上のほか、株主数、売買高といった、市場第1部銘柄指定基準を満たさないと

●日本の株式市場の種類と特徴

東京証券取引所

- **1部**：大企業が多く、流動性も高いが、水産、鉱業などの斜陽産業も含まれている
- **2部**：中堅企業が中心だが、成長企業も混ざっている
- **マザーズ**：ベンチャー企業のための市場で、赤字経営でも上場可能。ただし、超ハイリスク
- **JASDAQ**：成長企業が中心。通過市場の側面がある。地方に拠点を置く企業も含まれている

大阪取引所

- 日経平均株価先物取引、日経225mini、日経平均株価オプションなどデリバティブ商品を有する。東証のデリバティブは2013年中に大阪取引所に統合する

名古屋証券取引所

- **1部**：名古屋を拠点とする有力企業が上場している
- **2部**：名古屋地区の中堅企業が上場。流動性は大証2部以上に低く、肝心なときに売買できないことがある
- **セントレックス**：ベンチャー企業に新たな資金調達手段を提供する市場。2001年7月から取引が開始された

札幌証券取引所

- 札幌を中心とする企業が上場しているが、流動性に欠けるのが難点である
- **アンビシャス**：ベンチャー企業のための市場。2001年3月から取引が開始された

福岡証券取引所

- 福岡を中心とする企業が上場しているが、流動性に欠けるのが難点である
- **Qボード**：ベンチャー企業のための市場。2000年5月に開設された。

店頭取扱銘柄

- **未公開株**：ディーブレインなど一部の証券会社でしか買えない。超ハイリスク&ハイリターン。破たんに追い込まれる企業もある
- **外国株式**：欧米の著名企業や新興国の企業。証券会社によって取り扱う国や銘柄が異なる

いけません。
東京証券取引所ではこの基準に適合するかどうかを決算期ごとに審査して、第1部に指定替えします。逆に第1部銘柄が株主不足など指定替え基準を満たさなくなった場合は、監理銘柄に移し、第2部銘柄へ指定替えするのです。

なお、東京証券取引所の上場廃止基準は株式の時価総額が10億円を下回るか、2年連続で連結債務超過に陥った場合など、1部上場企業を2部市場に指定替えする基準には時価総額が20億円を下回るなどがあり、上場廃止基準はかつてより厳格化されています。これは不祥事を引き起こしたり、業績悪化により株価が低迷している企業を排除したりするためです。

なお、2013年7月16日には大阪証券取引所の現物取引を東京証券取引所が吸収、上場企業はそのまま大証1部→東証1部、大証2部→東証2部になりました。この結果、2015年7月17日時点の東京証券取引所の上場企業数は2439社（うち、1部上場企業は1896社）と、世界第3位になっています。このほか、ジャスダックには824社が上場しています。

これはNYSEユーロネクスト（米国部門）の2339社、ナスダックOMXグループの2581社を上回るものです。

上場企業数が増えると、市場全体の売買が厚みを増し、流動性が高まります。

KEY WORD

動兆：動意ともいう。株価が徐々に動き出すこと。上昇に転じるときに使う。

小動き：小浮動、ベタなぎ相場などともいう。手掛かり材料に欠け、動きの乏しい相場のこと。

SECTION
2-5 証券会社は何をするの？
投資と貯蓄のデパート、その仕事には4つの柱がある

8万3000人の役職員がいる

証券業は金融庁の登録を受けた株式会社であれば、どんな企業（最低資本金5000万円）でも営むことができます。1968年に「免許制」に移行しましたが、98年に「**登録制**」に戻り、インターネットを利用したオンライン証券に参入する企業が増えています。

わが国の証券会社数は2013年12月末時点で258社、役職員数は2013年12月末時点で8万2976人となっています。営業所数は、バブル崩壊に伴う証券不況の影響でピーク時の3298店舗（92年）から減少し、2106店舗になっています。

証券会社は、以前は「株屋」と呼ばれたものです。株を売ったり買ったりするところ、ということからそう呼ばれたのでしょう。しかし、現在の実態は「投資と貯蓄のデパート」といわれるほど、多種多様な業務を行なっているのです。

取り扱い金融商品は、株式はもとより、普通社債、新株予約権付社債（旧転換社債、ワラント債）、新株予約権証券（旧ワラント）、株式投資信託、中期国債ファンド、公社債投資信託、外国有価証券のほか、銀行との共通商品である国債、金融債、譲渡性預金（CD）、コマーシャル・ペーパー（CP）、変額保険など多岐にわたっています。

証券会社の業務の４本柱

①委託売買業務 （ブローカレッジ）	投資家から受けた株式などの売買注文を、流通市場に取り次ぐ業務。取り次いだ際に委託手数料を受け取る
②引き受け業務・売り出し業務 （アンダーライティング）	株式会社などが株式、債券、新株予約権付社債などを新たに発行するとき、売り出すことを目的として証券会社が全部または一部を引き受ける業務を「引き受け」という。万一売れ残ったときは証券会社が責任をもって引き取ることになる。また、すでに発行された株式などを対象に行なう同様の業務を「売り出し」という
③募集の取扱い業務、売り出しの取り扱い業務 （セリング）	新たに発行される株式、債券、新株予約権付社債などを、広く投資家に買ってもらうよう営業する業務。募集の取り扱い業務を「募集」、売り出しの取り扱い業務を「売り出し」という。アンダーライティングとよく似ているが、売れ残った株式などを引き取る必要がない点などが異なる
④自己売買業務 （ディーリング）	自己の思惑に基づき、自己の計算と勘定で売買すること。投資や運用をするために行なう売買取引のことを指す

KEY WORD

乱高下（らんこうげ）：相場が短期間に上下に激しく動くこと。荒れる、ともいう。高値圏で起こりやすい。

もみ合い：相場が上にいかず、下にもいかず、小動きを続けているさま。もみ合いはいずれどちらかに放れる。

●ディーラー（自己売買）に特化する会社も

では証券会社の業務はどうでしょうか。基本的には、①**委託売買業務**、②**引き受け業務**、③**募集・売り出し業務**、④**自己売買業務**――の4つの柱から成り立っています。

①委託売買（**ブローカー**）業務は、顧客の注文を受けてその注文（売買）を執行する業務です。証券会社はこの業務で委託手数料を得るのです。課題である資産管理営業への転換はあまり進んでいないようです。

②引き受け（**アンダーライター**）業務というのは、株式、債券、新株予約権付社債などの発行に際して、これを引き受けて投資家に販売する仕事です。

③募集・売り出し（**ディストリビューター**または**セリング**）業務は、公募増資を引き受けた証券会社が一般投資家に販売する業務です。

最後の④自己売買（**ディーラー**）業務は、証券会社自身の思惑で証券を売買することです。手数料は入ってきませんが、売買益はそっくり利益になります。ただ、この業務には一定の基準（社内ルール）が設けられ、無制限にはできません。

このところ、光世証券、ユニマット証券などディーラー業務に特化する証券会社が出現しています。一方、インターネットを使ったネット取引を専門に取り扱う**オンライン証券会社**も急増しています。松井証券、ＳＢＩ証券、マネックス証券、楽天証券、カブドットコム証券などがそうです。

ネット証券は引き受け業務を拡大しているほか、ファンド事業にも注力しています。ネット証券の個人の委託売買代金に占めるシェアは8割に達し、口座数は１０００万口座を大きく超えています。

証券会社の設立も急増しています。三菱商事など異業種からの参入が目立っています。

SECTION
2-6
注文の仕方と決済
何（どの銘柄）を、何株、いくらで、どのように、売るのか買うのか

まずは口座開設が必要

株式投資を行なうには、まず取引口座を証券会社の本・支店に開設します。証券会社から「株式委託注文書」が渡されるので、そこに住所、氏名、電話番号、連絡先などを記入し、捺印します。

売買注文を出すときにはいくつかの注意点があります。まず、**何（どの銘柄）**を買うのか。日立製作所かキリンビールか新日本製鐵か、銘柄をはっきり告げなくてはなりません。次に**売り**か、**買い**か、これも重要ですね。また、たいていの銘柄の最低売買単位は1000株、ないしは500株、100株、1株ですが、**何株**を売買するかを伝えます。

株価の注文方法には**成り行き**、**指し値**、**寄り付き**、**大引け**、**加重平均**などいくつかの方法があり、これを指定できます。一部のネット証券では逆指し値、ダブル逆指し値、指し値成り行きなども認めています。

売買のあとは**決済**です。株式取引の決済には、売買成立日を含む4日目（休業日は除く）に株券、代金の受け渡しを行なう①**普通取引**のほか、②当日決済取引、③特約日決済取引、④発行日決済取引の4種類があります。通常は普通取引です。

なお、信用取引に関してはネット証券を中心に、即日差金決済が行なわれています。これだと、売却代金を1日に何回も使うことが

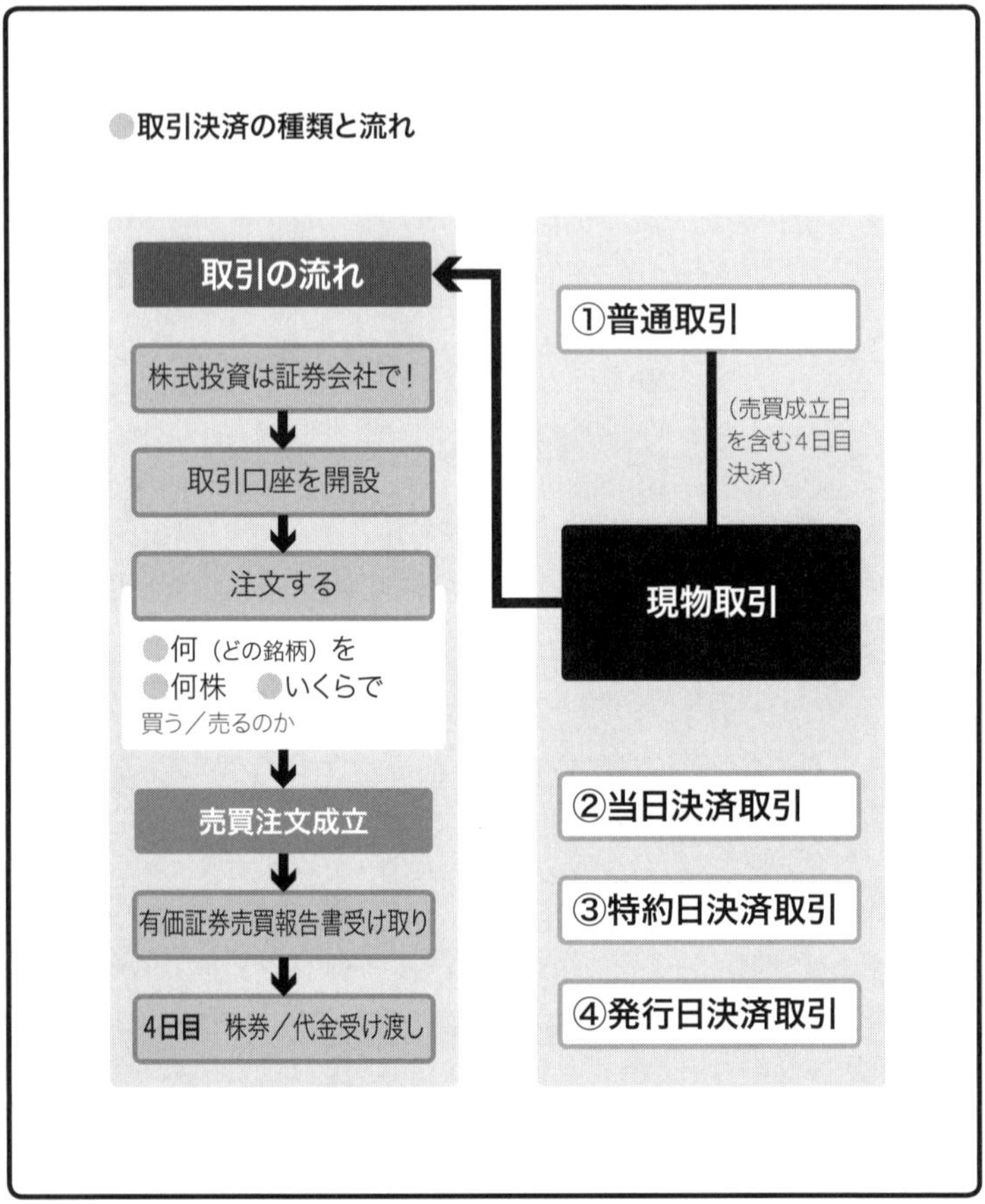

KEY WORD

全面安：ほぼ全銘柄が下がること。青札一色などと表現する場合もある。逆のケースを全面高、赤札一色という。

暴落：全面安で、日経平均株価が500円以上下げたようなとき。300～400円程度の下げは急落。1000円以上の下げが何日も続く場合は恐慌、ガラなどという。

でき、追証発生に伴う追加保証金の差し入れは保有株の売却によって実質的にありません。

具体的な買い注文の例としては、たとえば寄り付き前に、「パナソニックの株を、月曜日中に1000株、860円で指し値買い」といった具合に注文します。これで当日の安値が850円だったとすると、確実に買えていることになります。

手数料は下がってきている

売買が成立すると、証券会社から**有価証券売買報告書**が送られてきます。

これには何（銘柄）を、何株（株数）、いくら（値段）で、といった売買の内訳が記載され、同時に売買手数料を加えた投資金額も書いてありますから、いくらの資金が必要かすぐにわかります。自分が出した売買注文と合っているかどうかを確認することも重要ですね。

受け渡しは4日目ですから、途中休日がなければ木曜日に投資金額を支払い、株券を受け取ることになります。ただ、初めての取引では売買注文のときに概算金の預け入れ（代わりに金銭預かり証をもらう）を求められますので、決済時は概算金との清算になります。

現在、電話によるコールセンター、インターネットを使ったネット取引など様々な手数料体系が工夫されており、手数料が格安な証券会社が増えています。また、売買代金が一定金額（10万〜50万円）までの信用取引に関しては手数料がタダというところもあります。あるいは、何回、何万株売買しても「月額5万円」といった証券会社もあります。

なお、先に受け渡しは4日目といいましたが、これを「翌日」とする作業が進められています。コンピュータなど証券会社の対応が整い次第、実施される予定です。「翌日」決済が可能になると、いろいろと便利になります。

SECTION
2-7 注文時の注意点
注文の仕方（指し値、成り行き、寄り付き、大引け……）と売買単位

●売買単位に注意

株式取引の際の注意点について、もう少し詳しく見てみましょう。

まず**売買単位**（単元株といいます）の問題があります。上場銘柄の多くに売買単位を1000株とするところが残っています。たとえば東芝は売買単位が1000株ですから、「東芝株を500株買いたい」とか、「1200株買いたい」ということはできません。1000株、2000株、3000株という具合に注文します。ただ、売買単位が1000株以外の銘柄も存在します。100株、1株などもあります。将来的には100株に統一されます。

2001年10月の商法改正で額面がなくなり、売買単位に関する規制が撤廃されたこともあって、売買単位を引き下げる企業が増えています。また証券会社によっては、10分の1単位の取引ができる「ミニ株」を取り扱っているところもあります。なお、将来的に売買単位は100株に統一される予定です。

●注文の仕方はさまざま

株式の注文方法にはいくつかありますが、「**指し値注文**」と「**成り行き注文**」の2つが原則です。

まず、指し値注文とは、たとえば「510円で買いたい、売りたい」と株価を指定する

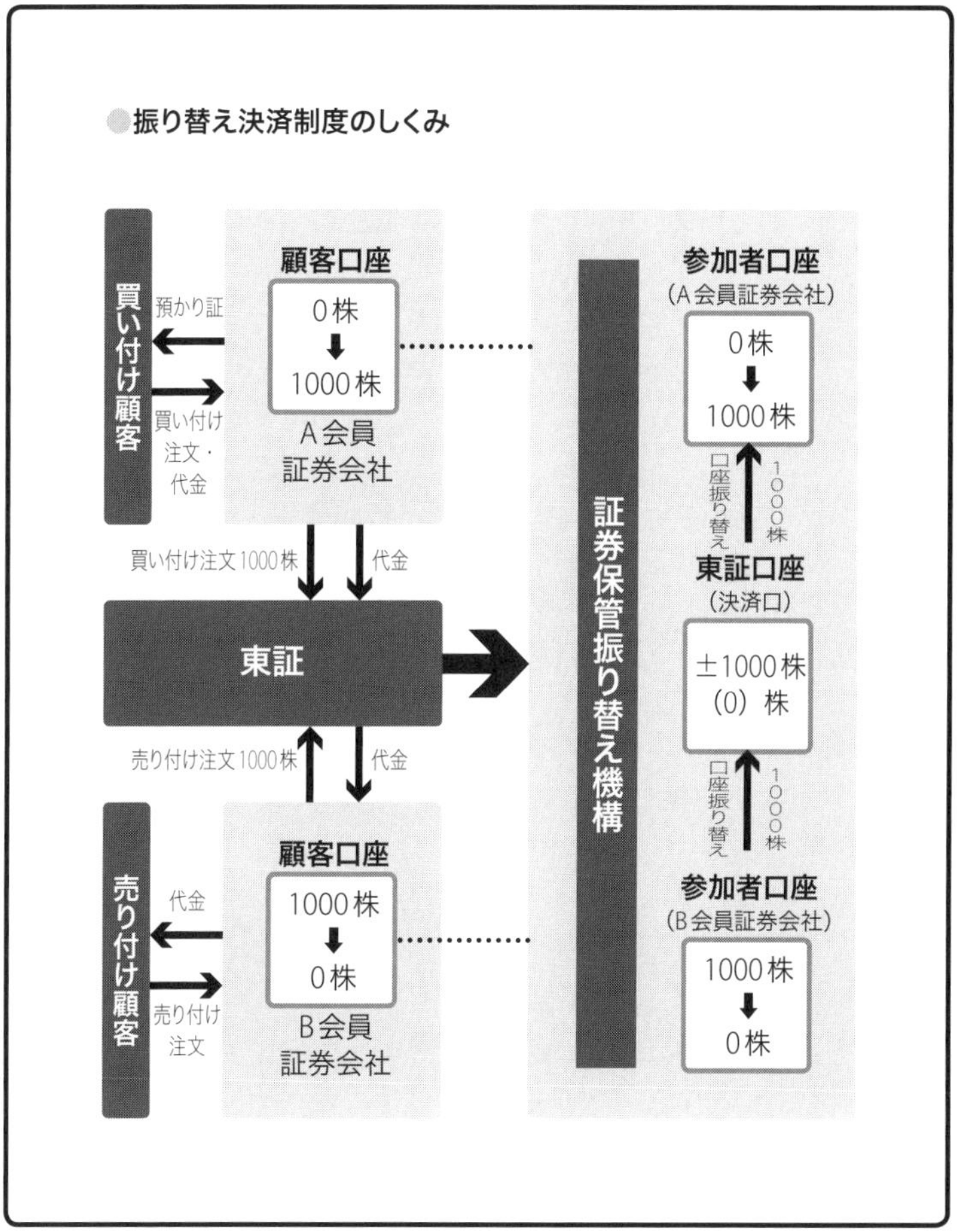

KEY WORD

逆行高：全般は低迷しているのに、特定の銘柄だけが人気化するケースがある。異彩高、異彩を放つとも表現する。とくに、全面安のなか、1社ないし数社だけ高い場合を独歩高という。

やり方です。高値で買ったり、安値で売ったりする危険が少ない半面、約定できない（売買不成立）ケースがあります。

一方、成り行き注文は指し値注文と違って値段にこだわらず、売買の成立を優先させるやり方です。自分の思惑とは違った値段で売買が成立してしまうことがある半面、よほど薄商いでない限り、確実に売買が成立します。

指し値注文の場合は「きょう中」とか「今週いっぱい」と期限を指定できます。このほかには、その日の寄り付きあるいは後場の寄り付きで売買して欲しい、という「**寄り付き注文**」、逆にその日の大引けで売買する「**大引け注文**」があります。

加重平均取引は一定期間内の株価の平均値で売ったり買ったりできるやり方です。ただ、コスト的には割高です。

ほかに、一部のネット証券では**逆指し値**、ダブル逆指し値などの注文も可能です。

逆指し値とは、仮に時価500円の銘柄があったとすると、この株価から550円になったら買う、450円になったら売る、という注文です。一見、おかしいようですが、順張り投資では理にかなっています。因縁場を抜けた場面を買い、下放れた場合は投げるのです。この注文を同時に出すのをダブル逆指し値といいます。

最後に注意したいのは、紛らわしい銘柄です。「にっせいこう」と口で言っても、日精鉱、日精工、日製鋼など同じ名称の銘柄が複数あります。フルネームでコード番号も加える、といった配慮が必要です。

売買が成立すると4日目に決済します。売買には証券会社の「**保護預かり制度**」を利用するのが便利です。口座の振り替えを行なうだけで、名義書き換えが不要な「**証券保管振り替え決済制度**」も普及しています。なお、2009年1月に株券は電子化されています。

SECTION 2-8

株価の決まり方

「価格優先」と「時間優先」の2大原則とザラバ方式と板寄せ方式

●オークション方式が基本

株価はどうやって決まるのでしょうか。かつてジャスダック市場の一部の銘柄ではマーケットメイク方式が採用されていましたが、現在ではすべての取引所取引はオークション方式となっています。オークション方式による価格決定には2大原則があます。

第一は**価格優先**の原則です。これは注文を出す人から見て、より不利（高く買う、または安く売る）と思われる価格のほうから先に値段を付けるという考え方に基づいています。たとえば、売り注文の場合、ある銘柄をAさんは600円、Bさんは590円で売りたい、と言ったとすると、Bさんが不利ですからBさんの売り注文が先に執行されます。

買い注文の場合は逆になります。Cさんが600円、Dさんが610円でそれぞれ買いの注文を出したとき、Dさんの注文が優先されるのです。もちろん、指し値より、成り行きのほうが優先します。

第二は**時間優先**の原則です。実際の取引では同じ値段でたくさんの注文が出てきます。その場合、時間的に早いものを優先させます。これを**ザラバ方式**といいます。それとは別に**板寄せ方式**もあります。

板寄せ方式は、朝9時までに出された注文はすべて、同一時間とみなし、売り買いを合わせて、寄り付き、つまり取引開始時の株価

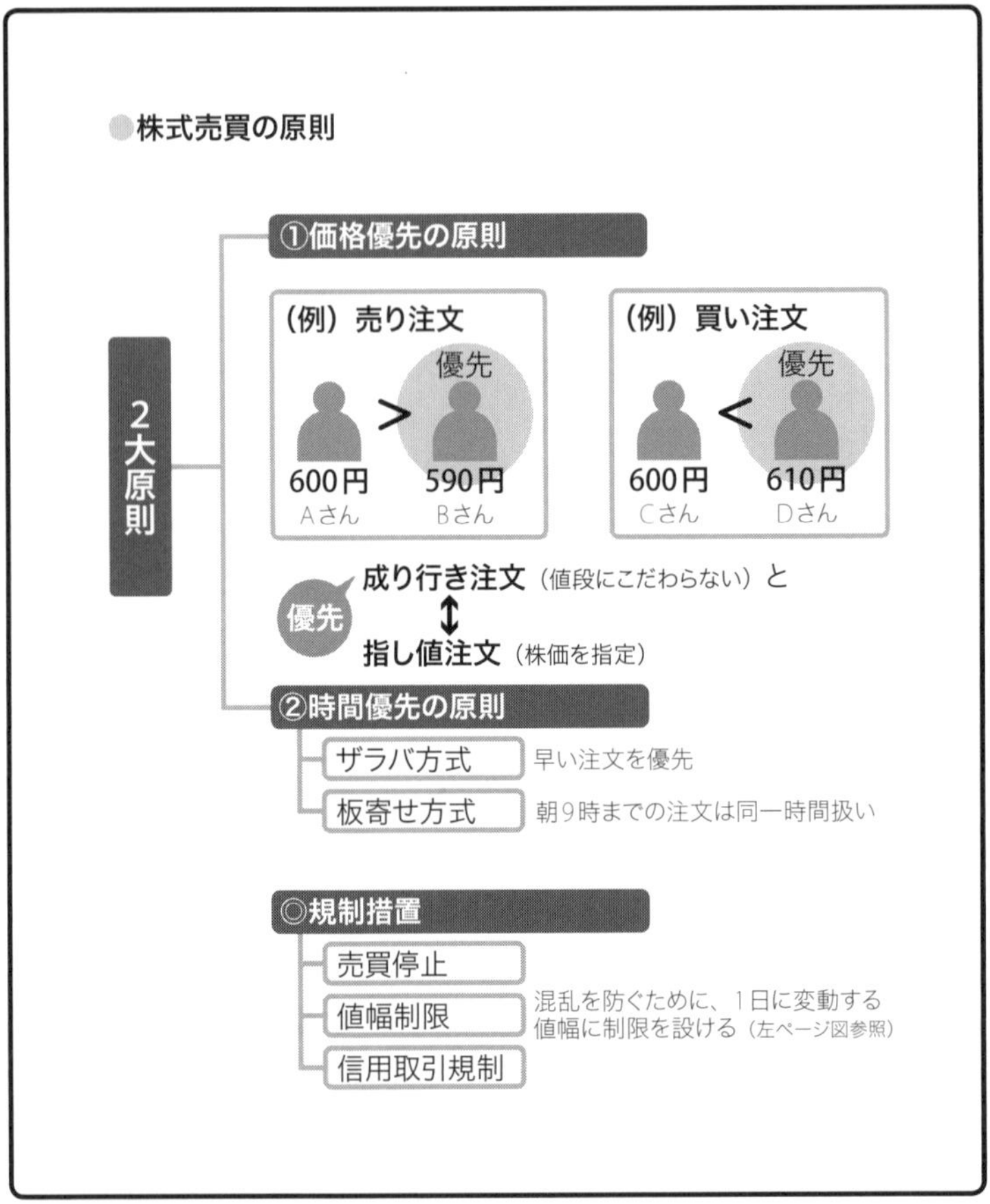

KEY WORD

特定口座：2003年以降、株式の売却益はすべて申告が必要となった。簡易な申告の方法として特定口座が利用できる。これだと確定申告を行なわなくてもよい。
素っ高値：トレンド的に異常に値上がりした局面の株価のこと。必ずしも史上最高値ではない。逆のケースはドン安値という。

制限値幅は株価によって変わる！

基準値段		制限値幅	
	100円未満	上下	30円
100円以上	200円未満	上下	50円
200円以上	500円未満	上下	80円
500円以上	700円未満	上下	100円
700円以上	1000円未満	上下	150円
1000円以上	1500円未満	上下	300円
1500円以上	2000円未満	上下	400円
2000円以上	3000円未満	上下	500円
3000円以上	5000円未満	上下	700円
5000円以上	7000円未満	上下	1000円
7000円以上	1万円未満	上下	1500円
1万円以上	1万5000円未満	上下	3000円
1万5000円以上	2万円未満	上下	4000円
2万円以上	3万円未満	上下	5000円
3万円以上	5万円未満	上下	7000円
5万円以上	7万円未満	上下	1万円
7万円以上	10万円未満	上下	1万5000円

基準値段		制限値幅	
10万円以上	15万円未満	上下	3万円
15万円以上	20万円未満	上下	4万円
20万円以上	30万円未満	上下	5万円
30万円以上	50万円未満	上下	7万円
50万円以上	70万円未満	上下	10万円
70万円以上	100万円未満	上下	15万円
100万円以上	150万円未満	上下	30万円
150万円以上	200万円未満	上下	40万円
200万円以上	300万円未満	上下	50万円
300万円以上	500万円未満	上下	70万円
500万円以上	700万円未満	上下	100万円
700万円以上	1000万円未満	上下	150万円
1000万円以上	1500万円未満	上下	300万円
1500万円以上	2000万円未満	上下	400万円
2000万円以上	3000万円未満	上下	500万円
3000万円以上	5000万円未満	上下	700万円
5000万円以上		上下	1000万円

を決めるものです。この方式は、特定の銘柄に注文が殺到して収拾がつかなくなり売買を一時中断して値段を付けるときにも採用されます。

基本的に、株価は売り手と買い手の力関係によって決まります。売り手が多ければ株価が下がり、逆の場合は上がります。

売買に規制が入ることも……

株価は市場の自由な活動により決められるのが原則です。しかし、投資家に損害を与えると予想される場合には、いろいろな規制措置が取られます。

株価に影響を与えると思われる大きなニュースが出現したときの売買停止（情報を広く周知徹底させるため）、さらに**値幅制限**、信用取引規制などがそうです。値幅制限いっぱいに買われたときを**ストップ高**、逆に売られたときを**ストップ安**といいます。

SECTION 2-9

信用取引とは？

証券会社が顧客に信用を供与して行なう有価証券取引

信用取引のメリット

信用取引は、証券会社が顧客に信用を供与して行なう有価証券の売買その他の取引です。具体的には証券会社が株を買いたい人に買い付け代金を貸し、売りたい人に売り付け株を貸すことによって行ないます。

投資家は手持ち資金を上回る株式を取得（**カラ買い**）でき、また手元に株券がなくても株を売る（**カラ売り**）ことができるわけですが、現物の受け渡しがないだけにリスクも伴います。

信用取引は通常の現物取引に比べ、投機性が強いという面をもっています。初心者は避けたほうが賢明でしょう。

しかし、市場全体としてみれば、これが〝仮需給〟を生み、株式の流通市場に厚みをもたらすのです。信用取引はわが国では米国の証拠金取引を参考にして、1951年にスタートしました。

信用取引のルール

信用取引を行なうには**委託保証金**が必要です。この金額は原則、売買代金の30％以上、かつ30万円以上です。逆にいえば、300万円の資金があれば1000万円分の株式が買えることになります。もっとも、委託保証金率や代用証券（委託保証金の代わりにさし入れる株券や国債など）の掛け目、さらに買い方金利や

●追い証が必要となる場合は

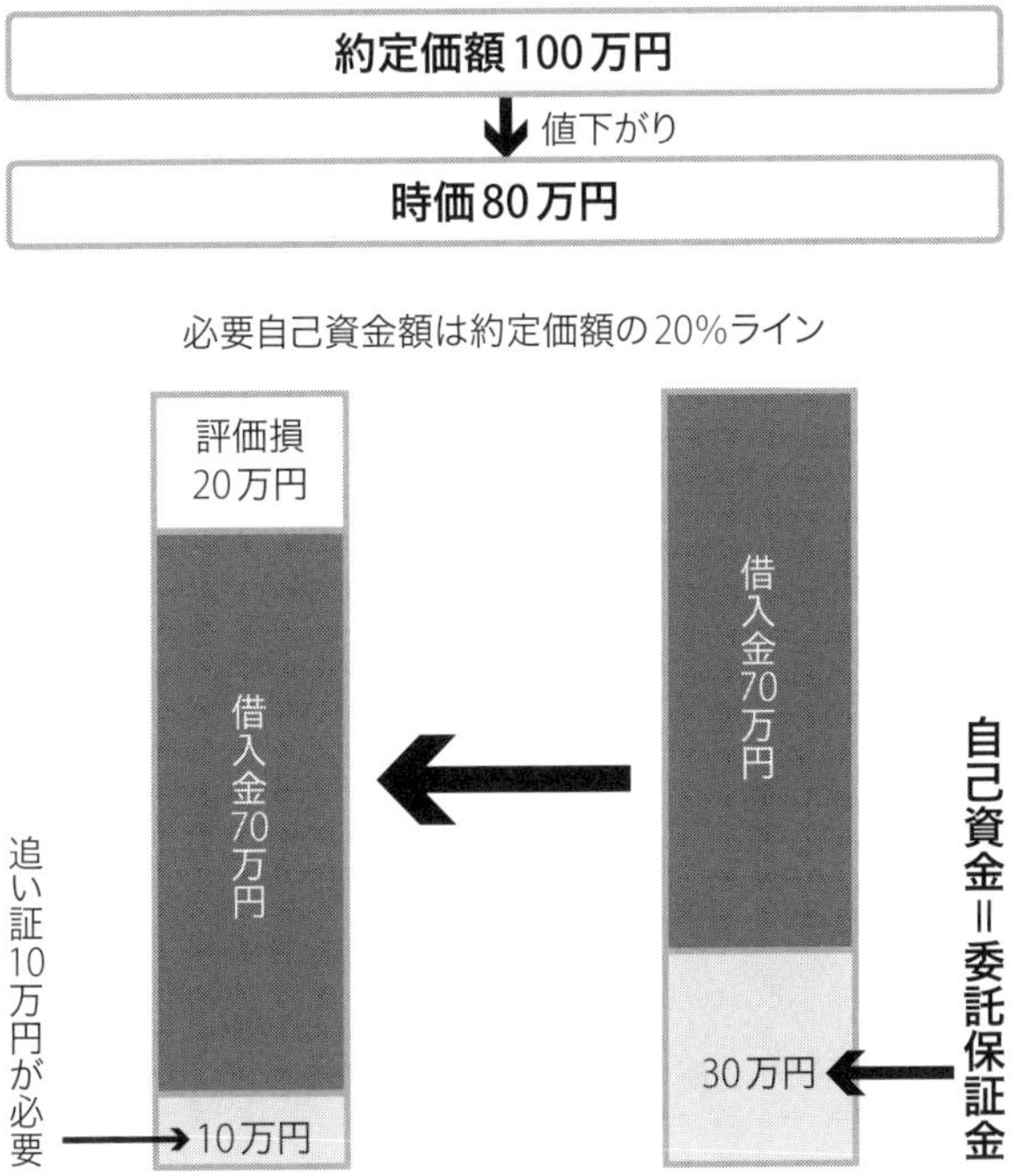

KEY WORD

強含み：相場が小高く、さらに先も高そうな状況。逆の場合を弱含みという。
一服：相場の動きが少し止まること。上げ一服、下げ一服などと使う。
信用買い株：信用の建て玉、金額のこと。相場の強弱を占う指標として使われる。

貸し株料はそのときの株式市場の動向や金利情勢に左右されます。

なお、大手証券の場合、信用取引を行なえる条件を厳しくしており、誰でもやれるわけではありません。

信用取引ができる銘柄（**信用銘柄**）は、上場銘柄のうち証券会社が決めた銘柄に限られます。また、証券会社が信用取引のために証券金融会社から売り付け株、または買い付け代金を借り入れることのできる銘柄（**貸借銘柄**）は、信用銘柄のうち証券取引所が決めた銘柄に限られます。最近は、証券会社の金融力がつき、自己融資比率が70～80％に高まっています。

信用取引の期限は原則、「6か月以内」です。この期限内に、カラ売りをしている人は買い戻すか、株券があればそれを証券会社に引き渡して返済する「**現株渡し**」を行ないます。一方、カラ買いをしている人は、売却の反対売買をするか、証券会社に買い付け代金を引き渡して現券を引き取る「**現引き**」をします。

最近はネット証券を中心に信用取引に期限を設けない（**無期限信用**）ところが増えています。ただし、買いの場合は金利がかさみますし、売りは口座管理料を徴収する証券会社もあり、コストは高くつきます。

なお、カラ買いした株の株価が下がり、委託保証金から損失分を引いた残額が約定価格の20％を割ったり、他の保有株券など保証金代用証券が値下がりして委託保証金率が20％（これ以上の場合もあります）を切ったりしてくると〝**追い証**〟（追加保証金）を入れなければなりません。ネット証券の場合、この比率が概ね30％に設定されています。

SECTION
2-10
株式売買と税金
申告分離に1本化。さまざまな特例に注意

配当に関する税金

株式などの配当は確定申告し、総合課税(累進税率)の対象となります。これが原則です。

ただし、配当は支払い時に所得税、住民税などが源泉徴収されています。したがって、一般の個人投資家が受ける上場株式などの配当は配当金額の大小にかかわらず、確定申告をしないことができます。つまり、源泉徴収によって、課税を完了できるのです。源泉徴収税率は原則20%(所得税15%、住民税5%、加えて復興特別税が0・135%)ですが、2013年12月31日までは税率10%(所得税7%、住民税3%、同前)の軽減措置がありました。

一方、申告分離課税の確定申告も可能です。その場合は「同一年の上場株式などの譲渡損失」および「前年以前3年内に生じた上場株式などの譲渡損失で繰り越してきたもの」との損益通算が可能です。配当の申告分離課税の税率は2013年12月31日まで源泉徴収税率と同様、一律10%となっていました。

また、配当を総合課税で確定申告すると、たとえば課税所得が330万円以下の人であれば、源泉徴収された税額が丸々戻ってきます(配当控除)。

売却益に関する税金

2003年1月以降、譲渡益が**申告分離課税**に1本化されました。投資家は売買益を計

●特定口座のイメージ

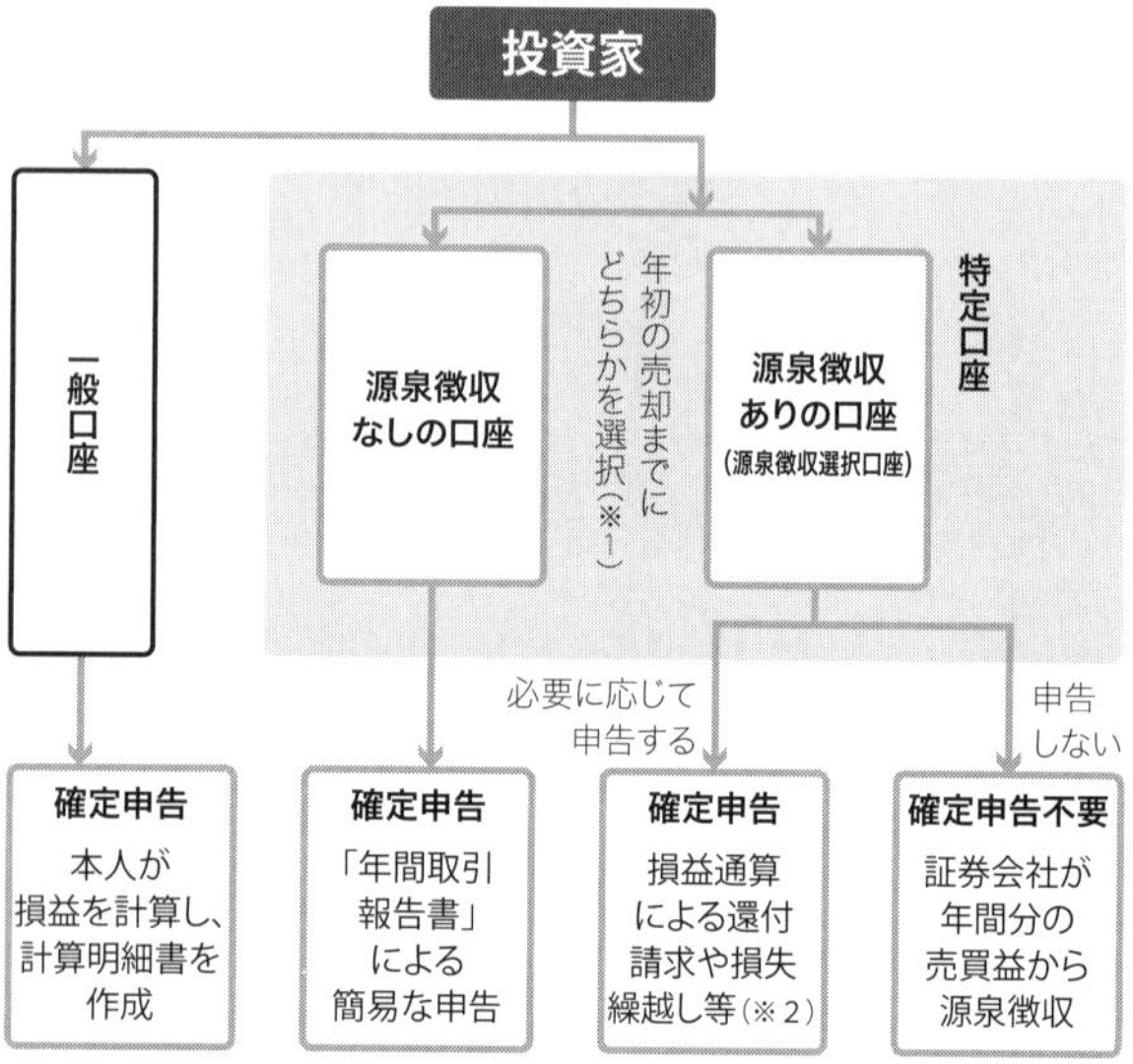

※1：一度選択された源泉徴収制度の変更は、翌年までできない
※2：複数の特定口座や一般口座で生じた損益との通算や通算に基づく還付請求、損失の繰り越しの適用を受ける場合には、確定申告が必要となる

KEY WORD

配当との損益通算：2009年以降、その年の株式等の譲渡損失および前年以前3年以内に生じた繰り越し譲渡損失は、申告分離課税を選択した配当所得から控除することができる。

四半期配当：06年の会社法施行により、四半期配当や不定期配当も可能になった。一部に四半期配当に向けて定かんの変更を行なった会社もある。

上場株式等の配当等に関する課税

	確定申告をする		確定申告をしない（確定申告不要制度適用）
	総合課税を選択	申告分離課税を選択	
借入金利子の控除	あり	あり	なし
税率	累進税率	所得税 7%（15%） 地方税 3%（5%）（※1）	所得税 7%（15%） 地方税 3%（5%）（※1）
配当控除	あり	なし	なし
上場株式等の譲渡損失との損益通算	なし	あり	なし
扶養控除等の判定	合計所得金額に含まれる	合計所得金額に含まれる（※2）	合計所得金額に含まれない

※1：平成26年1月1日以後に支払を受けるべきものについては、（ ）内の率になる
※2：上場株式等にかかる譲渡損失と申告分離課税を選択した上場株式等にかかる配当所得との損益通算の特例の適用を受けている場合にはその適用後の金額、上場株式等にかかる譲渡損失の繰越控除の適用を受けている場合にはその適用前の金額になる

算し、税務署に申告しなければなりません。

その場合、取得費（買いコスト）の確認が必要です。自分で売買益を計算し、申告するのは面倒だという方は、証券会社の「**特定口座**」を利用すると便利です。源泉徴収方式を利用すれば証券会社が納税を代行してくれます。

売却益にかかる税金（分離課税）は本来20％ですが、2013年12月31日までは10％の軽減措置が実施されていました（2014年1月以降は20％に戻りました）。ただし、上場株式などを投資家同士で売買した場合は、軽減税率の適用はありません。

なお、株式売買で発生した譲渡損失のうちその年に控除しきれないものについては、損失が生じた翌年から3年間、譲渡益から控除できます。ただし、この場合は確定申告が必要になります。

先人の知恵

相場格言

二

買いの基本姿勢

◆小相場に慣れて大相場の手を忘れるな！
◆損は手持ちの銘柄に比例する
◆タテのポートフォリオを！
◆買いが買いを呼ぶ
◆逆日歩に買いなし
◆タマゴはひとつのカゴに盛るな！

逆張りの強みと弱点

◆麦わら帽子は冬に買え！
◆遅れた者は悪魔のエジキ
◆シーズン物は高くつく
◆仕掛けは処女のごとく、手仕舞いは脱兎のごとく
◆買いは遅かれ、売りは早かれ
◆天災には買い向かえ！
◆負け相場、ナンピン買いのスカンピン
◆ナンピンは下がり相場の金字塔、されど下に行くほど玉厚くせよ！
◆ナンピンはリスク抑える技法なり、されどヤケで建てれば損は膨れる
◆下げの途中で買うな！
◆落ちる短剣はつかむな！
◆上場相場での悪材料（個別銘柄）出現は買いになる！

大相場では買いに分あり

壮大な上昇トレンドの猛反騰相場ではバイ＆ホールドの姿勢が求められる。現在のアベノミクス相場がこれに相当する。安易な売りは大怪我の元になる。

順張りの怖さと強み

◆初押しは買い
◆ショック安こそ、最大の買い場
◆もち合い放れにつけ
◆新高値銘柄を買え！
◆ちょっと待て、飛びつき買いとろうばい売り
◆相場は明日もある
◆順張りも扇型では危険なり、少しの押しで元の木阿彌
◆順張りは王道なれど、欲かいて利乗せで上げる平均値かな
◆利乗せは最後にやられる
◆平均値買い増すたびに高くする、利乗せ技法は邪道と思え！
◆上げにつれ、買い玉細くせよ
◆証拠金満額までの玉建てて、夢見て歩む破滅への道

BEST INTRODUCTION TO ECONOMY

3章 株価を決めるものはナニ？

SECTION

3-1 株価は何で決まるの？

内部要因と外部要因に加え、投資家の複雑な思惑や予測が絡み合う

●需給が基本

一般的には株価を決めるものは需給に加え、企業そのものの価値、人気（これを株価の3要素といいます）、および金利水準といわれています。

また、別の表現では、経済の基礎的諸条件といわれる**経済ファンダメンタルズ**、投資マインドや人気を総称する**市場センチメント**（これを株価の2大構成要件と称しています）が株価を決めるとされます。

もっとわかりやすく説明しましょう。株価は様々な要因によって動きます。市場**外部材料**としては景気、産業動向、原油価格、為替、金利、企業業績、政治、証券行政、マネーサプライ（通貨供給量）など、市場**内部材料**としては信用残・裁定買い残の状況、機関投資家の投資姿勢（とくに外国人の動向）、ファイナンス（企業の資金調達）動向などがあります。まさに、数え上げればキリがありません。

これに投資家〝各人各様〟の複雑な**思惑**、**予測**が重なって株価が形成されていきます。

これらの材料（株価を高くする材料を好材料、逆に安くする材料を悪材料といいます）が最終的に需給、人気に反映され、株価が上がったり、下がったりするのです。**需給**で株価が動くというのは、株価は基本的には買い手が多ければ上昇し、売り手が多ければ下落するということです。

需給はすべての材料に優先する、という相

●株価を動かすものは？

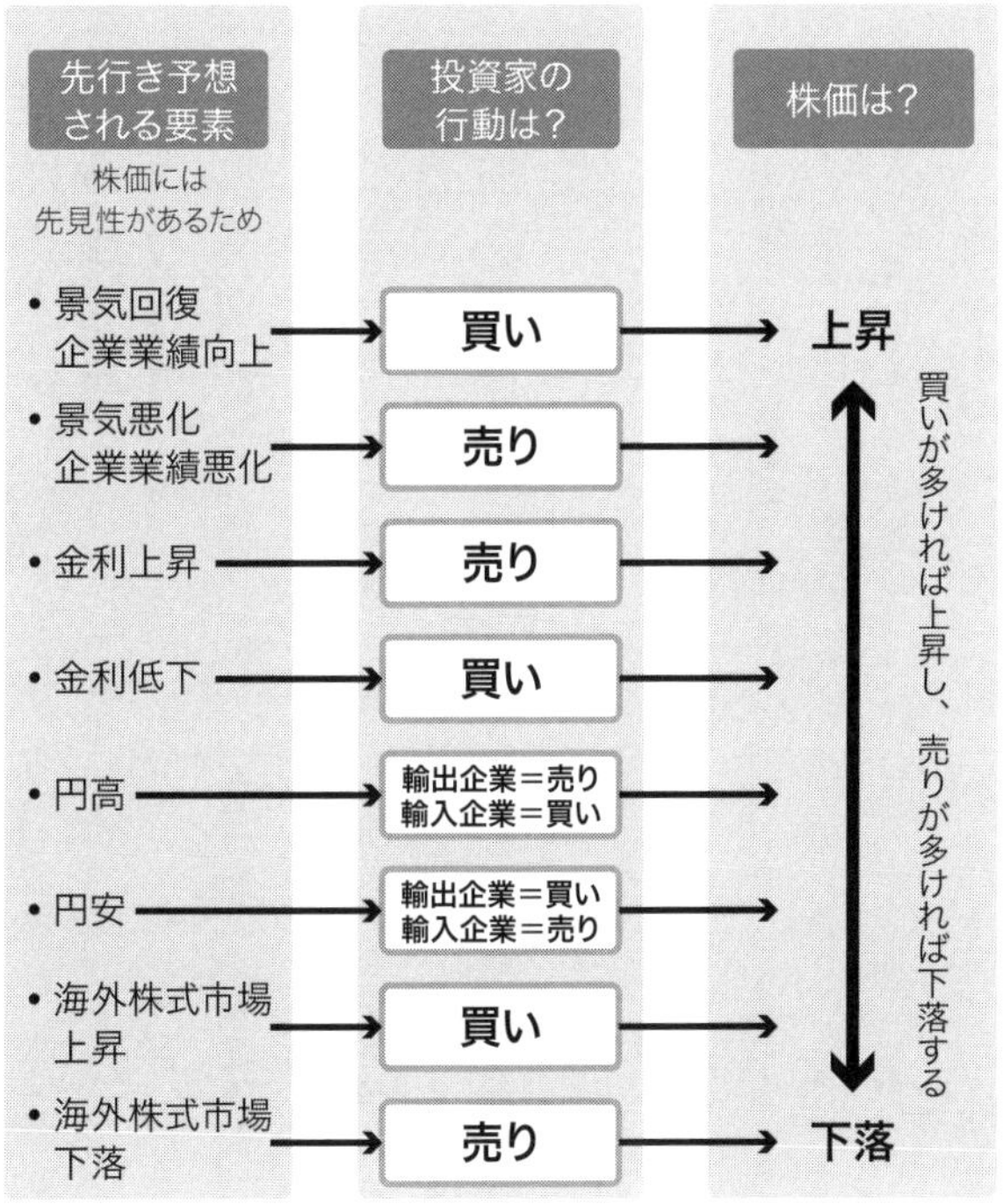

KEY WORD

棒上げ：相場が休みを入れず一本調子に上昇するさまをいう。
大商い：出来高が急増すること。

場格言もありますが、最終的にはすべて材料が需給に反映されるということです。

需給の背後には企業の価値がある

株価を決めるのは結果的に需給ですが、では「株価を決めるものは需給だッ」といい切ってしまっていいのでしょうか。

答えはノーです。需給を決めるのは企業(株式)がもつ価値なのです。この価値は最終的には企業業績に収れんされていきますが、その過程では経済ファンダメンタルズが影響を与えます。

また、先ほど「株価を安くする材料を悪材料」といいましたが、悪いニュースが即、売りというケースばかりではありません。**悪材料出つくし**、という場合もあります。株価は常に、将来を先取りして動く習性があり、好材料も悪材料も早目早目に織り込んでいくのです。

このように、株価はいろいろな要素が絡み合って形成されるのですが、基本的に株価には**先見性**があり、すべての材料が過去よりも現在、現在よりも未来を評価し、株価に対するインパクトも大きいのです。

一方、最近の**M&A時代**を反映した、経営権の奪取を狙った買い占め劇などが起こった場合、通常の投資尺度は通用しません。通常の状況とは異なり、とにかくその会社の株が買われることになるからです。

ちなみに、企業買収のタイプは、その目的を財務的な行為(買収によって利益を上げる)に置くファイナンシャル・バイヤーと、事業戦略上の目的(経営権を握るなど)を有するストラテジック・バイヤーに大別できます。前者は買い占めなどを行なうタイプで、スティール・パートナーズなどが代表的な存在です。これに対して、後者は日本電産、東芝、TDKなどがそうです。買い占めはしません。

3-2 これまでの株価水準の歩み

89年のバブルまで、トレンドは一貫して右肩上がりだったが……

●平均株価は貴重な指標

　株式市場は政治、社会、経済の状況を映す〝鏡〟といわれます。株価には先見性があります。一般の人よりも国内外の動きを敏感に受け取め、反応するのです。まさに、株式市場は資本主義社会の象徴的存在であり、貴重な指標なのです。

　全体の株価を計るモノサシとしてもっともポピュラー、かつ親しまれているのが**〈日経〉平均株価**です。**225**（銘柄）と500（同）、300（同）がありますが、225が有名です。採用銘柄の株価を合計し、これを連続性維持のために修正した除数で割って算出します。

　たんに平均株価といえば、東京証券取引所（東証）の225を指します。ニッケイ225は株式先物の対象にもなっており**（7−6参照）**、大阪証券取引所（大証）、SIMEX（シンガポール金融先物取引所）、シカゴマーカンタイル取引所などで商いが行なわれています。

　日経平均株価の発表は1950年9月7日からですが、49年5月16日の戦後の東証再開時までさかのぼって計算されています。現在は日本経済新聞社が計算し、発表、データの提供を行なっています。

　もともとは東証が行なっていたのですが、1969年7月に「実態と遊離している」との理由で計算するのをやめ、**東証株価指数**

● 日経平均株価の推移

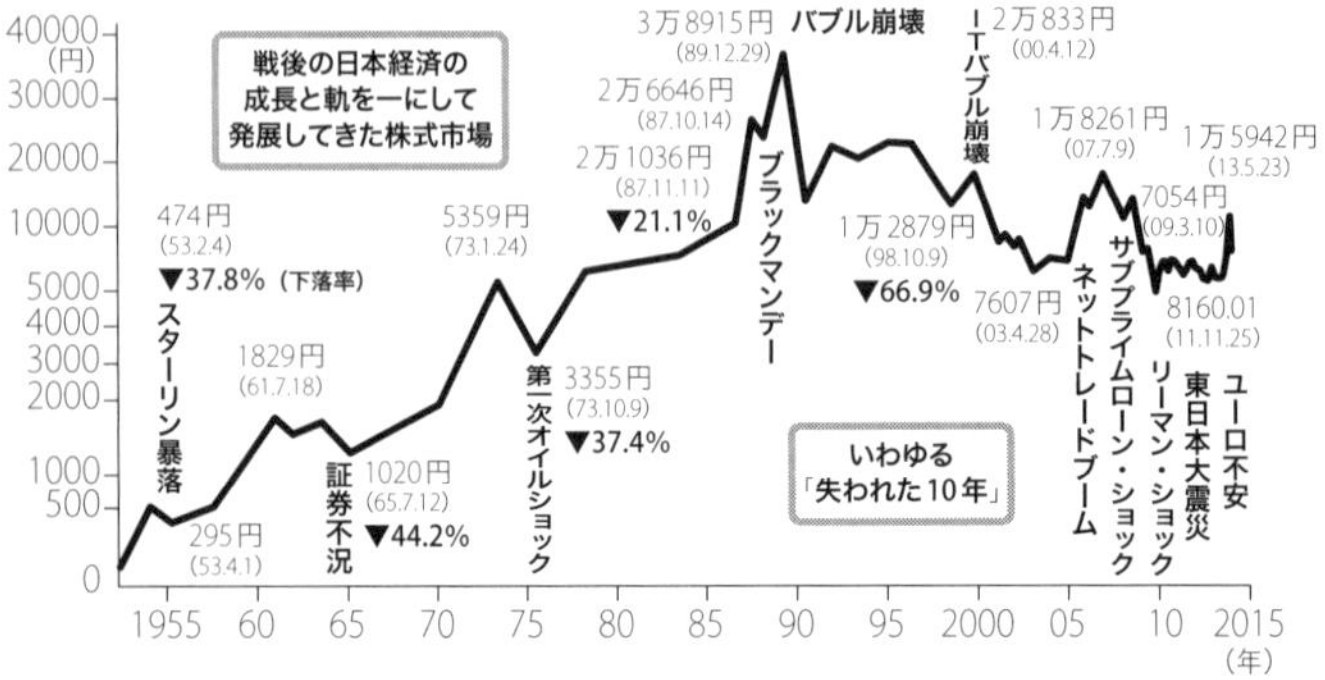

● 株価を計るモノサシの種類

● **単純株価平均＝** 対象銘柄の株価合計 ／ 対象銘柄数

● **東証株価指数＝** 日々の時価総額×100 ／ 基準時（68年1月4日）の時価総額
(TOPIX)

※連続性維持のために修正が加えられる

● **日経平均株価＝** 対象銘柄の株価合計（225または500、300） ／ 除　数

※連続性維持のため除数は修正されていく

● **加重株価平均＝** 各銘柄の時価総額合計 ／ 各銘柄の上場株式数合計

（ＴＯＰＩＸ）に切り替えたためです。ＴＯＰＩＸは１９６８年1月4日の東証1部の時価総額を１００として、その後の時価総額を指数化し、平均株価と同様に修正を加えたものです。

日経平均株価は経済の歴史そのもの

日経平均株価は１９８９年12月29日に3万８９１５円の史上最高値を付けるまで、ほぼ一貫して右肩上がりの上昇トレンドを描きました。しかし、その途中にはいくどとなく暴落、ショック安に見舞われ、鋭角的な下げを演じています。

スターリン暴落（下落率37・8％）、証券不況（同44・2％）、第1次オイルショック（同37・4％）、ブラックマンデー（同21・1％）などが有名です。

今回のサブプライムローン・ショック、リーマン・ショック（同61・4％）もそうですが、暴落はいずれも国際的な政治、経済環境の激変がきっかけになっています。まさしく、株式市場はわが国の歴史とともに、歩んできたといえます。まさに花も嵐も踏み越えて――といった状況です。

ちなみに、日経平均株価の安値は１９５０年7月6日の85円です。それが戦後の復興、高度成長を評価し、４５８倍になったのです。バブル崩壊後の安値は２００９年3月10日の７０５４円となっています。しかし、世界のマーケットは金融危機を克服、株価は順調に戻っています。

KEY WORD

ジリ貧：ジリ安などともいう。ジリジリと安くなること。こういった相場は始末が悪い。

バブル崩壊：平成バブルの崩壊では日経平均株価の下落率が80・5％に達した。この背景には政策ミスがあったといわれている。

SECTION

3-3 企業の業績と株価

株価に影響を与える業績とは「予測」のこと。みんなが知ったらおしまい

最大の材料は業績

株価は様々な情報によって、値上がり、値下がりを繰り返します。それを動かす〝理由〟を**材料**といいます。これには大別して好材料と悪材料があります。

その材料の最大のものが**企業業績**です。株価を決めるものは「需給だ、人気だッ」という人がいます。たしかに、株価は買う人が多ければ上昇しますし、売る人が多ければ下落します。「大手証券だろうが、機関投資家だろうが、仕手グループだろうが、どこかが手掛ける銘柄は上がる。これを探し、ちょうちんをつける、これが株式投資成功の秘訣」と断言する人もいます。自分で銘柄を発掘する能力がないと思えば徹底的に値動きだけを追う――。

そうです。これはある面では真実です。しかし、このやり方（銘柄選び）は基本的に他人まかせですから、コンスタントに儲けるのはむずかしいようです。

株価を決めるのは最終的には**需給**、**人気**ですが、それを左右するのが企業の業績です。

つまり株価を決める最大の要因は、その企業の業績なのです。業績が悪ければ株が売られ、良ければ買われます。好景気→企業の業績も上昇する→1株利益など投資価値が向上し、増配、株式分割などが期待でき、株価が上がる、という好循環です。これを「**業績相**

◉株価は先を読む（古河電気工業の業績と株価の推移）

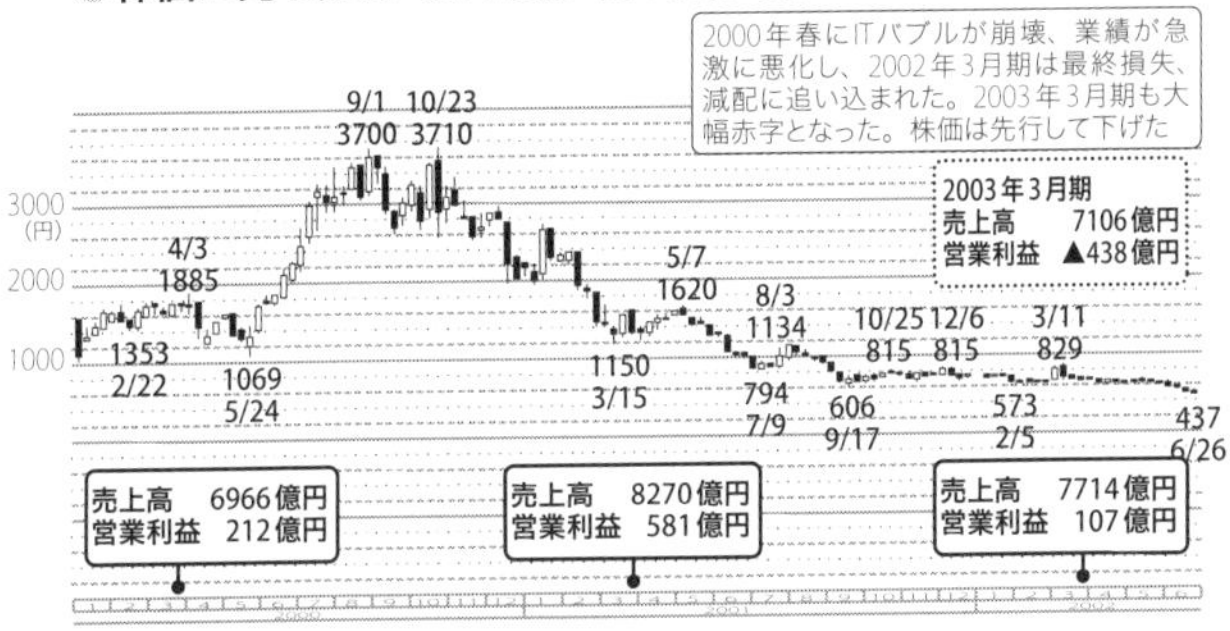

◉株価は先を読む（日産自動車の業績と株価の推移）

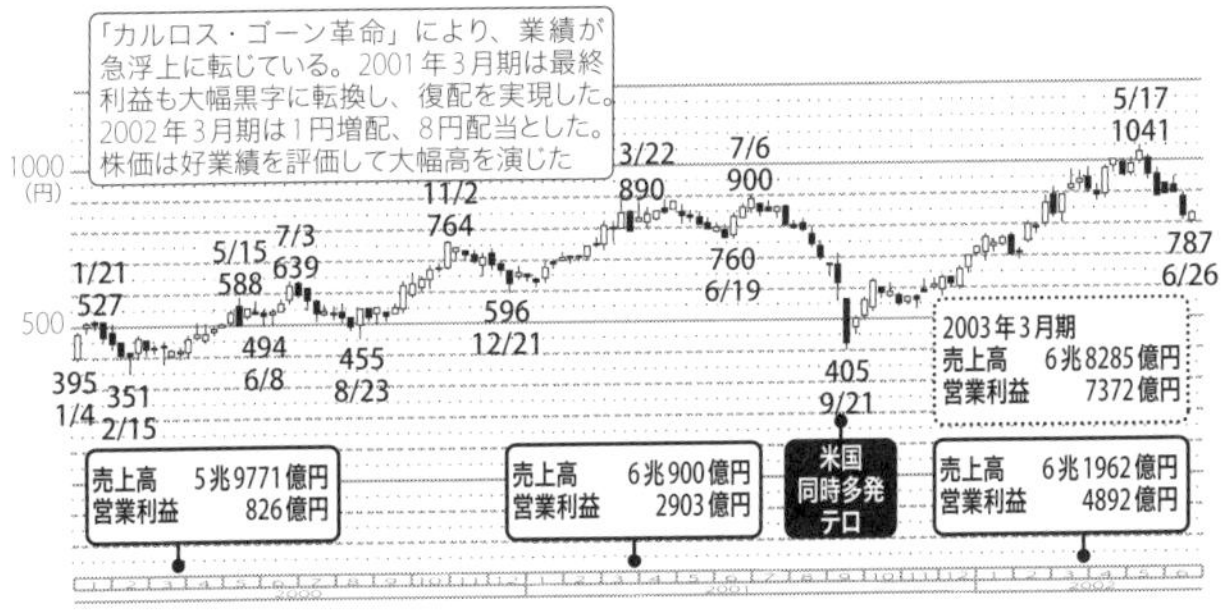

KEY WORD

ちょうちん：ちょうちん買い、ちょうちんをつける、などという。当たり屋の証券会社や仕手グループと同じ銘柄を買うこと。"当たり屋に付け"ともいう。

アローヘッド：東京証券取引所の新株式売買システム。売買注文の処理速度は5ミリ秒（0.005秒）と世界最高水準を誇る。

場」といいます。その逆は「**逆業績相場**」です。

業績がそのまま反映されるわけではない

業績が良ければ株価が上がる——これにも反論があるでしょう。

実際、好業績を発表したのに、株価が上がらなかったり、逆に業績悪化の数字が公表されたのに株価が上伸したりするケースがあります。これはなぜでしょうか。

その理由は株価の先見性です。

株価は常に未来を先取りするのです。このため、株価は将来の材料を早目早目に織り込んでいきます。だから、現実にその材料が公表されたときにはむしろ、材料出つくしとなって、株価が逆に動くのです。だから、「うわさで買って、事実で売る」という格言もあるほどです。

15年前、韓国サムスンの時価総額はソニーの時価総額のわずか6・5%（15分の1）にすぎませんでした。それが2012年秋には逆に、15倍になったのです。これは日本の民生用エレクトロニクス企業の凋落として語られていますが、その背景には業績の明暗がありました。長い時間をかけて、ソニーの業績低迷とサムスンの業績好調が、株価として歴然と現われてきたのです。もっとも、現在はソニーの逆襲が始まっています。

もちろん、株価は業績だけで動くわけではありません。いろいろな材料、思惑が複雑に絡み合って、さらに多種多様な価値観をもった人たちがそれぞれの判断によって売ったり、買ったりしています。

また、最近はM&A（企業の買収・合併）、TOB（株式公開買い付け）なども増えています。この場合は主に経営権を握るのが目的であり、彼らはまったく違う投資尺度をもち込んできます。

SECTION
3-4

株式需給とは？

株価は買いが多ければ上昇、売りが多ければ下落。この基本図式が株式需給

需給の把握が重要

株価は株式市場が内部にもっている現象によっても大きく変動します。株式市場は買いが多ければ株価が上昇、売りが多ければ下落します。この関係が**株式需給**といわれるものです。

株式需給を内部要因で考えると、裁定買い残の動向、信用取引の状況、投信、生保、損保、外国人といった機関投資家の姿勢、さらにファイナンスの動向、企業による株主安定化工作、仕手筋の動きなど、株式の需要と供給をトータル的に見ることになります。最終的には買いと売りの力関係が株価を決定するだけに、需給の把握が重要だということです。

もちろんこうした内部要因だけでなく、株価は金利、為替など外部要因の影響をダイレクトに受けます。

たとえば、金利が上昇すると、機関投資家はリスクの大きい株式投資を減らし、運用の中心を短期金融商品にシフトさせます。

こうした諸々の要因を徹底的に分析し、予測を加え、株価の動向を考えることが大切です。

外国人投資家の影響が大きい

株式需給を知るための数字のひとつとして、委託者別売買動向というものがあります。これをみると、最近の日本の株式市場における

●すべての情報は「株式需給」に集約される

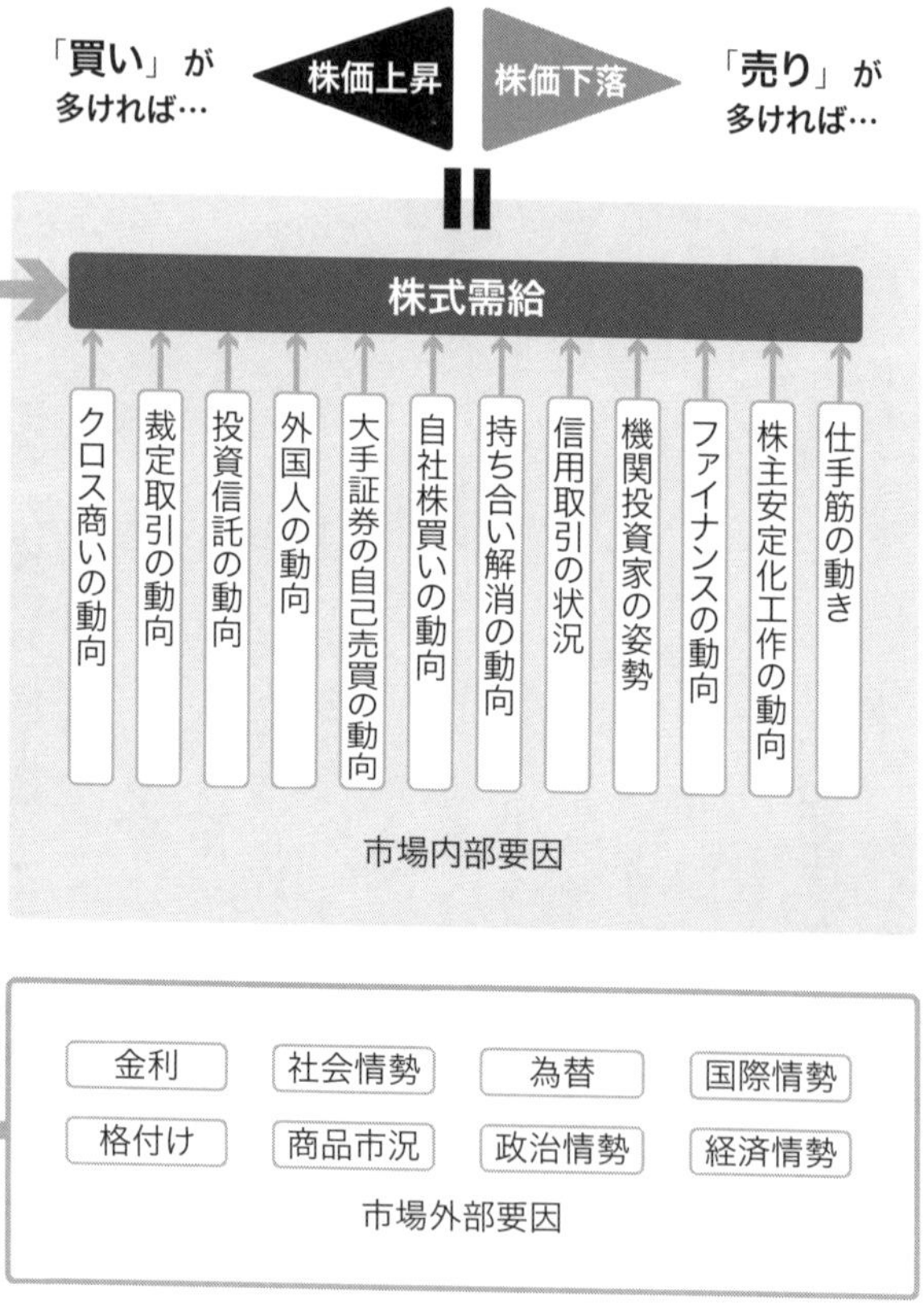
「買い」が
多ければ…
株価上昇
株価下落
「売り」が
多ければ…
株式需給
クロス商いの動向
裁定取引の動向
投資信託の動向
外国人の動向
大手証券の自己売買の動向
自社株買いの動向
持ち合い解消の動向
信用取引の状況
機関投資家の姿勢
ファイナンスの動向
株主安定化工作の動向
仕手筋の動き
市場内部要因
金利
社会情勢
為替
国際情勢
格付け
商品市況
政治情勢
経済情勢
市場外部要因

最大の買い手は**外国人**です。実に、委託売買代金シェアの6〜7割を占めています。

先物では8割前後のシェアとなっています。したがって、日本の株式市場は為替（最近は円高→株安、円安→株高のパターン）、NY市場、国際情勢などの影響を強く受けることはやむを得ないといえるでしょう。

その外国人は2011年が1兆9725億円、2012年が2兆8264億円の買い越しでしたが、2013年は15兆1196億円の買い越しでした。

一方、国内勢（個人・現物、生・損保、金融機関）は基本的に売り越しています。国内の機関投資家の場合、銀行のBIS（国際決済銀行）規制、生・損保のソルベンシーマージン比率規制などに加え、**持ち合い解消売り**が大きかったと思います。

個人は外国人に次ぐ投資主体ですが、現物は一貫して売っています。現在、個人の委託売買代金シェアの8割がネット証券経由となっています。このうち、すべてが**デイトレーダー**とはいえませんが、順張り、短期売買を繰り返す彼らの存在が需給に大きな影響を与えているようです。

なお、外国人を大別すると、年金、国家資産などを運用するロング（買い）・オンリーの長期投資家、SWF（ソブリン・ウェルス・ファンド）などと、デリバティブを駆使するヘッジファンドなどに分けられます。国内的には今後、GPIFの基本ポートフォリオ見直しに伴う買いが期待できます。

KEY WORD

押し目：上げ相場の中で一時的にちょっと安くなること。押し、押すとは安くなるさまを示している。

押し目待ち：安いところを買おう、と待っていること。しかし、そうやって待っているとなかなか買えない。〝押し目待ちに押し目なし〟という格言もある。

SECTION 3-5

金利と株価

基本図式は金利上昇→株価下落、金利低下→株価上昇

金利と株価は逆相関

金利と株価は極めて密接な関係にあります。

ゼロ金利下でも株価が下げ続けていた昨今の状況をみると、説得力に欠けると思われるかもしれませんが、基本的には、「金利が上昇すると、株価が下落」「金利が下がると、株価が上昇」という逆相関図を描きます。

この場合の代表的な金利とは政策金利、長期債金利、**長期プライムレート**、コールレート、CD（譲渡性預金）金利、アメリカの場合は**FFレート**などのことです。

どうして金利が上昇すると株価が下落、金利が下がると株価が上昇、という逆相関図を描くことになるのでしょうか。

金利が上昇すれば景気、企業業績にダメージを与えます。90年以降の株価暴落は87～90年の日銀の5回にわたる公定歩合の引き上げがひとつのきっかけになりました。この目的は地価の暴騰を抑えること、インフレ抑制です。バブルつぶしだったともいえます。景気が過熱する恐れがあると判断したのです。

金利の調節とは市中に出回るお金の量の調整でもあります。お金の量を増やすには金利を下げ、減らすには金利を上げます。

そうした結果、お金の量が減って資金需給がひっ迫すれば株式市場に流入する資金も細ります。企業の余剰運用資金も設備投資、運転資金の一部にあてるために引き揚げられる

●TOPIXと米国の長期金利

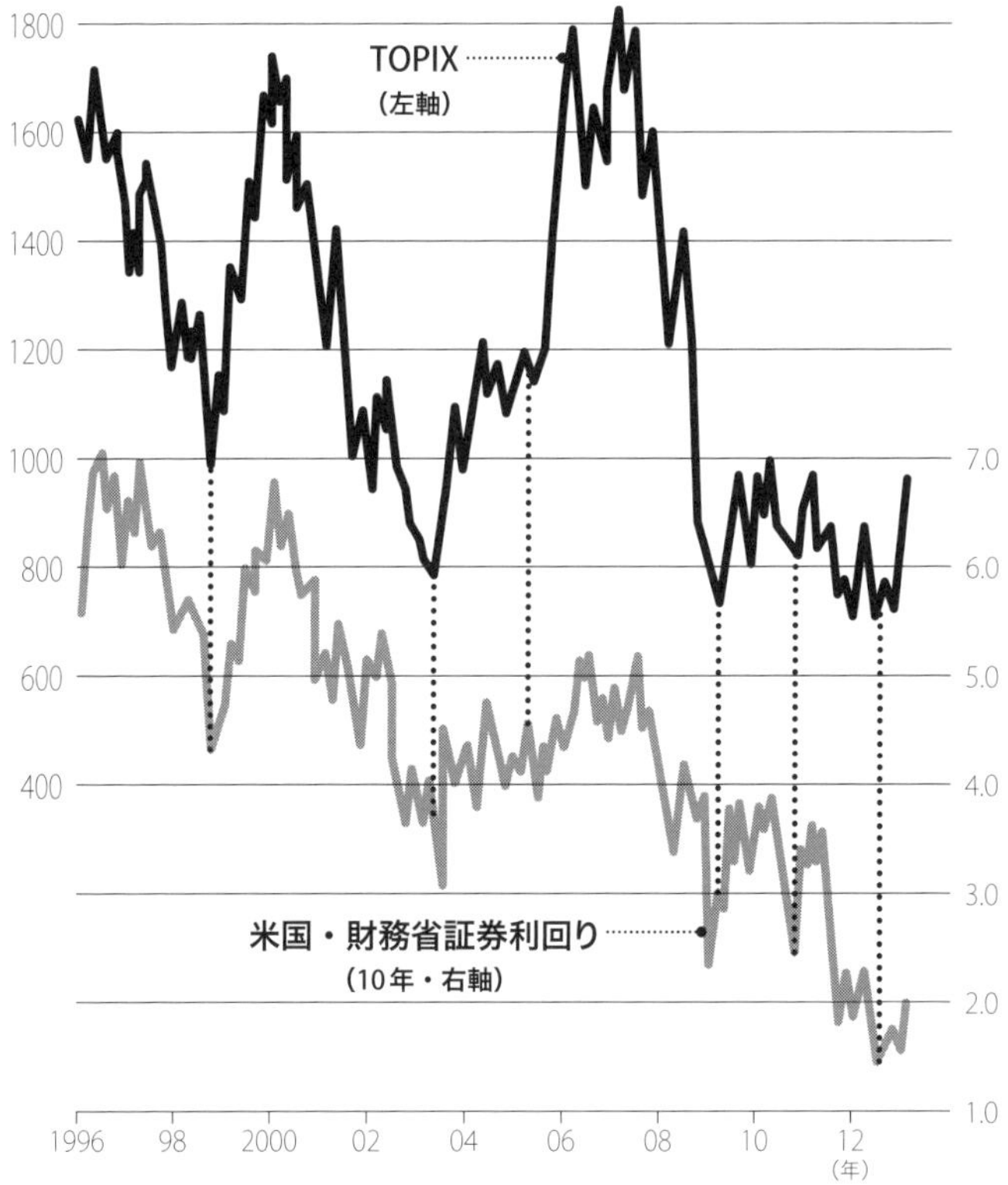

出所：東証および米国FRBの資料よりMUMSS作成

でしょう。

それに、金利が上昇すると、株式投資よりも、もっと有利な金融商品が出てきます。90年秋、5年物のワイドの利回りが9・6％になったのを受け、金融機関の店頭にはこれを買おうとする長蛇の列が朝早くからできました。投資家は金利に敏感なのです。

「法則」が通用しない場面に注意

ただし、日本のバブル崩壊時もそうでしたが、2007年のサブプライムローン・ショックのような「金融危機」に対しては従来の経験則は通用しません。現実に、NYダウ、日経平均株価ともに、FFレートと正の相関（アメリカの金利低下→株安、金利上昇→株高）を描いています。金利低下よりも実体経済の悪化スピードが速かったということでしょう。

やはり、株価を読むには、金利だけではなく、景気の動向（良くなりつつあるか、それとも悪化の方向にあるのか）、企業業績、国内外の情勢など、いろいろなファンダメンタルズの要因を分析しなければなりません。

現在、ECB（欧州中央銀行）はQEを準備、FRB（米連邦準備制度理事会）は「出口戦略」を推進中です。FRBの場合、これまで金融危機に対応して、QEⅠ（1兆7000億ドルを投入）、QEⅡ（6000億ドルを投入）、QEⅢ（月間850億ドルの資産購入）を実施してきましたが、「出口」というのは、これを縮小するものです。

マーケットはこれをイヤ気していますが、これは金融危機の克服を意味するとの前向きな見方ができます。

KEY WORD

上値（うわね）：たとえば、200円の株価が201円になれば上値であり、202円、203円と上昇を続けているさまを、上値を追う、と表現する。

下値（したね）：上値の逆。ズルズルと下がることをジリ貧などと称する。

SECTION

3-6 為替と株価

為替の動向は金利に影響を与え、株価を決める重要な要因となる

為替は企業業績に大きな影響を及ぼす

為替は外国人投資家の動向にも大きな影響を与えます。円高は日本株を買う外国人にとって為替差益、円安は為替差損をもたらします。しかし、それ以上に、為替の動向は日本企業の業績に反映され、株式の価値を左右するのです。

過去、為替が株式市場に重大な影響を与えたケースが2つあります。ひとつは1971年8月の**ニクソン・ショック**、もうひとつは1985年9月の**プラザ合意**です。いずれも円高ですが、前者は暴落、後者は急騰と、同じ円高が明暗を分けました。

ニクソン・ショックは米・ニクソン大統領（当時）の①金・ドル交換停止、②10％の輸入課徴金、③円切り上げ――を骨子とする経済政策です。とくに、わが国の株式市場は対ドル円切り上げ（円高）をイヤ気し、平均株価は21％の下げを演じました。その後、スミソニアン体制を経て変動相場制に移行すると、急激な円高が進展、株式市場は波乱（ショック安）を繰り返しました。

円高でわが国の自動車、電機、機械、精密など輸出産業は壊滅する――などと真剣に考えられたものです。事実、円高の過程では輸出産業が輸出代金の手取り額減少、業績悪化を訴え、とくに造船、海運などは大幅赤字に転落、「いやー、これはいよいよ危ないぞ」

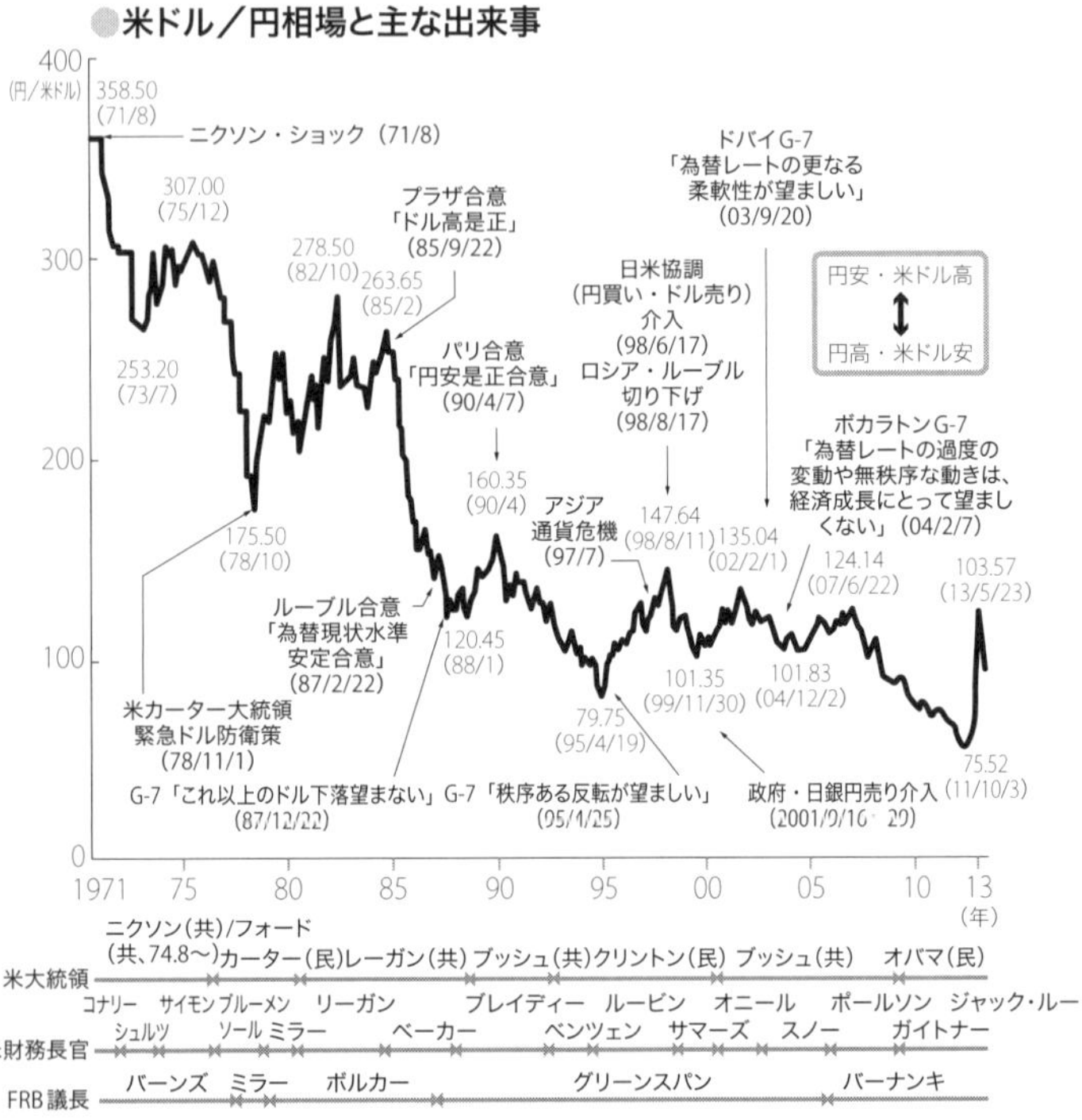

（注1）数字は東京ザラ場ベース。
（注2）全てを網羅しているわけではない。
（出所）日本銀行、各種資料より野村證券投資情報部作成。

KEY WORD

上値慕い：株価が上に行きたがっているさま。株価だけではなく、出来高などでも判断する。
上放れ：もみ合い相場から一段上に買われること。逆に、下に売られることを下放れという。

などと本当に思われたものです。**円高不況**といった言葉も生まれました。

●プラザ合意後は円高が株高に……

しかし、円高にはメリットもあります。輸入物価を下げますし、金利引き下げの余地も拡大します。外国人買いも期待できます。

円高がプラスに働いたのはプラザ合意以降の株式市場がそうでした。日本政府は強力に内需拡大策を推進、大量の資金を供給するとともに、金利も引き下げました。企業は海外進出と合理化を進め、円高を乗り切ったのです。半面、このカネ余り現象はバブルを生み、過度の財テク、地価の急騰など多くの問題を残したのです。

●やはり円安＝株高が基本

バブル崩壊後は一転、1994年6月には1ドル＝100円の大台を突破し、翌95年4月には80円台も抜く円高（95年4月19日、79円75銭）となりました。さらに97年以降はまた円安となり、1ドル＝145円を突破（98年8月11日には147円65銭の安値）、「日本売ります」といった感覚の円相場の下落でした。

円安は非製造業にはコストアップ要因となりますが、製造業（とくに自動車、造船、精密、プラント、機械、電機などの輸出企業）には多大のメリットをもたらします。96〜97年のハイテク株相場は円安の追い風によるものです。また、2005〜2007年の株式相場の上昇は、小泉構造改革を評価した外国人の買い、円安が支えたものです。2008年以降はドル不安（サブプライムローン・ショック、リーマン・ショック）、ユーロ危機もあって、1ドル75円台の超円高に突入しました。輸出企業にとっては逆風になりましたが、2013年には「異次元の金融緩和」により一転、円安→株高の傾向が続いています。

SECTION 3-7

景気と株価

大相場は、不況の最終局面でスタートし、景気のピーク前に終わる

●好景気では上昇相場が続く

企業業績と株価に相関性があるように、景気と株価にも明確な関連性があります。

過去の大型景気には必ずといっていいほど長期上昇相場が展開されています。

神武景気：これは「もはや戦後ではない」と経済白書がうたった昭和30年代初期でしたが、このときに平均株価は昭和29年11月31５円→昭和32年5月５９５円と2年半にわたって上昇しています。

岩戸景気：これは昭和30年代中期でした。やはり、日経平均株価は昭和32年12月４７１円→昭和36年7月１８２９円と上昇しています。このときは池田内閣の所得倍増政策による高度成長（昭和34～36年の平均実質成長率は11・3％）を背景に設備投資が活発化、また投資信託の大量設定が相次ぎ〝池の中の鯨〟といわれたほどでした。第1次外国人買いブームもこの時期でした。

いざなぎ景気：これは昭和40年代の初めでした。わが国の経常収支が恒常的に黒字となり、企業の業績も絶好調、国民総生産は世界第2位となって、外国人買いも殺到（第2次外国人買いブーム）します。日経平均株価は昭和42年12月１２５０円→昭和45年4月２５３４円と上昇、電機、自動車、住宅、薬品株など優良株が大幅に値上がりしました。

このように、好景気は企業活動を活発にさ

●日本の景気と日経平均株価

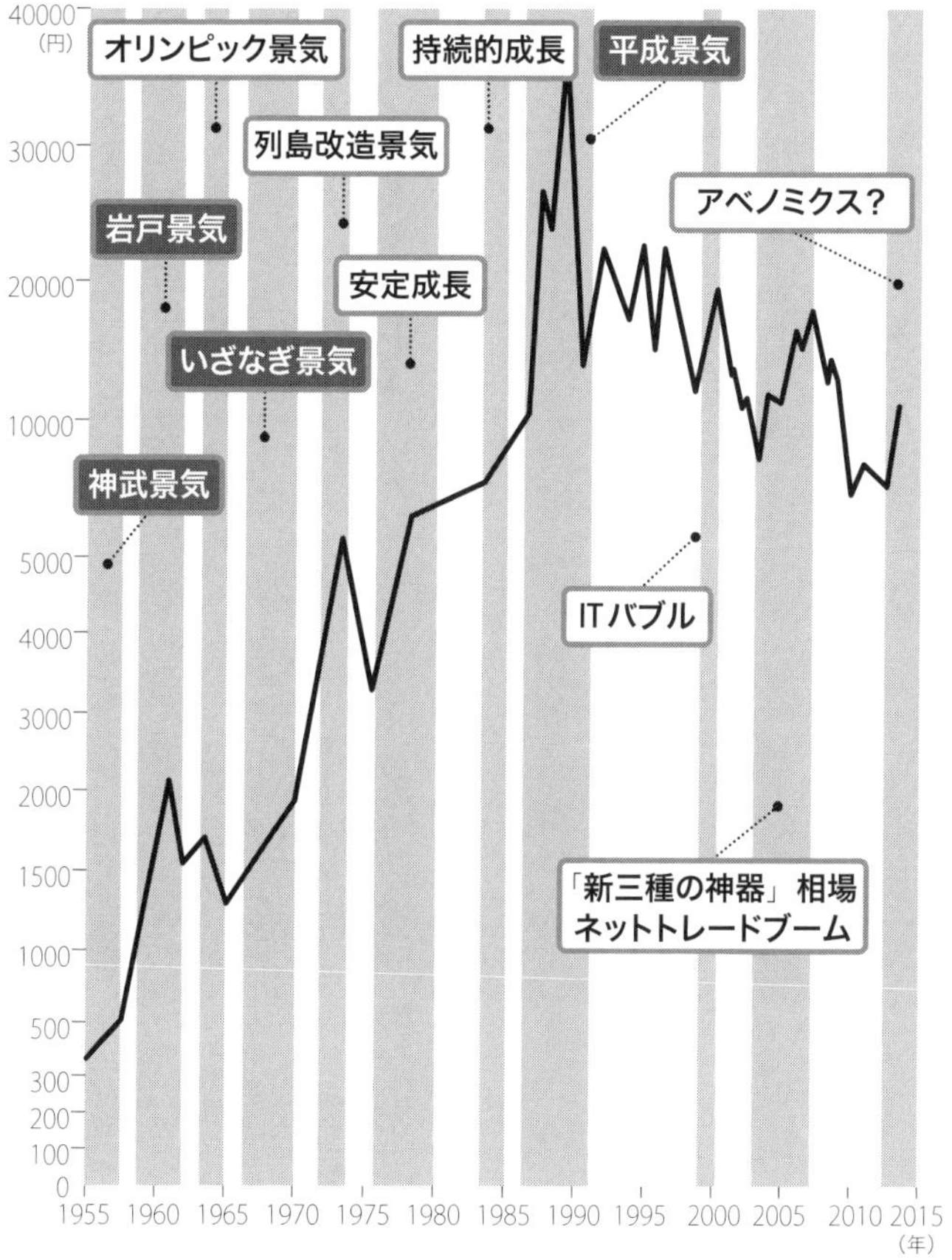

せ、おう盛な資金需要がファイナンス意欲を高め、業績も増益基調が続きます。基本的に好景気は株高につながるのです。

こうした景気の動向を知るには月例経済報告、日銀短観、景気動向指数、GDP統計などが有効です。

●景気のピークより前に相場は終わる

しかし、景気が過熱すると、政策当局は金利を引き上げ、景気を冷やそうとします。公定歩合の第1～3次引き上げまでぐらいの"予防的引き締め"は景気の強さが勝っており、心配はいりません。しかし、本格的引き締めになると、そうはいきません。

1990年以降の暴落は**平成景気**の真っ只中で起こりました。この要因についての見解はいろいろですが、日本の戦後経済の枠組みが変わることを予測した下げ（パラダイム・ショック）とみることができますし、1991年4月にピークアウトした平成景気の終えんを予見、さらに強烈な金融引き締め政策（地価・株価の暴落→バブル崩壊）をイヤ気――との見方もできます。

さて、不景気が続けば、景気対策のほか、金融緩和措置が打ち出されます。この場合、低金利、カネ余りをバックに**不景気の株高**（金融相場）が出現します。要するに、歴史的な株高（大相場）は不況の最終局面で始まり、景気のピークの7～8合目で止まるということでしょう。

2012年秋以降の反騰相場は政権交代（安倍政権の発足）を評価するとともに、アベノミクスの断行による日本再生、失われた20年の克服、およびデフレ脱却、円高阻止を反映する動きです。

KEY WORD

崩れる：下げ相場だが、それなりに抵抗していた相場が一段安となり、下放れた状況。下値のメドはなくなる。

SECTION
3-8
ファイナンスと株価
「ファイナンスは買い！」「ファイナンス明けを狙え！」は昔の話だが……

かつては好材料とされたが……

企業が行なう資金調達のことを**ファイナンス**といいます。銀行借り入れもファイナンスですが、ここでは公募増資をはじめとする有償増資、新株予約権付社債など、**エクイティ・ファイナンス**と株価の関係について考えてみましょう。

1980年代後半にはよく「ファイナンス銘柄は買い」「ファイナンス明けを狙え」などといわれたものです。ファイナンスが近いと予想される企業、ファイナンス（払い込み）が終了しそうな企業を積極的に物色しました。なぜでしょうか。

その理由としては、①大蔵省（当時）、大手証券の引き受け部会の審査をはじめ、一定のルールで選ばれた企業であること、②資金需要がおう盛であり、将来、業績が伸びる可能性があること、③株価が高いほど企業の資金調達コストが安くなるため、ファイナンスに合わせて材料が出やすくなるほか、幹事証券サイドも〝営業努力〟（株高施策）をしたこと、④ファイナンス完了後、アフターケアが見込め、株主優遇策も打ち出されること――などを指摘できます。

状況は変わってきている

しかし、1990年以降の暴落により、企業のファイナンスは国内外の普通社債にシフ

●ファイナンスとは

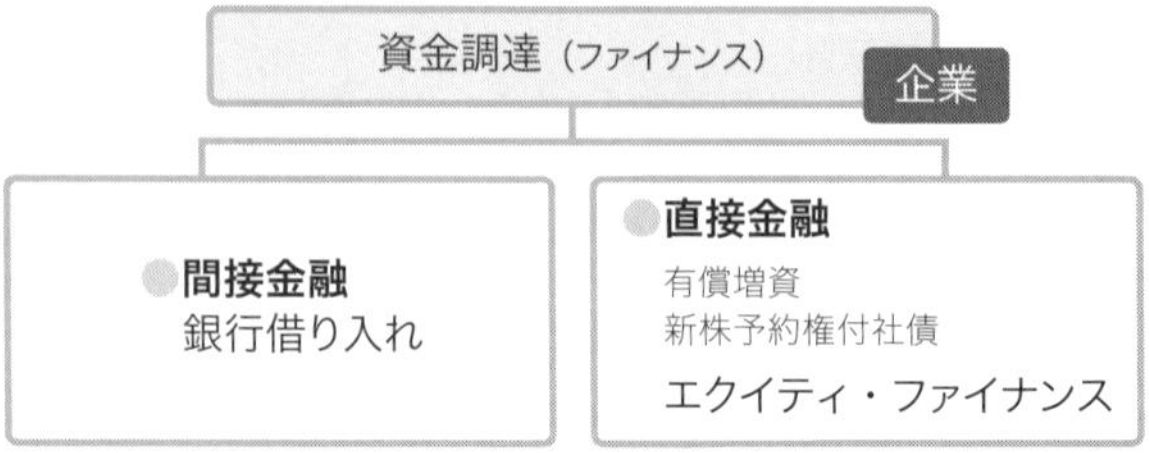

●エクイティファイナンスの件数と金額

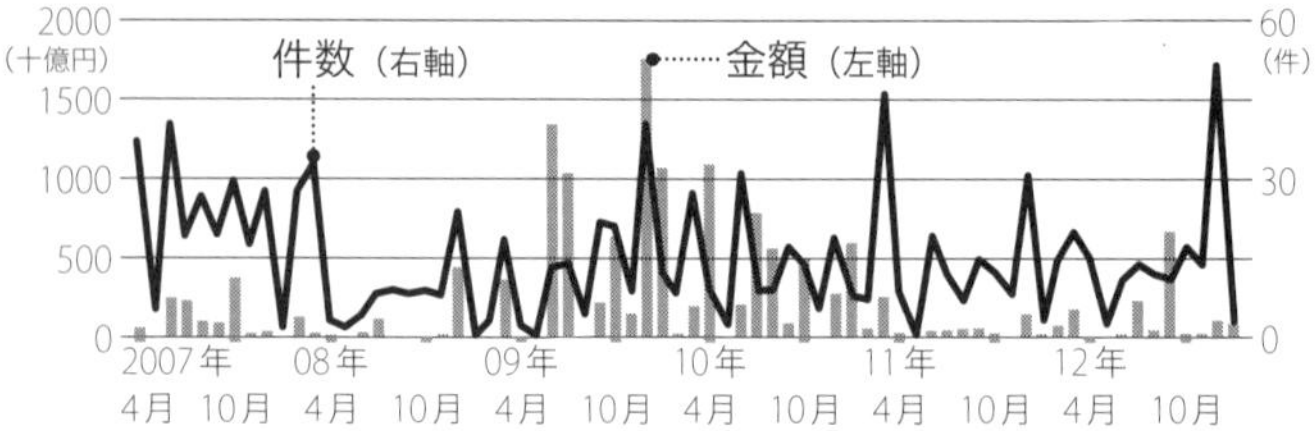

注：公募・売出・新規公開の合計。国内取引所上場外国銘柄の海外市場における売出を除く。13年1月は野村證券推測値。
出所：日本証券業協会「全国公開会社のエクイティファイナンスの状況」より野村證券作成

KEY WORD

戻す：下がっていた株価が元の値段まで回復することをいう。切り返す、も同じ意味。
足取り：相場の過去の動き。「目先的に振り返ってみると、2週間前に900円の高値があり、その後、780円まで下押し、現在は850円と戻り歩調」といった具合に形容する。

トし、エクイティ・ファイナンスが縮小、過剰なエクイティ・ファイナンスの反省もあって発行ルールも厳しくなり、現在は「ファイナンス銘柄は買い」とはいえません。

1980年代後半のファイナンスは設備投資をはじめとする前向きな資金調達を越えて「財テク」に走りました。その結果、全体の株式需給バランスを崩し、多くの投資家が多大の損害を被り、ファイナンスアレルギーがまだ残っているのです。銀行の優先株発行もイヤ気されました。

MSCBには注意が必要

最近は銀行借入れができない経営不振企業がMSCB（7－3参照）の発行、第三者割当増資を行なうケースが増えています。

MSCBはほとんど私募形式で発行され、ヘッジファンド、外資系金融機関などが引き受けています。MSCBは新株式の発行、転換価格の下方修正条項によって、株式価値が著しく希薄化します。貸し株による売りもあります。このため、MSCBを発行した会社は例外なく売られるようです。もちろん、発行企業には増資資金が入ります。通常の手段では資金調達が困難なだけに、安易にMSCBの発行に走るのです。ちなみに、MSCBは「毒まんじゅう」と形容されています。

一方、第三者割当増資は新たな支援企業、経営陣の出現などを評価し、株価が急騰するケースが多くみられます。

なお、エクイティ・ファイナンスは2011年度が9700億円、2012年度が1兆2000億円と2兆円を割り込む状態が続いています。この金額が2兆円を下回ると、翌年の株価が急騰する、という法則があります。ちなみに、1989年度のエクイティ・ファイナンスは24兆6000億円でした。バブルのピークとはいえ、ひどいですね。

SECTION
3-9

海外情勢と株価

大暴落は海外からやってくる！

日本の夜間に開いている海外市場

海外情勢は直接、日本のマーケットに影響します。先に開いている海外の株式市場を通じて影響を受けることもありますし、シカゴの日本株式の先物がいち早く反応し、その影響を日本市場が受けることもあります。

なぜ、海外の動きにこれほどまで注意を払わなければならないのでしょうか。

それは、わが国の株式市場はこれまで幾多の大暴落を経験していますが、いずれも海外の材料によるものだからなのです。

たとえば1953年3月の**スターリン暴落**です。ソ連・スターリン首相の死去がきっかけですが、朝鮮戦争が早期に終結するのではないか、とイヤ気したのです。日本経済は〝朝鮮戦争特需〟に沸いていましたから、東西冷戦緩和、戦争終結は日本経済に打撃があると判断したのです。〝平和〟が売りだったのです。同じ材料が時代によって好材料にも悪材料にもなるのです。

ケネディショックは1963年7月のことです。米・ケネディ大統領が金利平衡税の創設を軸とするドル防衛策を発表しました。このときは外国人買いがストップするのではないか、と危惧されたのです。

IOSショックは1970年4月でした。7つの投資信託をもつ米国の金融複合企業のIOSが経営不振に陥り、その子会社が日本

●暴落は海外からやってくる！（日経平均株価の推移）

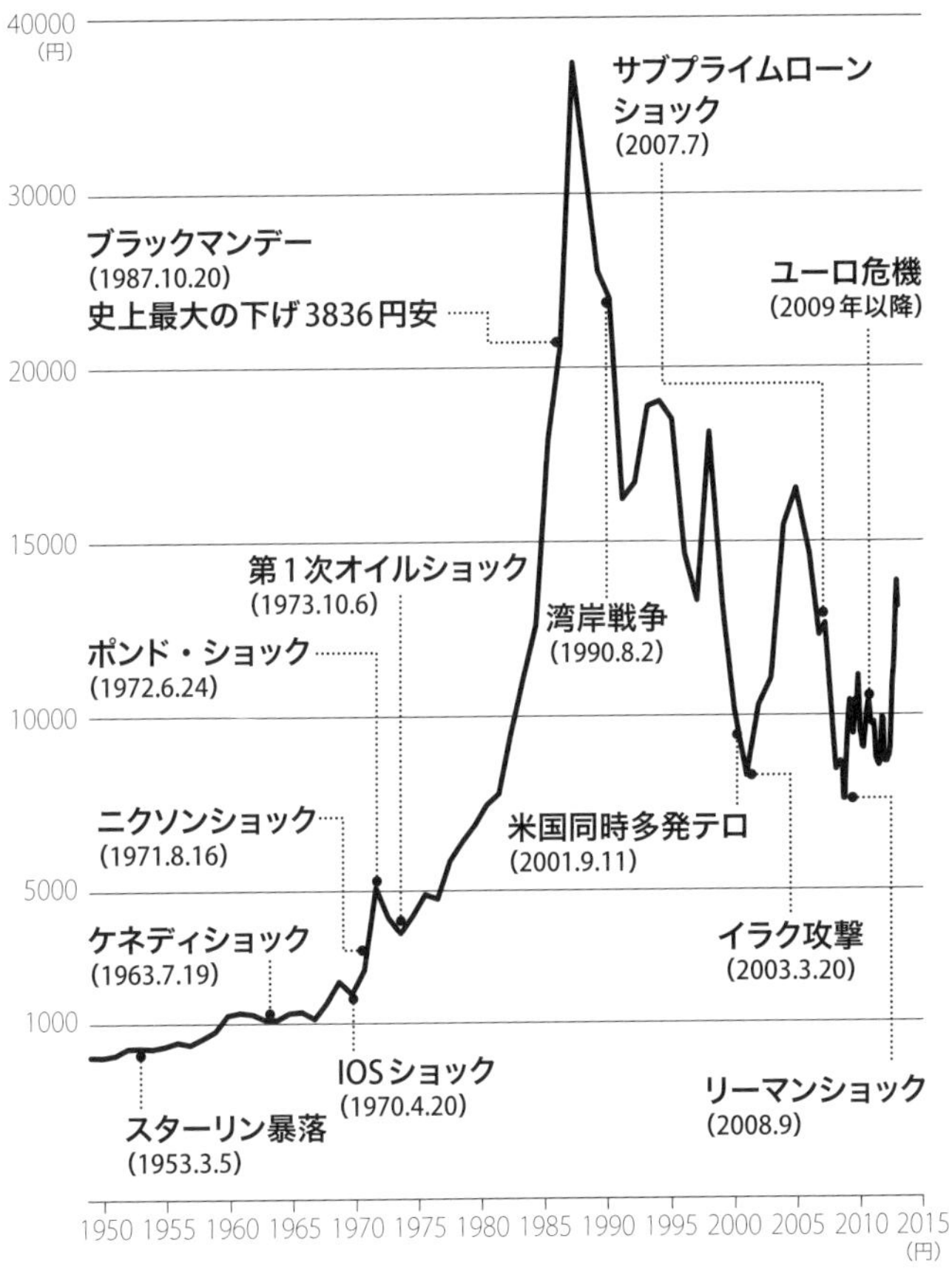

40000
（円）
30000
20000
15000
10000
5000
1000
サブプライムローンショック
（2007.7）
ブラックマンデー
（1987.10.20）
史上最大の下げ3836円安
ユーロ危機
（2009年以降）
第1次オイルショック
（1973.10.6）
湾岸戦争
（1990.8.2）
ポンド・ショック
（1972.6.24）
ニクソンショック
（1971.8.16）
米国同時多発テロ
（2001.9.11）
ケネディショック
（1963.7.19）
イラク攻撃
（2003.3.20）
IOSショック
（1970.4.20）
スターリン暴落
（1953.3.5）
リーマンショック
（2008.9）
1950 1955 1960 1965 1970 1975 1980 1985 1990 1995 2000 2005 2010 2015
（円）

株を売ってきたのです。
　ニクソン・ショックは1971年8月に起こりましたが、きっかけは米・ニクソン大統領の新経済政策でした。ドルの切り下げ、円の切り上げ、ドルと金とのリンクの停止などを実施したのです。

●プログラム売買の影響も

　また、1972年6月には**ポンド・ショック**、1973年10月には**第1次オイルショック**もありました。さらに1987年10月には**ブラックマンデー**が発生、平均株価は1日に3836円、14・9%の史上空前の大暴落となりました。

　これはドル暴落不安に加え、プログラム売買が下げに拍車をかけた面もあります。プログラム売買というのは、値動きを追いかけながら売買をするようにプログラムされたシステムによって自動的に売買するもので、そのため、暴落→さらに売る、といった悪循環に陥ったのです。

　1990年来の暴落にも東西冷戦構造の終えん（戦後の経済、政治体制の激変）、**湾岸戦争**（フセイン・ショック）、レッドマンデー（ロシア政変）、**米国中枢同時多発テロ**など海外情勢が深く関わり合っています。

　2007年以降の**サブプライムローン・ショック**、**リーマン・ショック**では日経平均株価は61・4%もの暴落を演じました。NYダウの下落率53・6%以上に下げたのは日本固有の要因もあったと思いますが、きっかけはやはり外的ショックだったのです。

　まあ、それにしても〝震源地〟よりも被害が大きかったのはどうしてでしょうか。

KEY WORD

戻り高値：1000円だった株価が700円まで下落。その後、900円まで戻し、さらに750円に下げたとすると、900円が戻り高値となり、のちにこれを上回れば戻り高値を更新、強い相場と判断される。

SECTION
3-10 新技術・新製品と株価
市場は夢を評価しようとするが、理想買いだけで終わるケースも

新技術・新製品は相場の華

株価は将来の業績を予測して動くものですが、業績の変化をもたらす要因として新技術・新製品を挙げることができます。株価が大化けする2大要素は「**思惑**」プラス「**夢**」といわれますが、この「夢」が新技術・新製品なのです。

新製品がヒットすればその企業の収益構造は一変します。任天堂の「ファミコン」、アサヒビールの「スーパードライ」、ソニーのゲーム機「プレイステーション」などがそうでした。昨今は技術革新がものすごいスピードで進んでいます。このため、株式市場は「夢」を素直に評価しようとして過剰に反応（理想買い）したり、逆に「**消化難**」と無視したりするケースもあります。

反動の大きさに注意

ただ、すでに実用化された新製品（これも実際に売れるかどうかは未知数）ではなく、新技術はまだ「海のものとも山のものともわからない」部分があり、注意が必要です。

たとえば、1983〜85年にかけて薬品株の大相場がありました。軒並みPERが100倍、200倍、300倍に買われました。しかし、当時、あれほど騒がれた材料はいま、どこにいったのでしょうか。

持田製薬を1万6600円の超高値に買い

ある原動力になった〝画期的な制ガン剤〟「OH－1」、200円たらずだった科研製薬の株価を4530円まで暴騰させた〝夢の新薬〟「ベンズアルデヒド」など……。これらの材料は現在、すべて消えています。会社側がとっくの昔に研究開発を中止したのです。株式市場の動きに踊らされ、先物買いを行なった投資家は歴史的な素っ高値をつかまされたことになります。

今後も先端技術の情報通信、バイオテクノロジー、エレクトロニクス、新素材などの分野で大化け株が出現するでしょう。しかし、**理想買い**だけに終わり、**現実買い**に結びつかないケースもあります。とくに、社会ニーズの高いものほど株式市場はフィーバーを演じますが、その反動も大きいのです。

いま注目のテーマは?

今後、大きな成長が期待できる分野（技術）と関連銘柄を考えてみましょう。

- **インバウンド**：ラオックス、アクリーティブ
- **クラウドソーシング**：クラウドワークス
- **社会インフラの再構築**：ショーボンド建設、川崎重工業、横河ブリッジ、東鉄工業
- **自動車の自動運転**：アイサンテクノロジー、モルフォ、日本電計
- **iPS細胞**：アイロムホールディングス
- **マイナンバー・情報セキュリティ**：FFRI、UBIC、ラック、荏原、横河電機
- **クラウド基盤サービス**：ニフティ
- **介護用ロボット**：サイバーダイン、ネクス
- **3Dプリンター**：3Dシステムズ（NY市場）、ストラタシス（NASDAQ）、図研

ただし、いずれも、理想買いで終わるのか現実買いに結びつくのかを見極めることが大切です。

日本の耐久財世帯保有率の推移

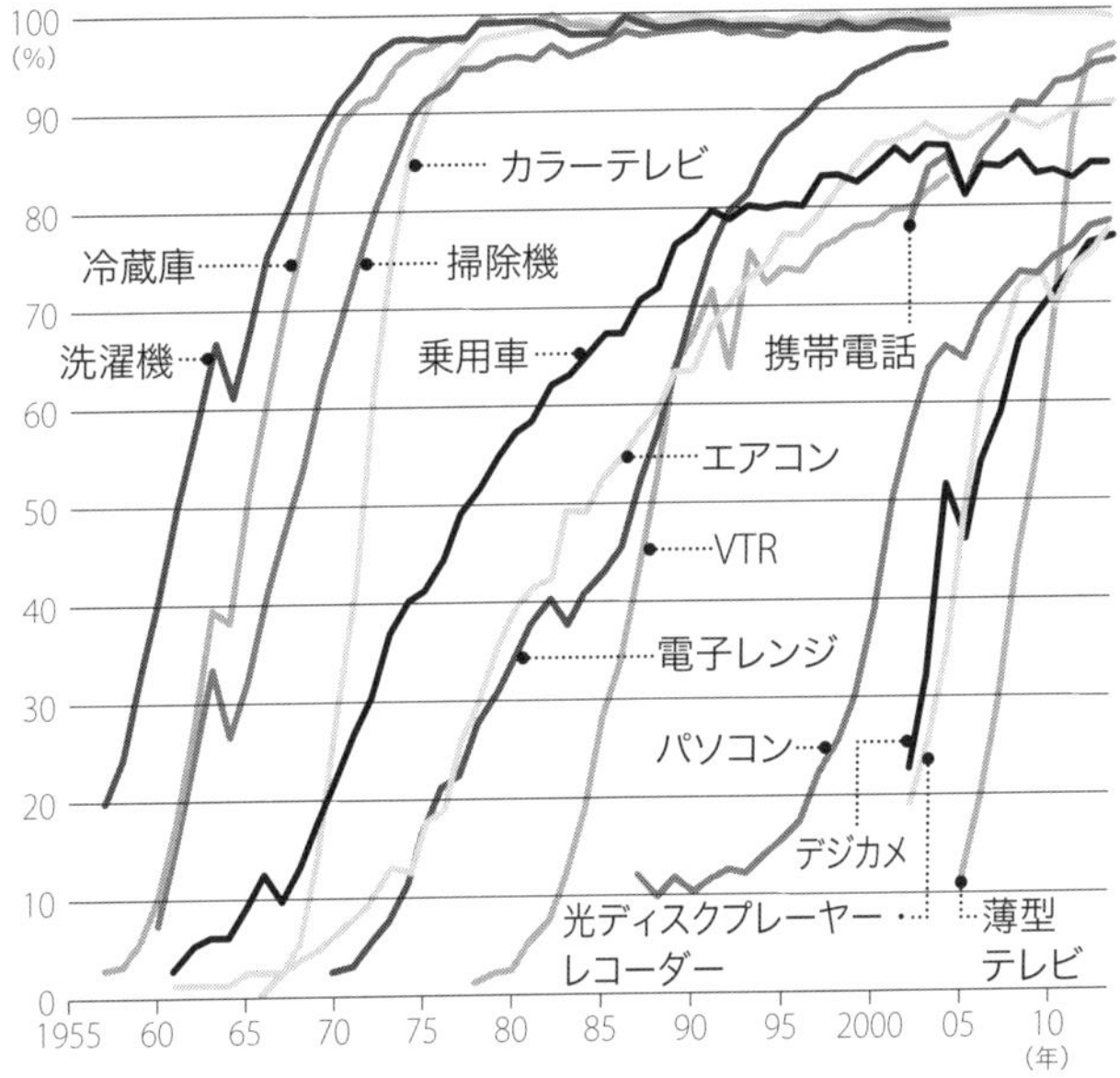

出所：内閣府「消費動向調査」

KEY WORD

株券電子化：2009年1月に上場会社の株券はすべて電子化（ペーパーレス化）された。他人名義のタンス株券は証券会社等を通じて証券保管振替機構に預託するか、本人名義に書き換えておく必要があったが、それが行なわれなかった場合、株主としての権利は失われた可能性がある。

戻り売り：下げ相場が一応、底打ち、反発に転じるが、「戻ったら売ろう」という玉が控えており、反発力は鈍い。"戻り待ちに戻りなし"という格言もある。

先人の知恵

相場格言

三

見切り売りの大切さ

◆利食いを急ぐな、損急げ
◆利食い腰は強く、引かれ腰は弱く
◆逆行がさらに1割超えたなら迷わず決めよ、損切りの時
◆持ち高のコストは常に計算し、見切りの損は低く抑えよ！
◆しまった！　は仕舞え！
◆高値覚え、安値覚えは損のもと
◆戻り待ちに戻りなし
◆だれもが株を好きになるときには株は下がる

休むも売るも相場なり

◆利食ったらすぐに次の銘柄を買うな！
◆売買をせけばせくほど損をする、とんと休んで手を変えてみよ！
◆休むとはただの休みと思うなよ、次の仕掛けのもとになるなり
◆ぬかるなよ、見切り肝心、意地張るな！
◆買いどきは人の言葉に従うも、おのれで決めよ手仕舞いのとき
◆追い証は営業マンの最良のアドバイス
◆もち合いは売っておけ
◆迷いが生じたら売れ！

売り難きところを売れ！

株式市場では「欲に切りなし、地獄に底なし！」という。株価が上昇してくると、どこまでも上がると考え、売り場を逃してしまう。総強気の局面では黙って売ること。

売りの基本姿勢

◇勝ちぐせをつけることこそ、
相場では何より増して大事と思え！

◇大きく取って、小さくやられる

◇世の中に利食って損したためしなし、
世の欲張りは待って損する

◇利食い千人力

◇サヤ取りはこまめに積んで福となせ、
小さな福が大福を呼ぶ

◇下がり端を売る

◇安く買い、高く売ることこそ極意なり、
世のたわごとに心惑うな！

◇高値圏での好材料出現は売り

◇いつとても〝売落城〟の高峠、
怖いところを売るが極意ぞ

◇買いたい銘柄がないときは売れ

◇バラを切るごとく売るべし

◇初戻りは売り

◇踏みには売り向かえ！

BEST INTRODUCTION TO ECONOMY

4章 株式売買の主役は誰か？

SECTION 4-1

法人と個人投資家

機関化現象が高まっているが、個人投資家こそが市場の担い手

法人の売買シェアが高まる

株式市場の委託者としての**法人**には、生保・損保、銀行、投信、事業法人が含まれます。**機関化現象**という言葉の意味は「これらの法人の売買シェアが高まり、**個人投資家**が締め出されてしまうような状況」です。たしかに投資部門別委託売買金額シェアをみると、外国人を含む法人が7割にアップ、逆に個人投資家は2割程度に低下しています。

しかし、個人投資家は株式市場の重要な担い手です。1990年以降の株式市場の暴落と同時に、事業法人や金融法人の株式持ち合いの解消が進展するなか、個人投資家の重要性は急速に高まっています。

全上場企業の発行株式（時価総額ベース）に占める個人の持株比率はピーク時の1970年度には37・7％もあったのですが、その後次第に減少し、80年代後半からは下げ止まっているとはいえ、2014年3月末では17・3％となっています。一方、個人のシェア低下に反比例して、法人（生保・損保、銀行、投信、事業法人など機関投資家）、外国人の持株比率は80％近くに増加し、いわゆる「機関化現象」が起こっています。

信用取引で個人投資家の動向がわかる

個人投資家の動きを知る手掛かりは、毎週発表される主体別売買動向の現物と信用取引

●個人金融資産の残高構成比（2015年3月末、単位：%）

日本における個人金融資産残高の構成比

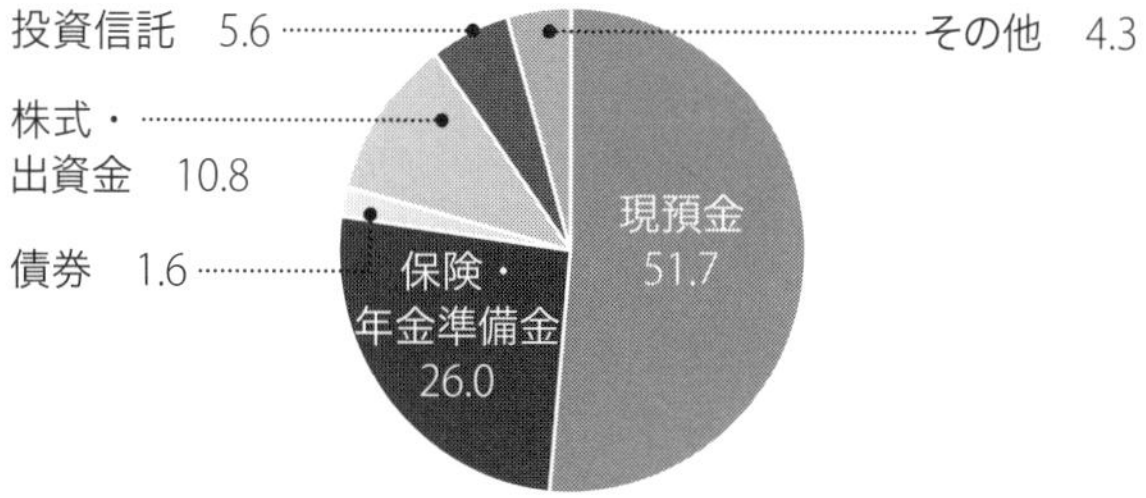

米国における個人金融資産残高の構成比

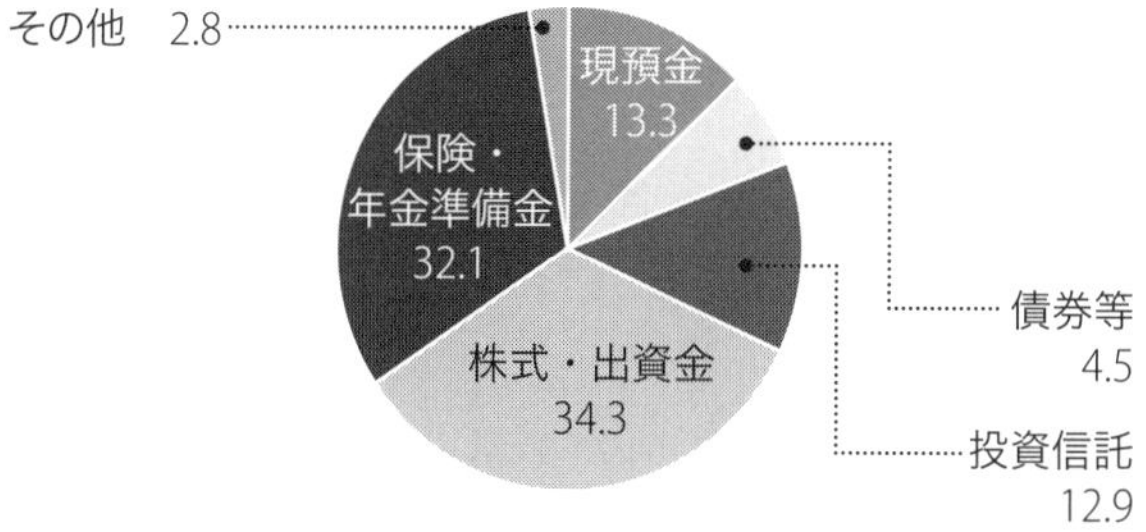

出所：日本銀行

KEY WORD

締まる：軟調だった株価が後半に小高くなること。
下げ渋る：安かった株価が下げ止まり、これ以上、下がらない状況をいう。

●日本の上場株式の主体別保有比率

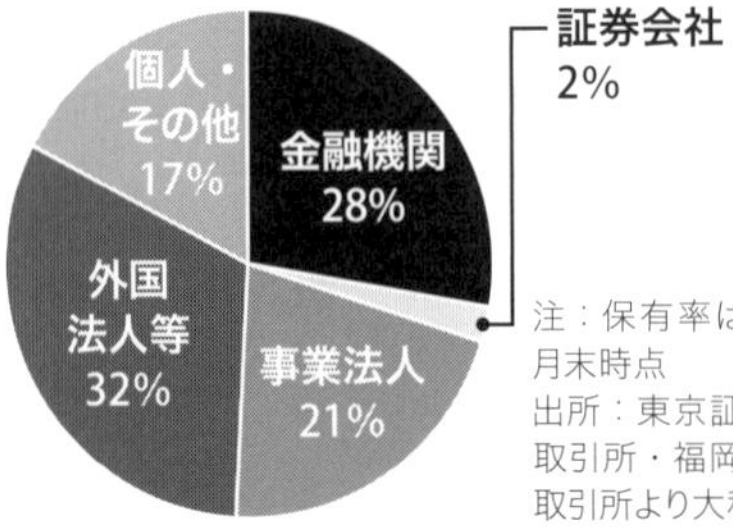

注：保有率は金額ベース。2015年3月末時点
出所：東京証券取引所・名古屋証券取引所・福岡証券取引所・札幌証券取引所より大和総研作成

です。とくに、信用取引は個人投資家のなかでも短期間に値ザヤを稼ごうという玄人（くろうと）たちに主に利用され、株式全般の動きや物色の動向を知るうえで重要視されています。

また、証券界では個人投資家が株式市場に参加しやすくするための方策を推進しています。最低取引単位の1000株を100株にするといった**「株式の投資単位引き下げ」**や**「株式分割」**の奨励、連続増配企業の取引所による表彰、小口の資金を積み立てて株式を購入する**「株式累積投資制度**（通称・るいとう）**」**の一層の拡大、通常の取引単位の10分の1の単位で売買ができる**「ミニ株取引」**などがそうです。投資単位の引き下げを実施した上場企業の取引高、個人株主数は着実に増えていることが確認されています。

なお、2014年の個人投資家の委託売買代金シェアは26・4％となっています。

SECTION
4-2 機関投資家
生保、投信、年金など膨大な資金運用で相場を左右する力をもつ

膨大な資金を運用する機関投資家

機関投資家とは、定義するならば、株式、債券などといった有価証券への投資を行ない、これから生じる収益を主要な財源とする法人形態の投資家のことです。具体的には**生命保険**（生保）、**投資信託**（投信）、**年金基金**などですが、最近は都市銀行、事業法人、外国人なども含めて機関投資家と称しています。

機関投資家は膨大な資金を運用していますし、実際に大量の株式を保有しています。それだけに、彼らの行動からは目が離せません。相場を左右する力をもっています。

2013年3月末の主体別の株式保有状況（全国上場会社、時価総額ベース）をみると、金融機関が105兆9265億円（シェア28・0％）、うち生命保険会社が15兆4491億円（同4・1％）、損害保険会社が6兆192億円（同1・6％）。また、事業法人が81兆9380億円（同21・7％）、個人が76兆4474億円（同20・2％）、外国人が105兆8492億円（同28・0％）となっています。外国人を含めると、ほぼ8割が法人関係の保有です。

投資スタイルはさまざま

90年ごろまでは、機関投資家の株式保有額は一貫して上昇、株式保有比率も上昇の一途でしたが、バブル崩壊を経て増勢一服の感がありました。相場が低迷していたうえ、過度

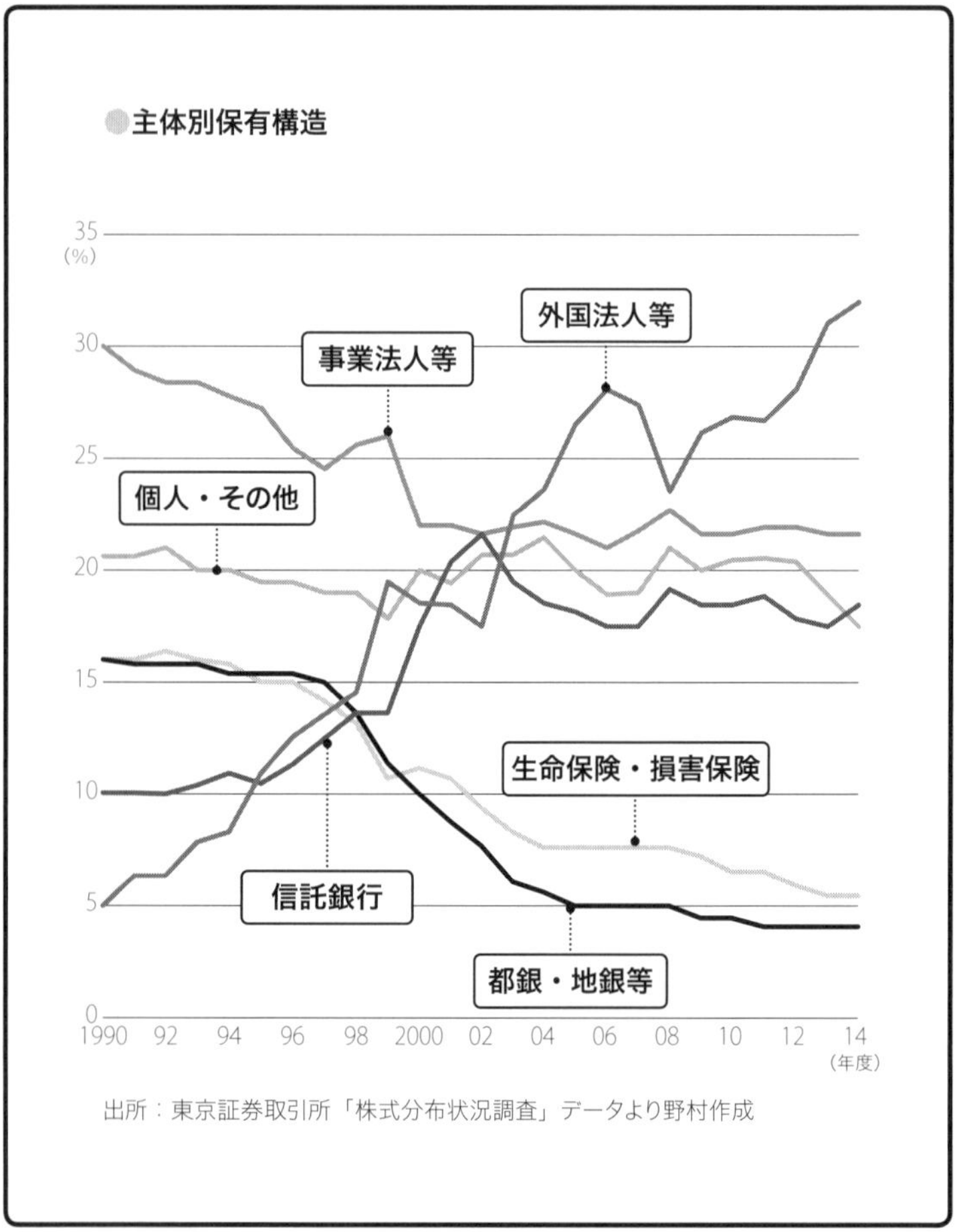

出所：東京証券取引所「株式分布状況調査」データより野村作成

KEY WORD

出直る：売られ続けていた株価が底入れし、反発に転じること。
切り返す：初めは安かった株価が、その後、高くなったときなどに使う。

●投資家別売買構成比を21年前と比べると

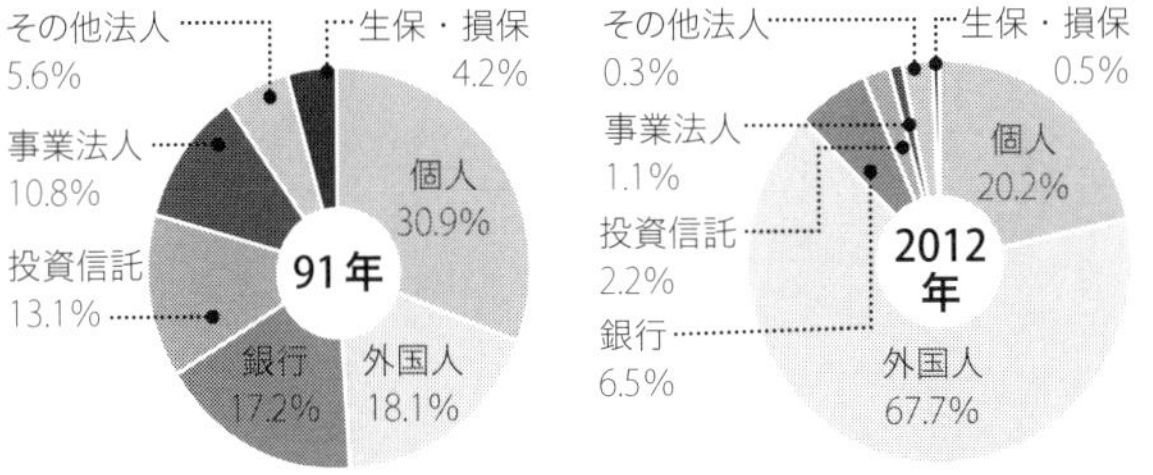

資料出所：各種資料より筆者作成
（注）三市場一部・二部の売買で総合取引参加者の委託売買代金に占めるシェア。

の財テクに対する反省もあったのでしょう。

しかし、暴落の後遺症が消えつつあり、不良債権の処理もほぼ一巡したこともあって再び株式へのシフトを強めてくるでしょう。また、急成長をみせている年金基金がいずれ主役の座に躍り出る可能性もあります。

同じ機関投資家といっても政策投資のウエイトが高い都市銀行と期間収益の確保が求められる信託勘定、生保の運用とはおのずと違ったものになります。信託勘定、生保は時としてディーリング的な商いもします。

なお、2001年には**日本版401kプラン**（確定拠出年金）がスタートしました。従来の日本の年金制度は確定給付型年金だけでしたが、一部が確定拠出年金に切り替えられるのです。運用・受給の責任は企業・国から個人（受給者）に移ります。今後、「長く生きて困らぬための投資」が一段とクローズアップされることは間違いありません。

SECTION
4-3

外国人投資家

第4次外国人買いブームがやってきた？

3回あった日本株買いブーム

外国人投資家は、いまや東京市場の〝主役〟といってもいいのではないでしょうか。東証が分類する「外国人」とは、非居住者である法人、個人のことです。

外国人は委託売買代金シェアの7割を占める有力投資家です。先物では8割のシェアを占めています。その動向はマーケットに大きな影響を与えます。

外国人の日本株買いブームは過去3回ありました。第1次は1961～62年でした。欧州を中心にした一部の投資家が買いました。第2次は1968～70年です。アメリカの「ニフティ・フィフティ相場」（すばらしき50銘柄＝IBMやゼロックスなどごく一握りの優良株をメチャクチャに買い進んだ二極化相場）の影響もあってソニー、TDK、松下電器産業（現・パナソニック）など輸出関連の優良株を買ったときがそうです。1981～83年の第3次は**オイルマネー**が主流でした。2度にわたるオイルショック（原油価格の高騰）で資金を得たクウェート、サウジアラビアなど中東産油国の資金が、ロンドンやチューリッヒの投資銀行を通じて大量に流入したのです。SAMA（サウジアラビア通貨庁）の名前が連日、証券マスコミをにぎわしたものです。

1999年の外国人の年間買い越し額は9兆1200億円に達し、これまでの最高だっ

● 外国人の買い越し額推移

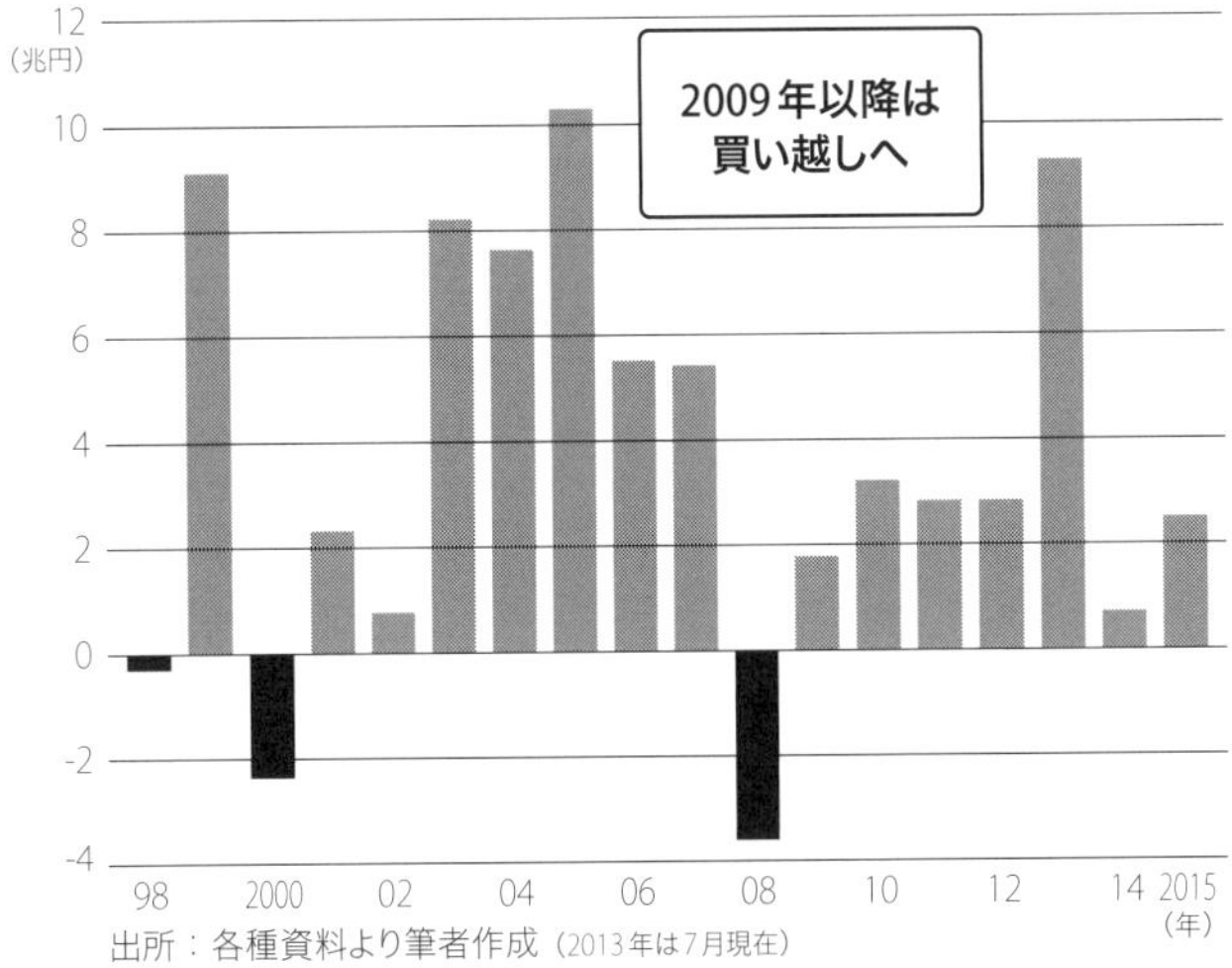

出所：各種資料より筆者作成（2013年は7月現在）

外国人が日本株に注目する理由

- 日本株が相対的に出遅れていること
- アベノミクスによる日本再生を評価
- 景気、企業業績回復に対する期待感
- 国際分散投資の観点からの日本株投資
- デフレ脱却、円高阻止に期待

た91年の５兆６２００億円を大きく上回りました。その後、２０００年は売り越しましたが、２００３年は８兆２１３４億円の買い越し。２００４年は７兆６５２２億円、２００５年は10兆３２１９億円、２００６年は５兆５２８８億円、２００７年は５兆４２３５億円の買い越しです。しかし、２００８年は３兆７０８５億円の売り越しになりました。しかし、その後は買い越しに転じています。

　ちなみに、２００９年は１兆７７７８億円、２０１０年は３兆２１０５億円、２０１１年は１兆９７２５億円、２０１２年は２兆８２６４億円、２０１３年は15兆１１９６億円の買い越しです。

●持ち株比率は３割弱

　外国人の日本株持株比率（３月末ベース）を時価総額比でみると、１９８４年の８・８％をピークに下がり続け、バブル期の１９８８年には４・１％と約半分に落ちました。その後４％台が３年間続いて、１９９３年に６・３％と高まった後、２０００年代に入ると、２００１年18・８％、２００２年18・３％、２００３年17・７％、２００６年26・７％、２００７年28・０％、２００８年27・６％、２０１１年26・７％、２０１２年26・３％、２０１３年28・０％、２０１４年35・３％となっています。

　外国人のシェアが上昇している背景には様々なことが指摘されていますが、要約すればまず、①日本株が株価指数的に出遅れていることに加え、②自公連立政権→アベノミクスを評価、③景気、企業業績回復に対する期待感、④国際分散投資の観点からの日本株投資、⑤構造改革の進展、デフレ克服、日本再生を評価――などが中心と思われます。もっとも、国内勢のシェア低下という側面もあります。

SECTION
4-4
証券投資信託
証券投資信託の特色は資金の合同運用、分散投資。基本的に元本保証ではない

小口投資家が広く分散投資できる手段

　このところ何かと話題を集めているのが**証券投資信託**（投信）です。

　投信とは多数の投資家（個人、法人など）から資金を集め、これを株式などの有価証券に分散投資、合同運用するものです。少ない資金で株式投資ができることになるため、小口の投資家にとっては重宝なものです。

　この運用の指示、受益証券の発行、信託財産の計算などをするのが**投資信託委託会社**です。当初（わが国では1941年にスタート）は証券会社がこれを兼営していましたが、証券会社としての自己の利益を追求する立場と、委託者として受益者（投信購入者）の利益を図るという立場に利害の対立が起こる恐れがあり、1951年12月に証券投資信託法が成立、証券会社から分離独立しました。なお、資金の受託は信託銀行が行なっています。

　投信の種類は、法律構成面からの分類として①**契約型**、②**会社型**に分けられます。また、日本独自の分類として①すでに設定してある信託財産に、新規の資金を追加設定できるかどうかで分類される**単位型**（**スポット**）**投信**と②**追加型**（**オープン**）**投信**があります。

　ほかに、信託財産の投資対象に基づいて分類される①**株式投信**と②**公社債投信**、の区別もあります。

●投資信託の純資産額の推移

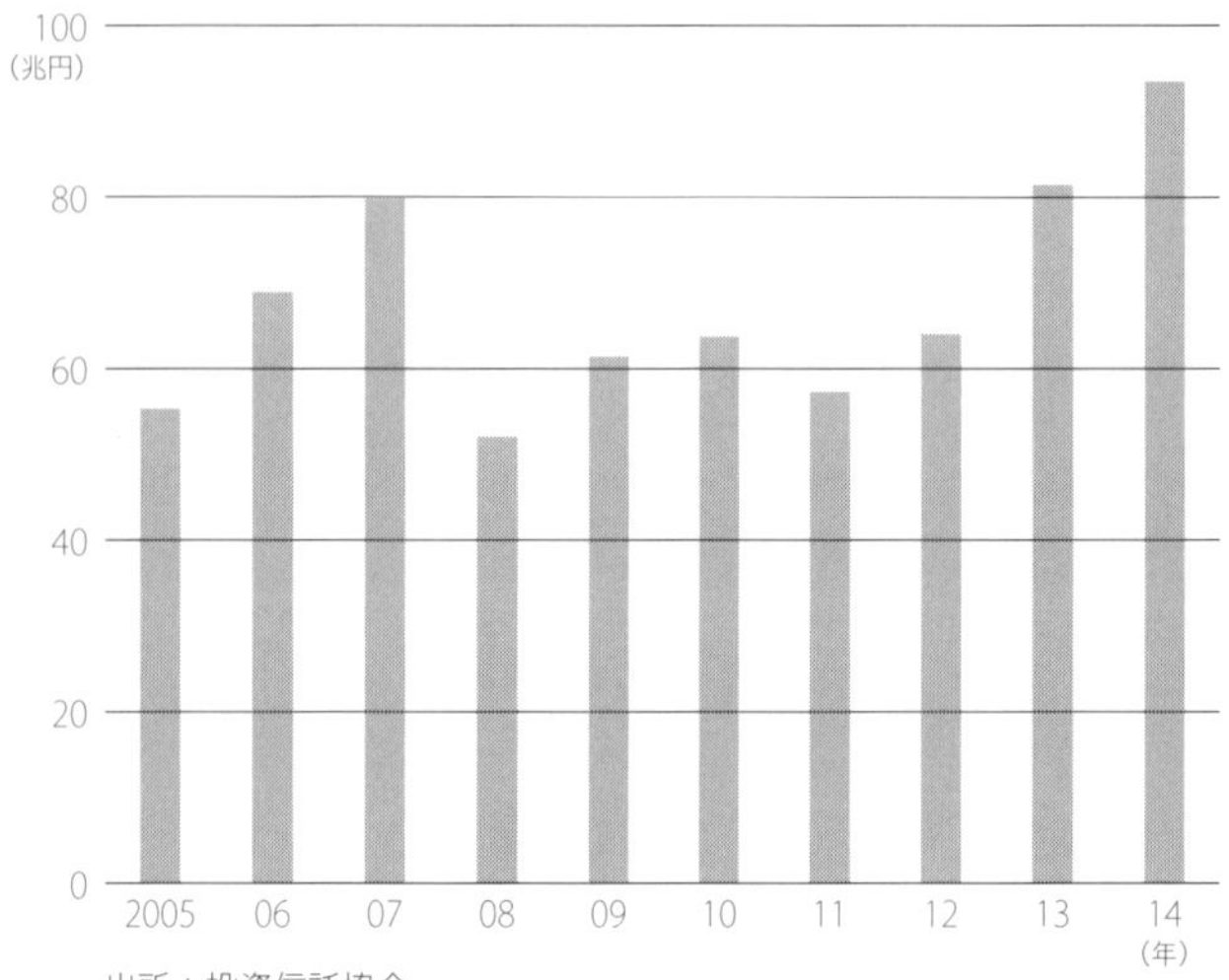

出所：投資信託協会

●投資信託の機構

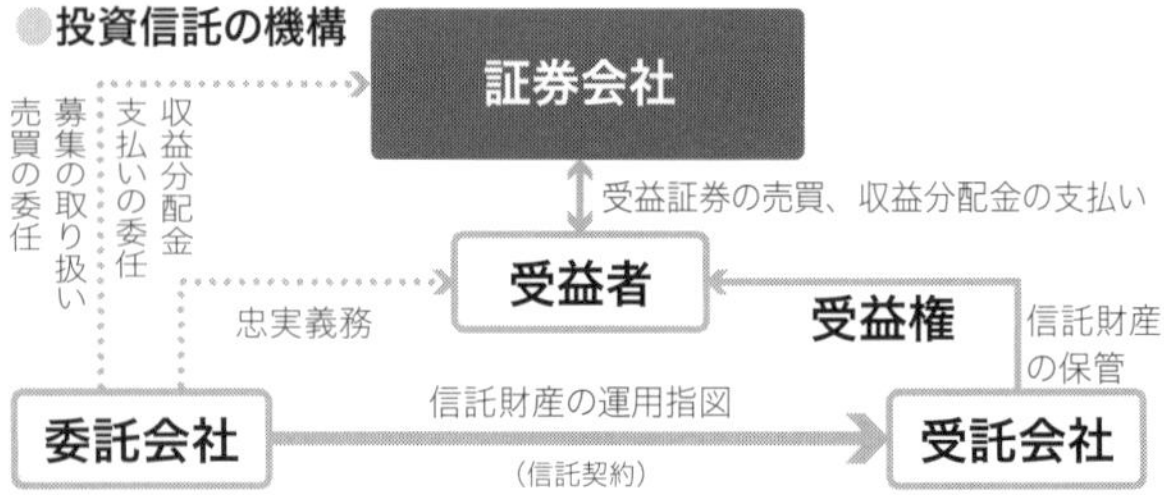

また、①取引所に上場されていない通常の投信のほかに、②取引所に上場されて時価で取引されるETF（株価指数連動型上場投資信託）や不動産投資信託（REIT）もあります。REITは2012年以降、上場本数が急増、商いも増えて人気を集めています。

純資産は74兆円

投信の純資産は1970年末には1兆円ちょっとに過ぎませんでしたが、1980年代に急増、1989年12月には58兆6000億円に膨らみました。しかし、相場の低迷による募集の不調と解約の増加によって、1993年2月末の純資産は44兆1000億円とピーク時に比べ15兆円も落ち込みました。その後は**MMF**（マネー・マネジメント・ファンド）の登場もあって、順調に増えています。

2014年12月末の純資産残高は93兆5000億円となっています。個人投資家が超低金利を背景に積極的にリスクを取る姿勢を強めているほか、銀行窓販など販売チャネルの拡大も大きな要因だと思います。

しかし、アメリカの10兆ドル強（1000兆円超）に比べると、まだまだ規模が小さいという感は否めません。

最近の傾向としては、極端な値上がり益を追求するファンドが減少し、高配当・キャッシュリッチ企業に投資するファンド、毎月分配型の外貨建て投信など安定収益を狙う投信が増えているという状況です。高配当・キャッシュリッチ型のファンドの増加は、高配当銘柄の見直し人気を呼ぶなど、株式市場にも大きな影響を与えています。

KEY WORD

早耳筋：情報をいち早く入手し、人より先に買い出動する投資家。インサイダー取引の類もある。ただ、噂に踊らされるケースも多い。〝早耳の早倒れ〟という格言もある。

反発：下げ続けていた相場が反転し、上昇に転じること。1日だけの下落→1日だけの上昇のときも使う。とくに、値上がり幅が大きいときは急反発、小幅な戻りを小反発という。

SECTION 4-5

年金

年金の運用資金は、21世紀に向けて株式の最大購入者になる見込み

●GPIFの運用体制の見直しが進む

将来に向け最大の株式購入者になると期待されているのが**年金**です。

株式市場と年金は深い関わり合いがあります。年金には公的年金と私的年金（生保等の商品）があり、公的年金は進展する高齢化と厳しい国家財政を背景に、近い将来、財政的な危機に直面するとされています。1990年に1人の高齢者を5・8人の働き手で養えたのが、2020年には2・3人で扶養しなくてはならないとの試算があるのです。

このため、私的年金を含め年金資産の効率的運用を図る必要があります。そこで、長期的運用先としての株式市場が改めて見直されてきているのです。

年金資金は投信投資顧問などに運用委託されており、過半は株式市場全体のインデックスに連動するパッシブ運用となっています。また、最近は債券運用が主体のキャッシュ・バランス・プランの採用、プライベート・エクイティ、不動産、ヘッジファンドなどに投資するオルタナティブ投資が増えています。

これでは株式の取得は期待できません。現実に、信託銀行はその期待とは裏腹に、2003年に4兆3243億円、2004年に3兆3733億円、2005年に4兆2308億円、2006年に3兆3176億円、2007年に1兆6835億円の売り越しを記録、

公的年金制度と運用のしくみ

	元本確保商品 ＝預金保険制度などの保護	一般の運用商品	単一の銘柄による運用商品
対象商品	預貯金、金融債、 金銭信託、貸付信託、 国債、地方債、政府保証債、 利率保証型積立生命保険（生保） 積立傷害保険（損保） 定期年金保険（簡保）	株式投信 公社債投信 外国公共債 外貨預金 変額保険（生保） など	個別企業の 株式、社債

ここから「3つ以上の商品」を選定し、加入者に提示。このうち1つ以上は元本確保商品とする

加入者に提示する「3つ以上の商品」には含めない

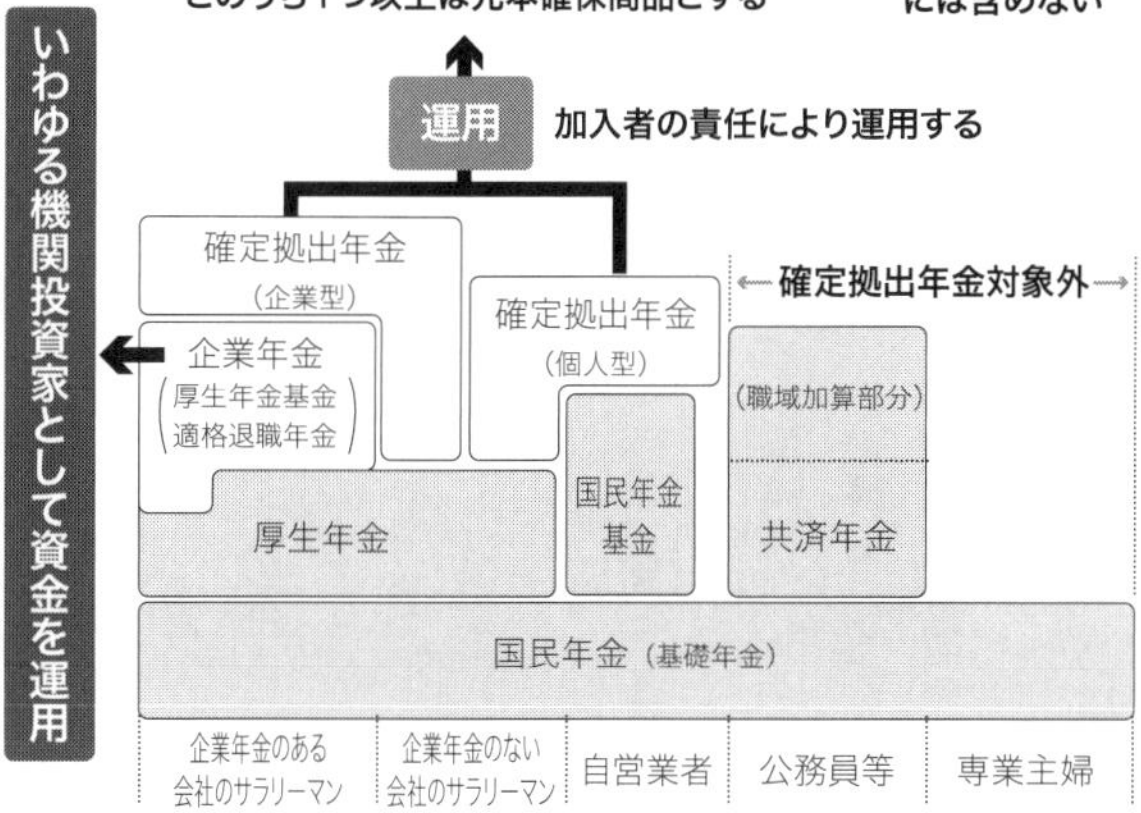

KEY WORD

突飛高（とっぴだか）：早耳筋の思惑買いで急騰するようなケースはわけもわからず、「エッ何で?」といった意外性を込めて突飛高といわれる。

個人とともに主要な売り手となっています。

しかし、２００８年は4兆５０２６億円の買い越しを記録、最大の買い手となりました。これは自社株買いのほか、年金積立金管理運用独立行政法人（ＧＰＩＦ）のリバランスの結果、といわれています。

ただ、２００９年は1兆４４０３億円、２０１０年は９６２９億円、２０１１年は１兆１９１億円、２０１２年は1兆１９２億円と再び売り越しになりました。資金１３７兆円をもつＧＰＩＦの運用体制は大幅に見直され、今後の動向が注目されます。

確定拠出年金の拡がりに期待

ところで、年金制度は大きく変わりました。**確定拠出年金**の導入です。

これまで日本人の多くはひたすら貯蓄に走り、リスクを取って投資することを忘れていました。しかし、今後はそうはいかない時代がくるでしょう。「長く生きて困らぬための投資」の時代が訪れたのです。

これによって、個人金融資産の構造も変わるでしょう。それに拍車をかけるのが、運用、受給の責任を自らが負う**日本版４０１ｋプラン**（確定拠出年金）の導入です。これによって、厚生年金基金など、あらかじめ将来の年金額を定める確定給付型の年金と合わせ、企業年金の選択肢が拡がります。

確定拠出年金とは、掛け金を確定して納めたもの（拠出という）、その資金を運用し損益が反映されたものを老後の受給額として支払われる年金です。すなわち、掛け金は確定した額と決まっているが将来の受給額は未確定である点が、従来の確定給付型の年金と異なる点です。

確定拠出年金においては、掛け金をどう運用するかは加入者の責任となり、失敗しても企業の穴埋めはありません。

SECTION
4-6
大手証券
3大証券はマーケットに与える影響が大きく、その動向に注目が集まる

●別格とされる大手証券

証券会社とは証券取引法に基づき、金融庁の登録を受けて証券業を営む会社のことです（2-5参照）。

1968年5月以降、登録制から免許制になり、98年からはまた登録制に戻りました。証券会社のなかでとくに**大手証券**といわれ、〝別格〟扱いされているところがあります。

その基準は何でしょうか。証券会社の業務には、証券の①委託売買業務、②引き受け業務、③募集・売り出し業務、④自己売買業務——の4つがあり、それぞれ登録することが必要です。

これら4つの業務をすべて行なうことができ、資本金が100億円以上の証券会社を総合証券と呼んでいます。この**総合証券**を大手証券といいます。もっとも、相場の世界では大手証券といえばトップ3社（野村、大和、SMBC日興）、すなわち**3大証券**を指す場合が多いようです。これに続く新光、みずほ、三菱UFJ、岡三、コスモ、SMBCフレンド、丸三、東洋などを**準大手証券**と称するケースもあります。

証券業界における大手証券の力は絶大なものがあります。強力な資金力・豊富な情報と長年にわたって築かれた信用、それに法人部、国際部、全国に張りめぐらされた支店網などを駆使し、抜群の営業力を誇っています。

それだけに、マーケットに与える影響も大きく、株価形成に公正さを保つように数々の自主ルールをつくり、自らを律しています。

特色をウリにする中堅以下の証券会社

総合証券に対し、独自の経営・営業を展開している**中堅証券**（地場証券ともいう）の大半は、大手証券の系列下、銀行の系列下に入っています。3大証券ではかつて、野村が相模会、大和が七星会、SMBC日興が親興会を組織、グループの結束に努めていましたが、最近はあまり活動が活発ではないようです。

バブル崩壊前までは大手証券が手掛ける銘柄は野村銘柄、大和銘柄などといわれ、人気を集めることがありました。本社の描いたシナリオに沿って全国の支店が営業を推し進めることから、シナリオ営業といわれましたが、現在はこれに代わって、アナリストが出すレーティング（格付け↓**6－12**参照）を参考に、投資家に銘柄選択を委ねる営業が主流になっています。

最近はネット取引を業務とするオンライン証券会社が急増、委託売買代金シェアを確実にアップさせている反面、従来型の対面取引の証券会社はシェアを落としていますが、独自の営業を展開しているところもあります。

一方、金融再編の流れを受け、証券会社の合従連衡も増えています。みずほ証券に続き、三菱証券（国際証券、一成証券、三菱パーソナル証券が合併し、2002年9月発足）が誕生、2005年秋にはUFJつばさ証券と合併、三菱UFJ証券となりました。他業界からの参入も相次いでいます。

SMBC日興とSMBCフレンドは三井住友FG、みずほ証券と証券ジャパンはみずほフィナンシャル・グループ、三菱UFJ証券は三菱UFJフィナンシャル・グループの、それぞれ傘下に入っています。

SECTION 4-7 仕手
財テクブームとともに増大・減少したが……

●投機売買を行なうグループ

「シテ」とは能または狂言の主役のことですが、相場の世界における**仕手**とは投機的な売買をするクロウト集団のことです。

浮き沈みは激しく、1990年には第一工業製薬、宇徳運輸、鹿児島銀行など十数銘柄に介入していた「あけぼの企画」(田井光明グループ)が1500億円の負債をかかえて倒産、「森学園」(若築建設の暴騰相場を演出)も行き詰まり、「共和」は東京地裁に和議を申請、負債総額は2000億円と、史上3番目(当時)の大型倒産を記録しています。

1980年代に〝すい星〟のように現われた仕手グループ、仕手法人は「光進」「麻布自動車」「秀和」「第一不動産」「エスポ」「黒沢楽器」「日本土地」「高山物産」「千島土地」「加藤軍団」「アイチ」「真理谷」など数え切れないほどあります。

仕手といっても、たんに値ザヤを稼ぐだけではありません。

「光進」の国際航業、「エスポ」の東和サン機電(現在の東和メックス)、「ユニセフ」の宮越商事、「THK」の大東製機など、経営権を握ってしまうケースも目立ちました。いわゆる、買い占めです。2005年のライブドアによるニッポン放送の買い占め騒動も仕手戦といえなくもありません。

●仕手グループへの資金の流れ

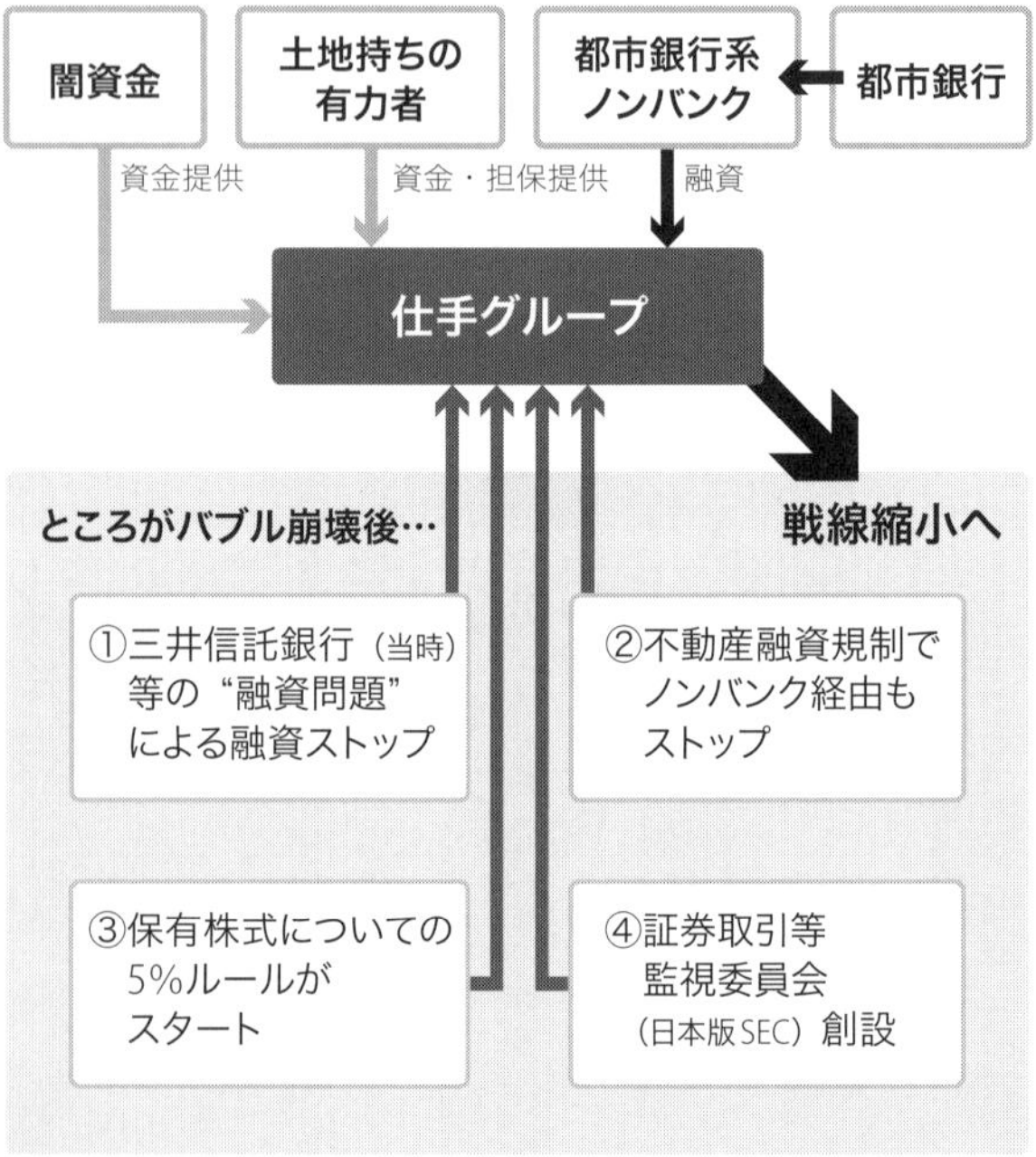

KEY WORD

高値覚え：昔の高値をいつまでも思っていて、「いつか戻るだろう」となかなか処分できないさまをいう。

安値覚え：高値覚えの逆。「この株式は数か月前にはたったの850円。なんで1000円を買わなくちゃいけないんだ」と安値にこだわり、大きな上昇相場を逃してしまう。

制度変更などで勢力は縮小

しかし、バブル崩壊後、仕手グループは戦線縮小を余儀なくされました。金融機関の融資がストップ、日銀のノンバンク経由を含めた不動産融資規制も効きました。

さらに、1990年12月からスタートした「**5%ルール**」も仕手グループには響きました。これは、保有株が5%を超えると内閣総理大臣に報告しなければならない義務（資金の出所も問われる）を投資家に課したものですが、本来、他人にわからないように玉（株式）を集めて仕手戦を演じる仕手筋にとっては「やりにくいルール」なのです。また、公正な証券取引を行なうように監視する「**証券取引等監視委員会**」（日本版SEC）の存在も従来型の仕手にとっては煙たいことでしょう。

株式市場における一定の投機は市場に厚みをもたせ、かつ活性化させるものです。海外のヘッジファンドが株式先物や株式オプションを複合的に使って株式投資をしていますが、そのなかには仕手と呼ぶにふさわしい投機的な売買も入っているのです。

近年、仕手グループの活躍する場面はあまりみられません。しかし、皆無ではありません。たとえば、「時々鐘の音」とか「ミサイル・ジョーダン」などが活動しており、それなりにファンがついているようです。

一般の個人投資家が安易に仕手株に手を出さないのは投資の鉄則です。ただ、ハイリスクと割り切って投資すれば、かなりの成果が短期間に上げられる可能性があるのも事実です（**5−3**参照）。とはいえ、「仕手株で儲けた人はその5倍損をする！」という教えもあります。割り切っての投資と見切りが大切なのは、改めて述べるまでもありません。

SECTION 4-8

投資顧問

金融資産の運用と助言と情報提供を専門的に行なう認可業者と登録業者

●かつては自由に営業していた

投資顧問とは金融資産の管理運用に関し、助言や投資情報の提供を専門的に行なう業者のことです。かつて、わが国には投資顧問業に関する法律がなく、大小の投資顧問業者が自由に看板を掲げていましたが、投資ジャーナル事件などをきっかけに、1986年11月に投資顧問業法が施行されました。制度の整備が図られたのです。

投資顧問業者は金融庁への登録が必要です。2015年3月末現在、投資顧問業者は資産運用を行なう業者258社のほか、助言業務だけを行なう業者が500社弱あります。

これら投資顧問業者は銀行、大手証券が人材を派遣し、コンピュータを駆使し、運用資産が1兆円を超えるような〝大手〟から、レポート屋と呼ばれる街の投資顧問業者、ネット上で情報を販売したり、個人投資家にアドバイスしたりする個人業者まで千差万別です。

●一任勘定業務を行なうには厳しい条件がある

投資一任勘定業務とは顧客に任され、投資顧問業者が運用を代行するものです。これを行なうには金融庁の認可が必要ですが、①資本金1億円以上、②運用資産200億円以上、③認可後の3営業年度は黒字が見込めること、④1件当りの契約資産が1億円以上――など

●投資一任業者の契約資産残高の推移

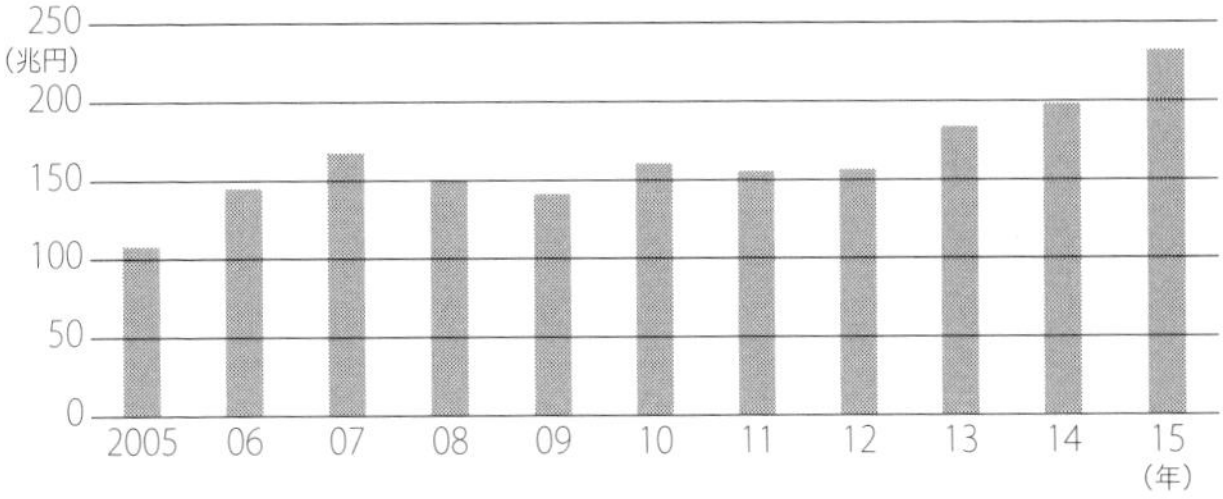

出所：日本投資顧問業協会

と、厳しい条件がついています。企業年金の運用受託もできます。最近は投信委託会社の兼営も増えています。

投資一任業者の契約資産残高（助言契約を含む）は２０１５年３月末現在、２３２兆３１３３億円に達し、投資信託の純資産額の２倍以上となっています。

一方、レポート発行など助言業務を行なう登録業者は一部、大手の有力顧客を抱えているところもありますが、大半は個人投資家を対象とした小規模業者です。

なお、登録業者は有価証券、金銭の預かりは絶対にしませんし、できないことになっています。

KEY WORD

高値警戒：株価があまりにも上昇すると、反動安を心配し、買いが引っ込む。これを高値警戒という。

突っ込み警戒：株価が急落し、大きく下げた場合、「これ以上、売り込むのは怖い」というムードが台頭する。株価は一時的に反発する。

SECTION 4-9

ディーラー

自己売買業者は行き過ぎがないように、厳しい規制を受けている

●買いも売りも行なう

証券会社は自己の計算と思惑において、先物をはじめ、株式、新株予約権付社債、債券など有価証券の売買を行なうことができます。これを**自己売買**（ディーリング）といい、証券取引法で認められた業務のひとつです。

かつて証券会社ではアナリストと**ディーラー**が〝花形〟だった時代があります。

新聞紙上で「自己が介入」「ディーラーが味つけ買い」などと報道されるのはこのことです。これは信用取引とともに、市場の取引を円滑化させ、かつ厚みをもたせる役割を果たします。

現在、自己売買についての規制はほとんど撤廃されています。ファイナンス銘柄を売買してはいけないといったルールが残っているだけです。

また、1993年からは一定の株式を保有する分について信用取引での「売り」も認められるようになりました。これは、外資系証券が国内や海外から株券を借りて「売り」（貸し株）を行なっていたことに対する国内証券への措置です。大手はともかく中堅証券ではそれなりに「売り」を行なっているところがあるようです。

ただ、投資家保護の観点から証券会社には財務上の基準など「健全性省令」が設けられ、これに反したときには業務方法の変更、一部

株式売買状況全体における自己売買額の推移

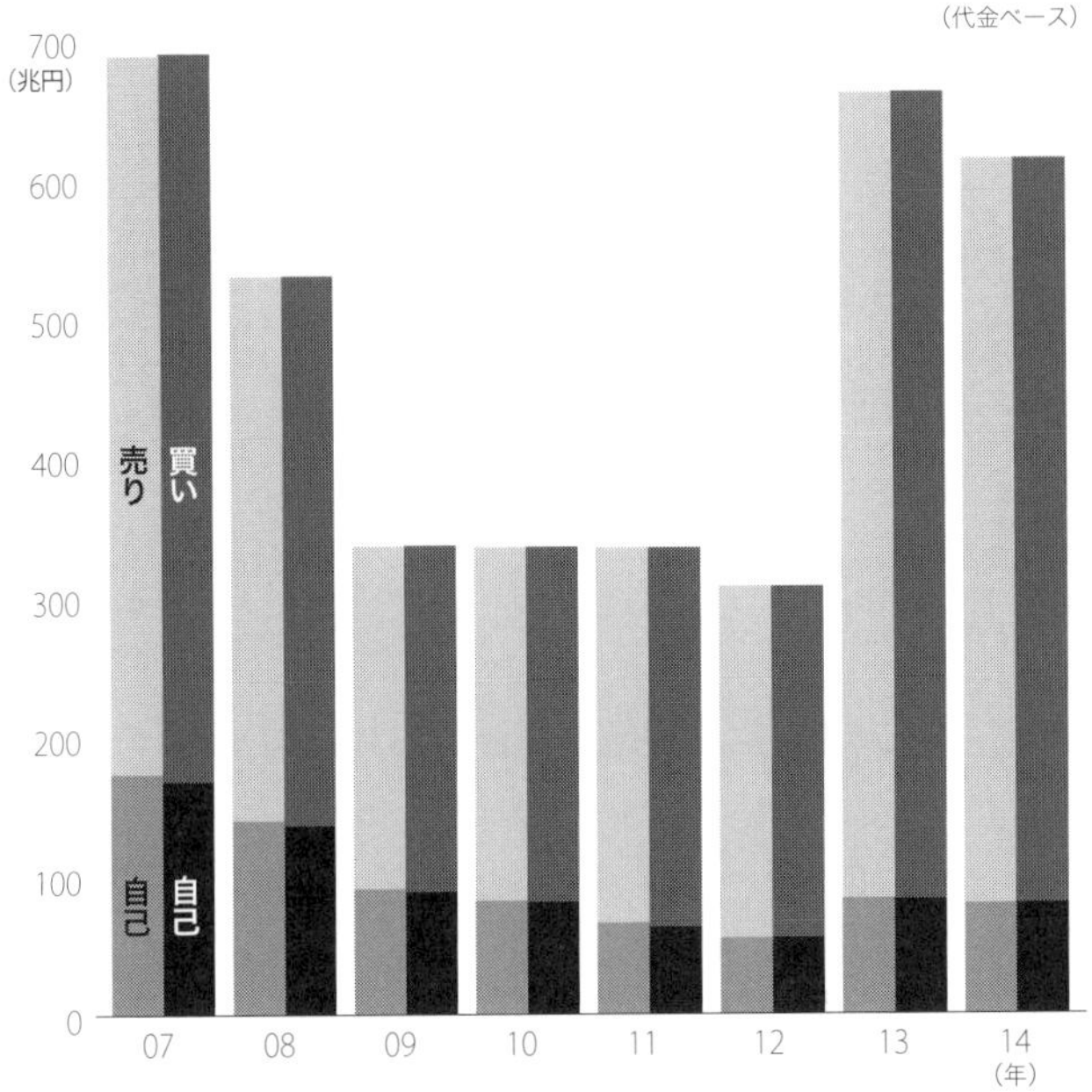

出所：各種資料より筆者作成

KEY WORD

イヤ気：いやがるという意味。出現した材料が株価に悪影響を与えた場合、「業績の下方修正をイヤ気」などと表現する。

歩合ディーラー：歩合外務員と同様に、証券会社と契約し、儲けの一定割合を報酬として受け取る。

停止など必要な措置を取る（経営保全命令）こともあります。２００２年3月には、大手の外資系証券がカラ売りによって市場を売り崩しているとされ、業務停止措置を受けています。

相場のカンフル剤、緩衝材として働く

ディーラーの株式売買は通常、全体の売買代金の3割程度です。相場が枯れ切ったときにはカンフル剤として活性化させる「テコ」の役割を果たし、急落時には買い向かってそのショックを和らげる働きをします。

基本的にオーバーナイトをせず、その日のうちに決済するほか、ロスカット・ルール、建て玉制限などが設けられています。

暴落が始まった90年以降の自己部門の株式売買は91年が６２３億円の買い越しだったほかは、90年、92年、93年と売り越しでした。それが94年に入ってから外国人同様、大量に買い越し、年初の反騰のけん引役になったものです。

95年7月からは株式市場活性化策の一環として、①新値形成にかかわる関与、②大引け間際の売買の2点についての規制緩和（その日の新高値、新安値の売買が可能となり、大引け間際の売買もできるようになった）が行なわれています。

近年は歩合ディーラーが登場、値動きが荒っぽくなって困る、という批判もあります。ただ、最近はハイフリークエンシー・トレーディング（コンピュータのプログラムによって、高速・大量の売買を行なうシステム）が主流となってきており、自己売買部門を閉鎖、縮小する証券会社が増えています。

SECTION
4-10 ストックオプション
将来の株価次第で莫大な報酬を手にすることもできる自社株購入制度

●報酬＋士気向上の意味合い

「**ストックオプション**で数百億円を手に入れた会社役員がいる」――。

「そんな馬鹿な」と思われる方もいるでしょうが、現実の話なのです。

ストックオプションを日本語にすると、「**自社株購入権**」になります。一定期間後の将来に、あらかじめ決められた株価（権利行使価格）で、役員や従業員が自社株を購入できる権利のことです。ストックオプションをもつ人は、株式の買い取り価格（権利行使価格）よりも株価が高くなった場合、権利を行使して手に入れた株を市場等で売却することにより、キャピタルゲイン（値上がり益）を得ることができるのです。

もちろん、一定期間内に株価が権利行使価格を上回らなかった場合、権利放棄ということになります。

たとえば、もしあなたが勤めている会社の株式を将来「1株500円で1万株買う権利」を取得したとします。その後、株価が1500円になりました。このとき、あなたは権利を使って自社株を取得します。自社株を取得したあと、株価はさらに上昇、2000円で売却することができました。するとどうでしょう。2000円マイナス500円で、差し引き1500円、1万株ですから1500万円の売却益（手数料などを除く）を手に入れ

●ストックオプションの例

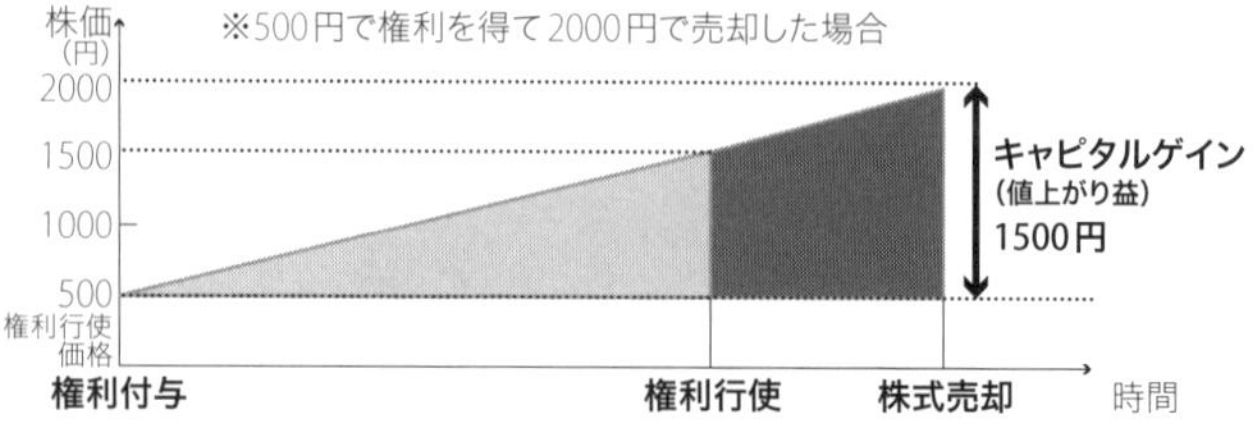

●ストックオプションの2つの方式

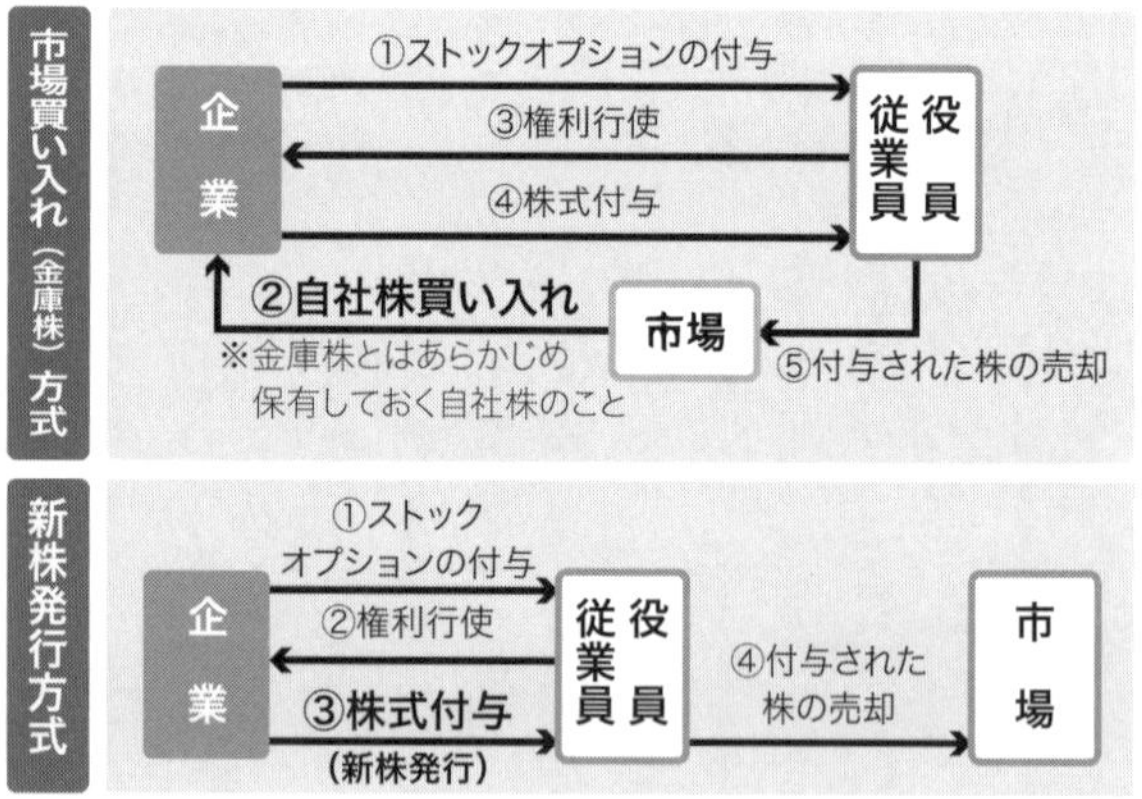

KEY WORD

安値引け：株価はその日の始まりの値を始値または寄り付き値、終わりの値を大引け値または終値という。その日の高値を高値、安値を安値と称するが、この終値が安値になったとき、安値引けという。逆にその日の高値で終わったときを高値引けという。

ることができるのです。

このようにストックオプションは役員や従業員に対する報酬の意味合いが強いのですが、現金報酬と違って、将来の会社業績次第で手にする額が変わります。このため、企業への忠誠心や仕事に対する士気の向上、ひいては業績アップにつながるのです。業績アップは株価上昇をもたらしますから、株主の利益にも反しません。

方法には2つある

ストックオプションのしくみには、①「**市場買い入れ（金庫株）方式**」と②「**新株発行方式**」の2つがあります。

米国では年間数百億円もの年収を得ている経営者がいますが、この多くはストックオプションを利用しているのです。米国では90％以上の会社が活用している、との調査報告もあるほどです。

日本では、1996年に通産大臣による新規事業法認定の未公開企業に対してストックオプション利用の道が開かれ、次いで成功報酬型ワラントについて従来禁止されていた株式公開をまたいでの保有が可能になりました。そして、97年6月には日本版ビッグバンの一環として、ストックオプションのための「自社株買い」を解禁する改正商法が施行されました。これを受けて多くの企業が制度採用を決議しています。

ただし、税務上の問題に加え、対象者の選別をどうするか、対象者と報酬額の決定過程に透明性をもたせなくてはならないといった問題があります。また、米国では株高を演出するための粉飾決算が一部企業で露見するといった事件も起きており、課題も残されています。

なお、ストックオプションの導入企業は株価的には好感されます。

SECTION

4-11 金庫株と自社株買い入れ消却

株価を意識した経営姿勢の高まりで、実施する企業は激増

自社株買いの効果は？

自社株買いは企業の財産減少につながるため、商法は債権者保護の立場から原則的に禁止してきました。ただし、自社株の消却や取締役・従業員へのストックオプション、端株の買い取り請求などについては、例外的に自社株買いを認めていました。それが、2001年10月の商法改正で、自社株買いの目的に制限がなくなり、取得した株式をいったん保管できる**金庫株**も解禁になりました。そうした結果、自社株買いが激増しています。

自社株買いを行なうと、発行株式数が減少するほか、株主資本が減ります。このため、ROE（株主資本利益率）が上昇、株高の要因になります。また、法人持ち合い解消売りの受け皿にもなります。

あたかも自分で自社の金庫に保管しておくイメージがあるため、金庫株と呼ばれます。取得ができる金額は、その会社の配当可能利益と法定準備金の取り崩し額の合計以下に制限されています。

金庫株にはメリットがあります。株式交換制度を使ってM&A（企業の買収・合併）などの組織再編を行なう場合に、金庫株を代用株として充当できます。これは、一度消却して新規発行を行なった場合に費用（消却自体に費用がかかるほか、新株発行には登録免許税が課せられる）がかかるのに比べて有利です。

日本企業の株主還元は過去最高を更新（年度）

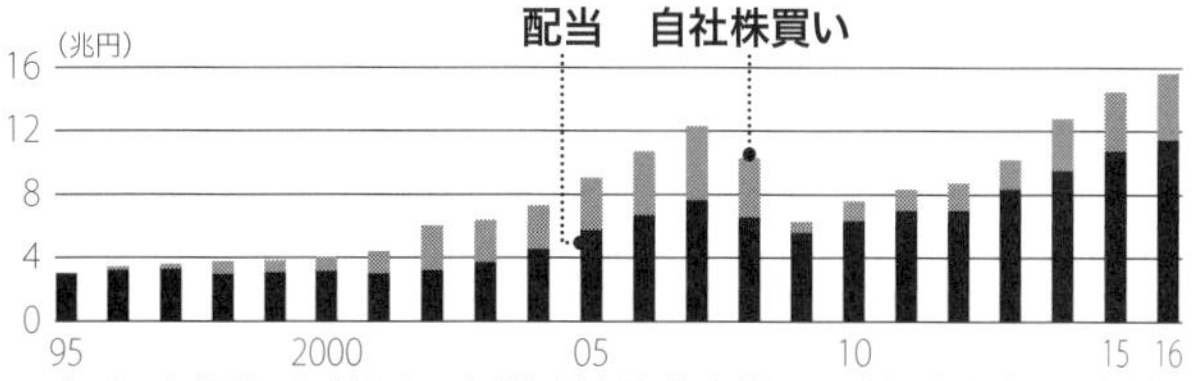

出所：各社開示資料および東洋経済新報社資料より野村證券作成

自己株式取得にかかる留意事項（自己株式取得内閣府令の概要）

証券会社の数	1日に2以上の証券会社を通じて買付け等を行なわないこと
買付注文の時間	買付け等の注文を立会終了30分前以降に行なわないこと
買付注文の価格	①始値決定前 ・指値注文とし、前日の最終値段を上回る価格で行なわれないこと ②始値決定後 ・指値注文とし、直前の値段を上回る価格で、反復継続して行なわれないこと・当日の高値を上回らないこと
買付注文の数量	1日の買付注文の数量が、以下の①または②のいずれか多い方の数量を上回らないこと ①直前4週間の1日平均売買高の25% ②直前6か月の月間平均売買高の区分に応じた数量（最低3売買単位は可能）
取引の公正の確保のため適当と認められる方法	ToSTNeT-2等を利用した事前公表型の自己株式取得のように以下の要件を満たすものは、上記のルールは適用されない ①前日の最終値段を上回らない価格の指値注文によること ②買付内容の事前公表をすること ③株主間の公平が確保される方法 ④当該買付け日においては当該方法のみによること

先人の知恵

相場格言

四

目先の小さな“利”を追うな

◆カミソリよりもナタ
◆相場の器用貧乏
◆目先観で相場を張るな！
◆日計り商いやるべからず
◆見切りは早く、利食いは遅く
◆遠きをはかる者は富み、近きをはかる者は貧す

株式投資の心構え

◆下にもち合い放れは売れ
◆割安に買いなし、割高に売りなし
◆世相にカネを乗せよ！
◆1年1度は銘柄の虫干しを
◆遠くのものは避けよ！
◆知らないものに投資するな！
◆相性のよい銘柄を狙え！
◆虫の好かぬ株は買うな！
◆動かぬ株に手を出すな！
◆高きをばせかず急がず待つは仁、向かうは勇、利乗せは智の徳

相場とは己の欲に勝つことと知れば、相場に負けることなし

相場とは心と心の闘いである。株価形成には市場センチメントが大きな影響を与える。だからこそ、己の欲に勝て、と諭している。

謙虚さを失うな

◆名人は相場の怖さを知る
◆勝っておごらず
◆勝つことのみ知りて負くることを知らざれば、害その身に至る
◆相場が変われば作戦を変えよ
◆博才に恵まれているとうぬぼれて一攫千金、破滅への道
◆思い上がりは下り坂
◆遠慮は当たり、天狗ははずれる
◆当たり屋といわれたころから曲がりだし
◆ほめられる仕手は全盛の極みなり、人より先にちょうちんを消せ
◆限界を知り得たものが勝ち残り、無理を承知の夢は破れる
◆売り買いは腹八分
◆おごるなよ、円い月夜もただ一夜
◆思いつき商いはけがのもと

5章 相場をつくるもの 動かすもの

SECTION

5-1 なぜ暴落するのか

戦後の大きな上昇相場は5回。相場には周期（リズム）がある

●相場上昇月数は78〜90か月

相場にはリズムがあります。戦後の大きな上昇相場は5回ある、といわれていますが、その上昇月数は78〜90か月となっています。

第1波動は1946年8月から53年2月まで。戦後の復興と朝鮮特需を評価してのものでした。ピリオドが打たれるのはスターリン・ソ連首相の死がきっかけになりました。いわゆるスターリン暴落です。

第2波動は1961年7月にかけてです。神武景気、岩戸景気を合わせた第1次高度成長期をバックにしています。この調整は1965年7月の証券不況に及び、48か月の長期にわたりました。暴落の発端は海外要因によるものではなく、ドラスティックな下げもありませんでしたが、ズルズルと日経平均株価が4年にわたって44・2％も下落、それだけに回復には時間がかかりました。原因は投信の大量募集、第2部市場の創設など新規公開ブームの反動に加え、「銀行よサヨウナラ、証券よコンニチハ」といったマネーゲームのツケもあったでしょう。90年暴落と性格は非常に似ています。

第3波動は1973年1月までの90か月の長期上昇相場。いざなぎ景気と過剰流動性（低金利）を背景に、第2次高度成長期と同じ歩みを続けます。破綻の契機はインフレ→高金利に加えて第一次オイルショックに直撃さ

● 戦後株価の大波動

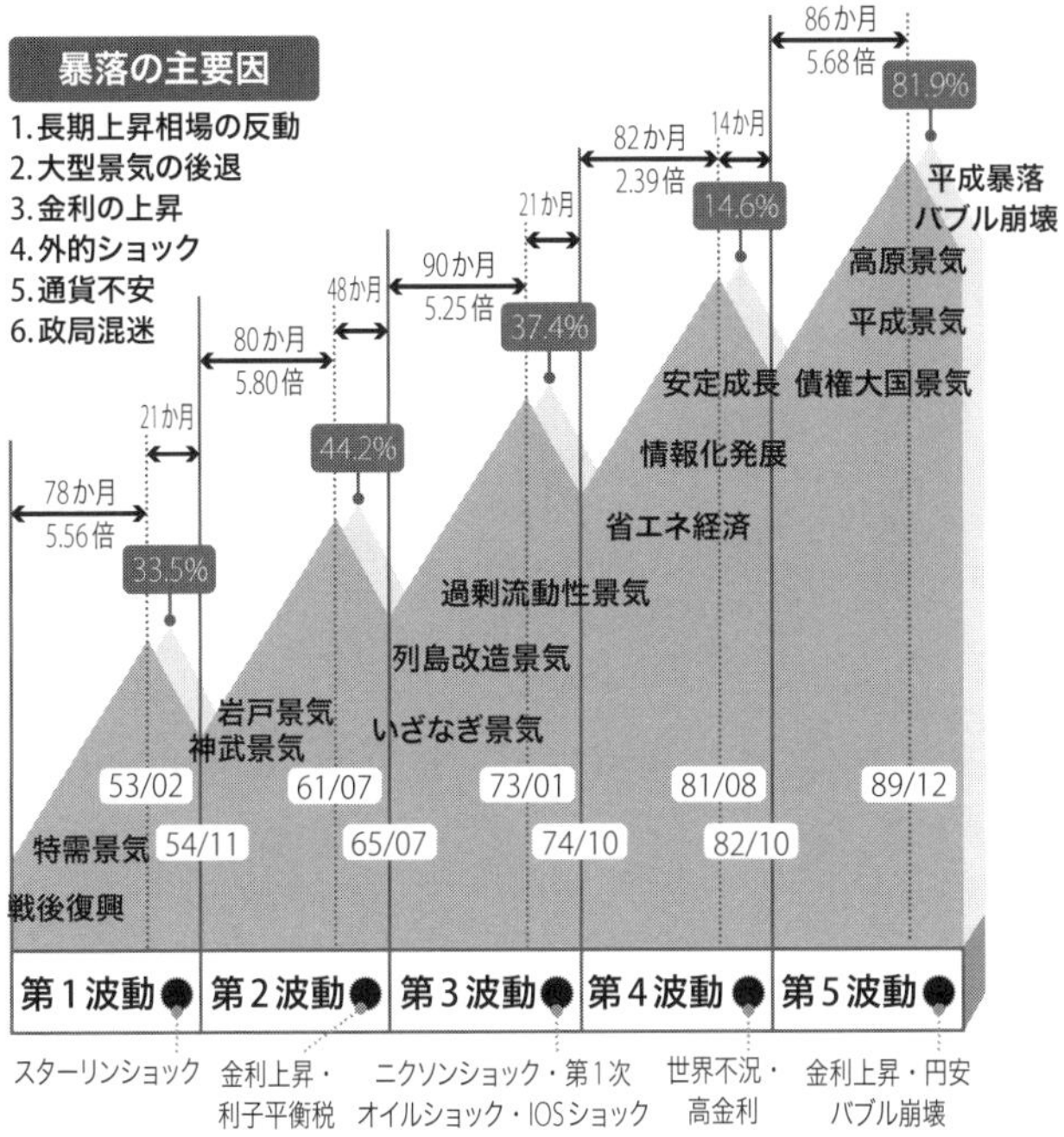

KEY WORD

ハヤす：証券会社の営業体、仕手グループ、証券マスコミなどが特定の材料を「これはすごい」とハヤしたてること。

サブプライムローン・ショック：サブプライムローンは返済に問題のある人達向けの住宅ローン。2007～2008年には世界的な金融危機に発展する。

れたことでした。外的要因による暴落です。

第4波動は1974年10月〜81年8月。この相場は世界的な高金利に終止符を打たされ、調整が14か月続きました。

そして、日本の金融大国、債権大国をハヤし、さらにトリプルメリットをうたい上げ、**第5波動**が始まるのです。この高値が89年12月29日の3万8915円という史上最高値なのです。上昇月数は86か月です。

起こるべくして起こったバブル崩壊

90年に入り、株式市場は歴史的な暴落を演じますが、以上のように相場のパターン、リズムを分析すると、90年の暴落は起こるべくして起こったといえそうです。

その後の動きを振り返ると、2000年4月12日に2万833円の戻り高値をつけたあと、一貫して下落し、2003年4月28日には7607円と、当時としてはバブル崩壊後の安値を示現しました。

この安値は史上最高値比80・5%の下落率になります。景気低迷、株価・地価の下落が新たな不良債権を生み、金融システム不安を再燃させ、これが株安につながるという悪循環に陥ったのです。

その後、サブプライムローン・ショック、リーマン・ショック、ユーロ不安などに直撃され、2009年3月10日には7054円の安値をつけましたが、現在は欧米市場の落ち着きに加え、日本再生を目指す安倍政権のアベノミクスを評価、出直りに転じています。

経験則的にいえば、上昇局面、調整過程における小さなアヤは別にして、暴落の主要因は、①長期上昇相場の反動、②大型景気の後退、③金利上昇、④外的ショック――になります。海外では通貨不安（ブラックマンデーが好例）、政局混迷が暴落→長期低迷の原因になったケースが多いようです。

SECTION

5-2 M&A、TOB

海外・国内、国境を越えて活発化。友好的なものも敵対的なものもある

●日本でも本格化しつつある

M&A（Merger & Acquisition）とは**企業の合併・買収**のこと。TOB（Take Over Bid）とは**株式の公開買い付け**です。

事業の再構築が叫ばれ、欧米では企業の買収・売却・乗っ取りが日常茶飯事になっています。わが国でもトップ企業が相次いで内外の有力企業を買収するなど、本格的なM&A、TOB時代を迎えたといえそうです。

わが国に初めてTOBが上陸したのはベンデックス社による自動車機器（現ボッシュ）の株式取得でした。これをきっかけに自動車業界では部品会社を中心に株主安定化工作が活発化します。巨大外資に乗っ取られては大変、となったのです。

M&A、TOBが隆盛になってきたのは、新しく企業を設立したり、新工場を建設したりするよりも既存の企業を買収したほうが技術・人材・土地などを簡単に手に入れられる、という合理的な考えによるものです。

M&Aは友好的なケースもたくさんあります。日本電産の戦略が好例でしょう。日本電産コパル、日本電産トーソク、日本電産シンポ、日本電産サンキョー、日本サーボなど上場企業を矢継早に買収、あっという間にグループ年商1兆円の企業集団をつくり上げました。M&Aとは時間を買う戦略、といわれますが、まさにそのとおりです。

一方、欧米並みに敵対的な事例も目立つようになりました。独製薬大手のベーリンガー・インゲルハイムの日本法人によるエスエス製薬のTOBがそうです。

2005年にはライブドアによるニッポン放送の買収劇、夢真HDによる日本技術開発のTOBが話題になりました。いずれも**ポイズンピル**（買収防止のための毒薬条項）の導入、実施などをめぐって法廷闘争にまで発展しましたが、どちらのケースも敵対的な企業買収でした。

一方、敵対的な企業買収に備えた**防衛策**の導入に踏み切る企業が増えています。その内容としては、①グループ再編・資本のねじれを解消する、②新株予約権を活用する、③発行できる株式総数を拡大する、④株主確定の基準日を取締役会で変更可能にする、⑤取締役の解任要件を明確化する、⑥株式をもち合う、⑦黄金株を使う――などがあります。

ただ、これらの企業防衛策には既存株主の価値を毀損しかねない側面があり、防衛策導入のガイドラインが東証、企業価値研究会などから発表されています。

●狙う企業と狙われる企業

買収企業のタイプには買収行為によって利益を上げることを狙うフィナンシャル・バイヤーと、企業の事業戦略として行なうストラテジック・バイヤーがあります。スティール・パートナーズなどはフィナンシャル・バイヤーであり、企業買収の目的を財務的な行為に置いています。これに対し、日本電産、ソフトバンク、ダイキンなどはストラテジック・バイヤーといえます。

一方、狙われる企業の特徴は、①キャッシュリッチ、②資本のねじれ、③土地・株式長者、④高技術、⑤販売網、⑥ブランドなど、ヒドゥン・バリュー（Hidden Value＝株価に反映さ

●クロスボーダーM&Aの業種別件数（2012年暦年）

	IN-OUT		OUT-IN	
	業種	件数	業種	件数
1	サービス	136	サービス	33
2	ソフト・情報	86	電機	28
3	総合商社	71	機械	15
4	電機	68	不動産・ホテル	14
5	化学	58	ソフト・情報	12
6	その他販売・卸	58	輸送用機器	10
7	機械	56	その他販売・卸	9
8	食品	47	医薬品	6
9	鉱業	44	精密	6
10	建設	39	窯業	5

注1：（株）レコフデータが用いている40業種のうち、金融関連業種を除く35業種を対象
注2：件数には買収する側、される側の双方が含まれている
注3：IN-OUT、OUT-INの双方に名を連ねている業種にはアミを施した
出所：（株）レコフデータ資料、および日経テレコン21より野村證券作成

れていない価値）をもつ企業です。

いずれにせよターゲットとなる企業の株価は急騰します。このため、**インサイダー取引**の疑惑を招くこともあって法律の目が光っているほか、**5%ルール（4−7参照）**が1990年12月1日に施行されるなど、一般投資家の保護が図られています。なお、2007年5月には外資による株式交換でのM&Aが解禁されました。いわゆる三角買収です

ソフトバンクやKDDIによる企業買収などが話題となり、ダイキンの米空調大手のグッドマン・グローバルの買収は収益に大きく貢献しています。

2012年の日本企業のM&A件数は1848件と2011年の1687件を上回りました。M&A件数が前年比で増加したのは3年ぶりです。一方、IN・OUT（日本企業の海外企業買収）型は515件と3年連続の増加となっています。

SECTION
5-3 仕手株・仕手化するとは

時代とともに仕手筋も変化している。非難もあるが、株の醍醐味でもある

全員参加型の「国民的仕手株」もあった

株式市場は時として投機の場と化すことがあります。**仕手株**のフィーバーです。マネーゲームと非難されることもありますが、この緊迫した仕手戦こそ、「株式投資のダイゴ味」とクロウト筋はいいます。

過去の代表的な仕手株は平和不動産でしょう。〝東株〟といわれた時代から100年以上にわたって兜町の〝指標〟として活躍しました。もっとも最近はあまり人気化しませんが……。

また、「笹川グループ（買い方）」と「近藤紡（売り方）」が争った中山製鋼事件、「誠備」が買い占めを行ない一般の投資家が売り手に回り、大踏み上げ相場に発展した宮地鉄工事件は、いずれも信用の取り組みを利用し、売り方を締め付ける、というものでした。最後はどうしても陰惨な感じになります。

これに対し、1980年代の日本石油（現JXグループ）、住友金属鉱山の仕手戦はその材料をめぐって強弱観が対立、まさに全員参加、売り方と買い方が入り乱れ、国民的仕手株といわれたものです。株式市場の活性化におおいに役立ったのではないでしょうか。

時代とともに内実は変化

仕手筋は時代とともに変わっていきます。

かつて、「三光汽船」がジャパンライン（その

丸山製作所にみる仕手のサイクル

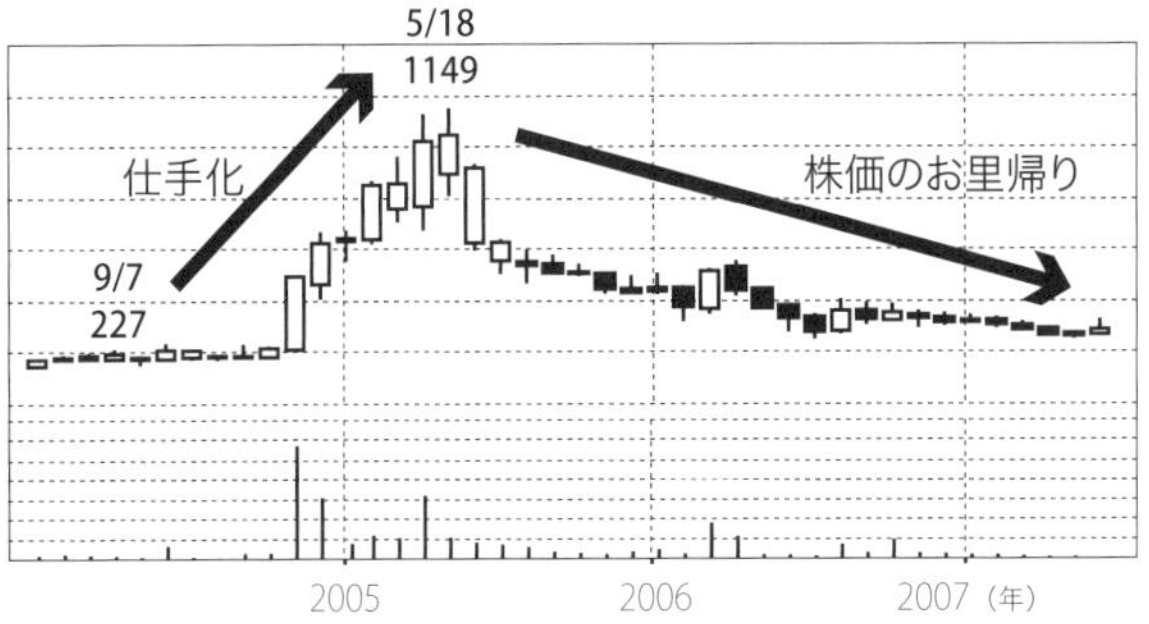

後、（商船三井と合併）を買い占め、「永大産業」が兼松日産農林の株式を大量に取得したことがありました。いずれも乗っ取りを目的にしたものでしたが、皮肉なことに、この買い方2社はすでに倒産、世の中の浮き沈みに驚くばかりです。

医療法人「十全会」が高島屋、宝酒造を買い占めようとしたこともありました。「投資ジャーナル」事件もありました。まさに、栄枯盛衰の仕手の世界といえます。

バブル時は〝力まかせ〟の不動産仕手が大暴れをしました。「秀和」をはじめ「第一不動産」「麻布自動車」「黒沢楽器」「日本土地」「千島土地」「山の内興産」「光進」などが大活躍、「加藤軍団」の中核企業も大半が土地を担保に資金を調達してきたのです。

しかし、1989年12月の土地基本法の成立、それに続く高金利、徹底的な土地融資規制はこれらの不動産絡みの仕手集団を直撃、軒並み戦線縮小、大手企業の財テク部門は〝休業状態〟のところがほとんどです。

最近では「時々の鐘の音」(般若の会)が日本カーバイド、神栄、群栄化学工業、河合楽器製作所、三井松島産業などに介入した、といわれていますが、かつてのような勢いはありません。

「株価のお里帰り」に注意

仕手株の誕生と終焉について、丸山製作所のケースを例に説明してみましょう。

株価をみると、2004年秋までは200円中心のもみ合いを続けていました。それが2004年秋に突然、急騰を開始したのです。これは仕手筋の介入によるものです。

こうなると仕手筋の買い物にちょうちん筋が参戦します。その後、カラ売りが急増します。信用売り残は2005年2月25日には487万株でしたが、4月15日には11181万株まで急増しました。その踏み(買い戻し)によって、5月18日には株価が1149円まで急騰したのです。

しかし、売り方が買い戻せば今度は買い方が取り残されます。相場格言の「逆日歩に買いなし」の状態になるのです。他にさしたる買い材料はないため、当然、株価は急落します。通常、こういったケースでは元の水準まで下がります。これを「株価のお里帰り」と称しています。

SECTION 5-4

裁定取引とS.Q.

市場に中立な手法だが、相場の撹乱要因になることも

相場を動かす「新しい取引手法」

証券市場には新しい投資手法が相次いで登場、現物市場が影響を受けるケースが増えています。株価指数先物取引、オプション取引、システム売買、裁定取引などがそうです。

システム売買の基本パターンは、コンピュータにある条件をインプット、自動的にスクリーニングされた銘柄を購入し、組み入れ対象からはずれた銘柄は売却する、という〝作業〟を繰り返す単純なものですが、全体の相場観との関係、およびファンダメンタルズの善し悪しによって、キャッシュポジション（現金比率）を調整するために、上昇相場では上げに弾みをつけ、下降相場では下げに加速をつける、との非難もあります。

株価指数先物取引には3月、6月、9月、12月の年4回、S.Q.（特別清算指数）の算出日が到来します。この時点で裁定取引による現物の買い残が大量に残っていると、相場の錯乱要因になります。仮に、次限月へのロールオーバー（乗り換え）ができなかった場合、一斉に売り物が出て、相場を急落させることがあります。

先物の取引手法は3つ

なお、先物の取引手法には「**スペキュレーション**（投機）」「**ヘッジ**」「**裁定取引**（アービトラージ）」の3つがあります。投機はその名の

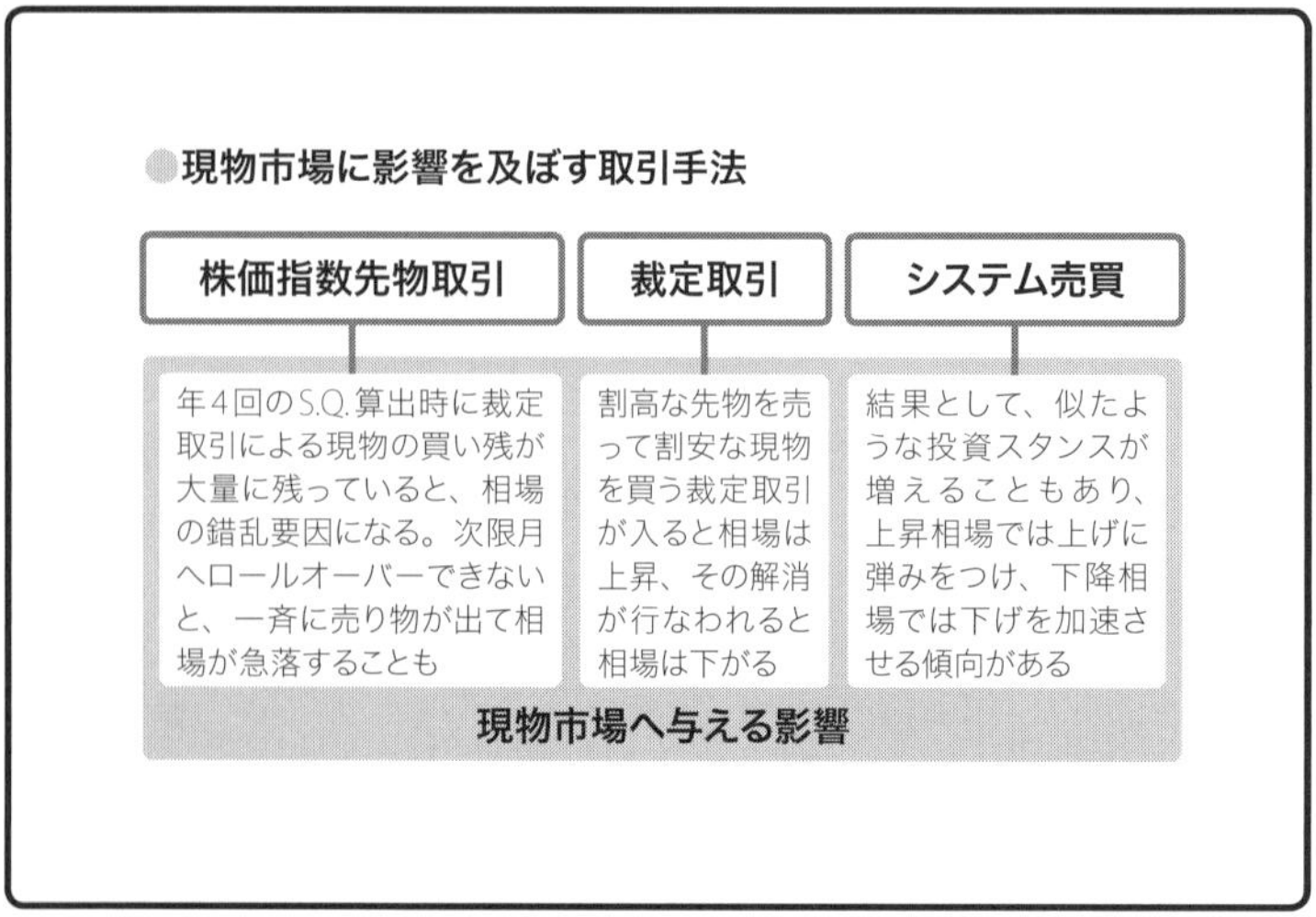

株価指数先物取引	裁定取引	システム売買
年4回のS.Q.算出時に裁定取引による現物の買い残が大量に残っていると、相場の錯乱要因になる。次限月へロールオーバーできないと、一斉に売り物が出て相場が急落することも	割高な先物を売って割安な現物を買う裁定取引が入ると相場は上昇、その解消が行なわれると相場は下がる	結果として、似たような投資スタンスが増えることもあり、上昇相場では上げに弾みをつけ、下降相場では下げを加速させる傾向がある

現物市場へ与える影響

とおり先高、先安を読んで投資し、ヘッジは手持ちの金融商品（株の場合、多くは現物株の損失を埋めるため）の保険的手法です。裁定取引は割高なものを売って、割安なものを買うことにより、確実に利益を上げるやり方です。

裁定取引は基本的に相場には中立なはずですが、割高な先物を売って割安な現物を買う裁定取引が入れば相場は上昇、この解消（現物を売って、先物を買い戻す）が行なわれると相場は下がります。

また、システム売買、裁定取引の場合でも日経平均株価への影響度の高い品薄株に介入、〝相場操作〟的な動きをみせる投資家がいます。このため、日本経済新聞では定期的に平均株価採用銘柄の入れ替えを行なっています。2000年4月の大量入れ替えでは、入れ替えそのものが相場を錯乱させて大きな問題になりました。一気に30銘柄を入れ替えたからです。

SECTION
5-5 経済指標
国の政策、業界別指標、国際情勢なども株価の重要なファクター

●経済と株価は密接不可分

経済情勢を左右するものとしては、まず国の政策が挙げられます。相場格言に〝国策にカネを乗せよ〟というのもあります。

1980年代の上昇相場における投資尺度の最大のものは「土地の含み」でした。土地の含みさえあれば収益力にはおかまいなく、鉄鋼株、電鉄株、倉庫株などがPER200倍、300倍まで買われました。しかし、1989年の12月に土地基本法が成立し、一転して「土地高は悪」となりました。次々と地価抑制策が打ち出された結果、含み資産株は総崩れとなりました。

しかし、国の政策をみていればこの変化は読めたはずです。土地基本法のもとになったのは88年6月の〝土地臨調〟の最終報告ですが、ここには、土地の利用にあたっては公共の福祉が優先する、土地の利用と受益に応じて社会的な負担は公平に負うべきなど、土地バブルを容認しない旨を明確にした「土地5原則」があったのです。

●景気を知るための指標

景気の中身を表わすものとして、**GDP**があります。GDP（国内総生産）は、その国の一定期間（通常は1年）の生産、支出、分配を示す指標ですが、個人消費はGDPの6割以上を占めており、この動きを知ることはとて

●日本株と景気ウォッチャー指数

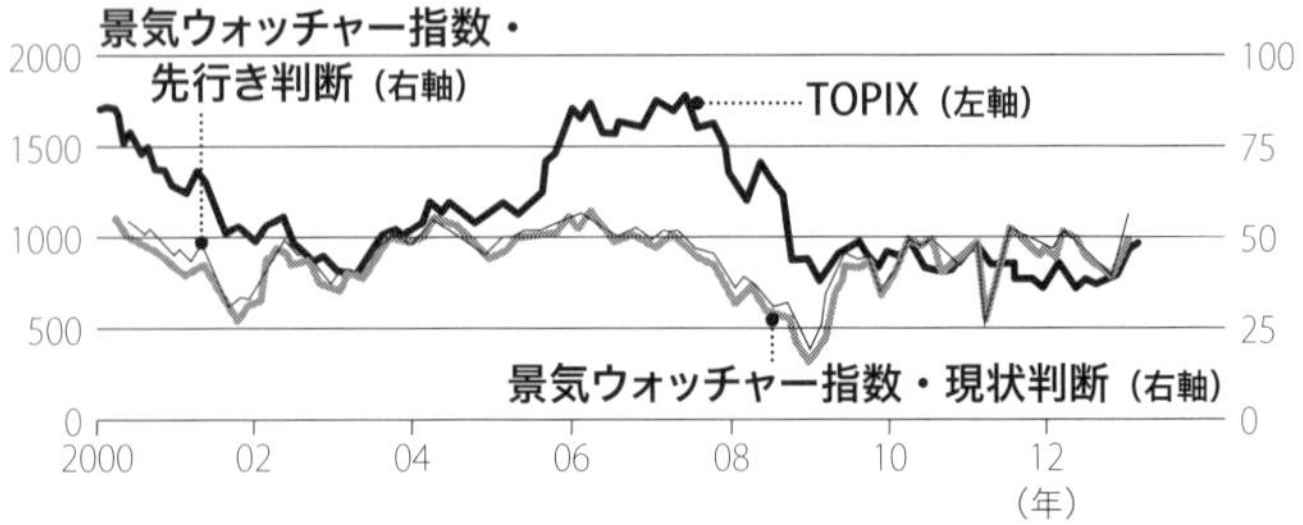

出所：内閣府の資料よりMUMSS作成

も意義があります。

また業界ごとの景気指標としては、各分野で独自に公表するものがあります。たとえば、日本チェーンストア協会が発表している全国スーパー売上高、日本百貨店協会が発表している全国百貨店売上高などがそうです。ただし、最近はコンビニエンスストアや、ディスカウンターなどのシェアが急速に上昇しており、こうした分野も注意深くみていないと、大きな流れを見失うことになります。

また、余暇開発センターの「レジャー白書」はレジャー産業の現状を知ることができますし、マンション販売戸数はマンション業界の動向などをつかむことができます。

ただ、これらのデータにはすべて〝遅行性〟があることに注意が必要です。株価には先見性がありますから、発表された決算数字を眺めて、後追いで反応しているようでは勝負には勝てません。

SECTION **5-6**

材料

2大株価決定要因（業績・需給関係）の背景にある材料は無数に絡み合う

●内部的な要因とは？

株価が刻々と変化し、相場が日々大きく変動するのは、様々な要因（材料）が絡み合っているためです。その要因には**内部的な材料**と、**外部的な材料**があります。すなわち市場センチメントと経済ファンダメンタルズです。

内部的なものには、信用取引の動向（期日到来、追い証発生などによって大きく値を崩すことがある）、裁定取引残高（Ｓ．Ｑ．＝特別清算指数の算出の前後にはいつも波乱が起きる）などがあります。最近は先物取引、しかもＳＩＭＥＸ（シンガポール国際金融先物取引所）やシカゴマーカンタイル取引所など、海外市場の動向にも注意する必要があります。

また、大手証券の営業姿勢、機関投資家の投資マインド、外国人の売買動向も株式需給に影響を及ぼします。そういった意味ではこれも内部要因の一種でしょう。

個別企業の株価については企業業績も大事です。好業績は投資価値をアップさせ、業績悪は投資価値を減退させます。むろん、業績の悪い銘柄でもＭ＆Ａの思惑、業界再編のうわさが台頭し、人気化する場合もありますが、これはレアケースですから、通常はそこまで考える必要はありません。

新製品の発売、新技術の開発、ファイナンス、設備投資動向も株価に影響を与えます。展示会や発表会などの催事も大切です。株主

●相場を動かす内部材料と外部材料

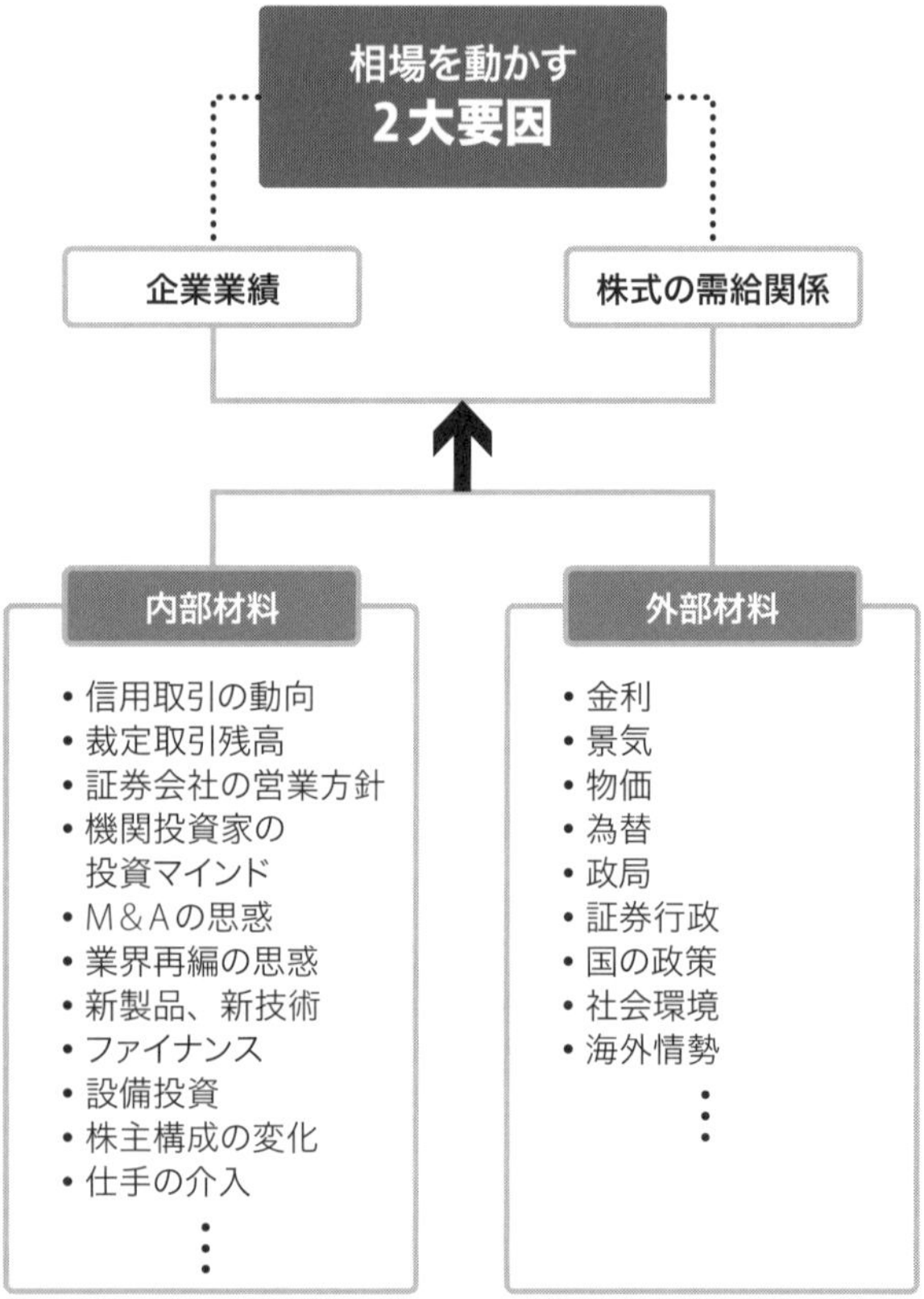

構成の変化、仕手の介入なども見逃すわけにはいきません。

外部的な要因とは？

外部要因では金利、景気、政治の行方などが重要なファクターでしょう。金利が高くなれば、機関投資家は安全な高金利商品にシフト、株式市場から去っていきます。主要な買い方が消え、需給は悪化します。好景気はインフレ懸念を生み、金利上昇圧力を招きますが、企業業績にはプラスです。反面、景気の後退は景気刺激策として金融緩和（金利低下）の期待につながります。

相場を読む場合、このあたりの兼ね合いをどう判断するか、これがむずかしいところです。こうした状況はハッキリ色分けされるのではなく、まだら模様で展開されます。これが強弱観を生み、相場にアクセントをつけてくれます。

要するに、相場を決める主な要因は**企業業績**と**需給関係**および人気ですが、これを形成する材料は無数にあって複雑に絡み合っており、だからこそ、相場には魅力があふれているのです。

最近の相場ではやはり、アメリカの景気回復、およびアベノミクスによる日本再生、失われた20年の克服がメインテーマでしょう。この関連では、トヨタ自動車、ホンダ、ファナック、日本電産、村田製作所、ＩＨＩ、日立、日本信号、キーエンスなどがクローズアップされます。

世相、社会情勢に注目し、銘柄を選ぶのはとても大切なことです。

KEY WORD

あくぬけ：悪い材料がすべてはっきりし、株価の下げが一段落した状態。悪材料出つくしともいう。

WTI：ニューヨーク・マーカンタイル取引所の原油先物。世界の原油相場の指標となっている。

SECTION
5-7 相場テーマのつくられ方

テーマのバックにあるものは「世相」。それを株式市場がスケッチしていく

●テーマに乗った銘柄は強い

相場には**テーマ**があります。

都市再開発関連、環境関連、オリンピック関連、アベノミクス関連、社会資本整備関連、バイオテクノロジー関連、スマホ関連、再生エネルギー関連といったくくりで関連銘柄が物色されるのです。

さらに細かく、iPS細胞、国土強靭化、円安メリット、インフラ輸出、TPP、インバウンド、自動運転などでテーマをくくるケースもあります。したがって、銘柄を選ぶときには、「何のテーマか」ということには十分に注意をはらう必要があります。

当然、世の中で話題になるテーマには追い風があります。そのため、テーマに乗った銘柄は実力以上の高値を示現することがあります。逆に、流れに沿っていない、マトはずれのテーマに関連した銘柄の場合は人気薄のため株価に勢いがなく、手がけていても大変疲れるものです。

このテーマはどうやってつくられるのでしょうか。大部分は相場に影響力をもち、優秀なスタッフを大量に抱えている大手証券がシナリオを描きますが、そのバックにあるものは〝**世相**〟です。すなわち、社会や政治、国際情勢、景気動向など、諸々の世の中の動きなのです。

●米国景気・グローバルクレジットとドルレートからみた日本株の位置づけ

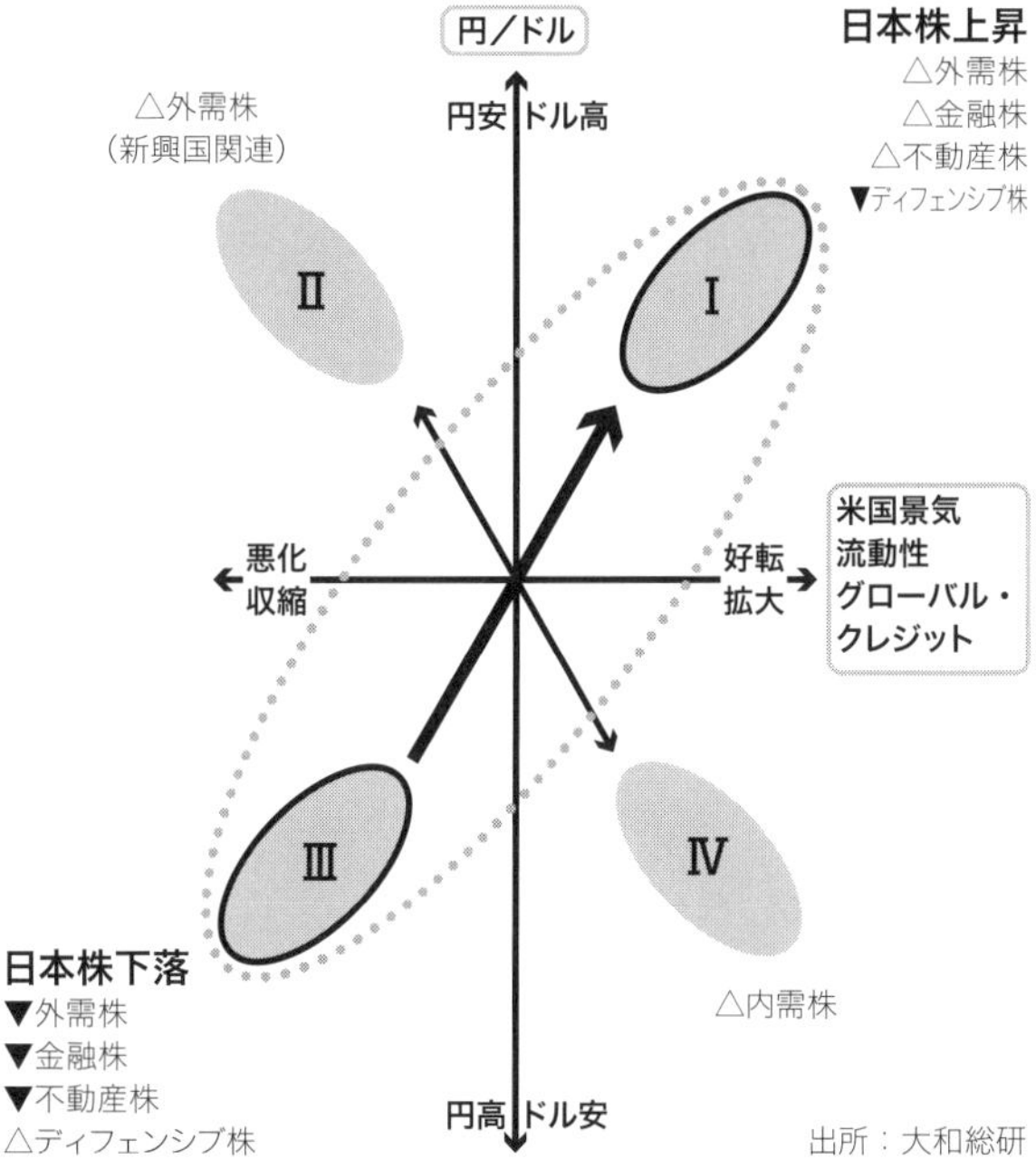

出所：大和総研

KEY WORD

月曜ボケ：毎週月曜日は休み明けとあって材料に乏しく、投資家も様子をみよう、というムードが強くなり、商いは閑散とする。

幕あいつなぎ：メインテーマが一服、ないしはテーマ不在のとき、仕手系株や出遅れ株が散発的に買われること。

●近年の相場のテーマと世相

	2008		2012	2013
世相・出来事	●デフレ克服 ●資源・エネルギーの争奪戦 ●環境 ●超円安の進展 ●地価の上昇 ●M&Aブーム	●資源・エネルギー、穀物市況の高騰 ●環境 ●グリーン・ニューディール ●景気対策 ●超金融緩和	●アベノミクス ●金融緩和 ●円安 ●デフレ脱却 ●社会インフラの再構築	●円安、原油安 ●資産インフレ ●リニア中央新幹線着工 ●総選挙与党圧勝 ●逆オイルショック
相場のテーマ	原油価格の高騰、風力発電、原子力	超割安カーの登場、太陽電池、ハイブリッドカー、電気自動車、省エネ家電	衝突防止システム、規制緩和、TPP参加、iPS細胞、リフレ→インフレ	燃料電池車、自動車の自動運転、M to M、スマートICT、介護ロボット

テーマは世相を反映する

●社会問題などが背景

たとえば、いまではなくてはならない存在の自動車についてのテーマを考えてみましょう。

いま、地球環境問題が大きな世界的テーマになっています。このため、自動車各社は車体の軽量化を進めるとともに、EV（電気自動車）、ハイブリッド車を相次いで投入、燃料電池車の開発を急いでいます。さらに、自動車業界では「安全」もキーワードになっています。

証券会社は、こうした社会的な話題を吸い上げ、調査部門、株式部門のなかの投資情報部などで市場規模、関連銘柄などを調査、検討し、株式市場のテーマにつくり上げるのです。

したがって、世間の関心が高ければ高いほど、国民経済に影響があればあるほど、マーケットはフィーバーします。

SECTION

5-8 情報を流すヒト、読むヒト

マスコミ、アナリスト、評論家、機関投資家などそれぞれの背景・立場を知る

●万年強気と万年弱気

相場を形成するのは外部材料、需給、業績などといったことばかりではありません。

マスコミ（記者）、アナリスト、株式評論家、機関投資家といった〝人〟も大きな影響力をもっています。この人達が流す相場コメント、銘柄情報は一般紙、投資雑誌、株式専門紙、さらにテレビ、ラジオなどの媒体を通じて広まり、相場に影響を与えることがあります。

ただ、注意しなければならないのはこうしたコメントには、それぞれの特徴が出やすいということです。

一般的には、政策的な「万年強気」になりがちなことが多く、この点は欧米の専門家とは根本的に異なるところです。

たとえば、株式専門紙には日本証券新聞、株式新聞などがありますが、いずれも総体的に強気の紙面構成になっています。常に、「元気」なのが〝ウリ〟です。株式専門誌も「総論強気」です。

一方で、東洋経済、ダイヤモンド、日経ビジネスといった一般経済誌はマーケットの実情をわりと中立的に伝えてくれます。

株式評論家のなかにも「万年強気」の人がいますが、逆に「万年弱気」をウリにして、下げ相場で人気が出る人もいます。

また、最近はインターネットの情報も充実しており、掲示板などにもありとあらゆる情

●媒体によって情報の性格もさまざま……

週刊誌	一般的には、興味本位な面があり、話題になれば雑誌が売れるため、どうしてもセンセーショナルな書き方になる。「暴騰株はこれだ！」なんて特集のときはすでに天井。逆に「兜町は冬の時代」「株価暴落」などの総悲観の記事を目にするときは概ね大底である
新聞	一般紙は総じて「万年弱気」。証券専門紙は「万年強気」。相場観を知るのは無理と思ってよい。参考になるのは、データや物色の流れなど。証券専門紙の売れ行きは株式市場の動向に左右される
経済誌	株式専門誌と、経済・ビジネス誌では根本的な違いがある。専門誌はどうしても“強気”の編集方針になりやすい。経済誌は中立型が多く、全体の流れを知るには最適。『選択』などの記事が株価に影響を与えることもある
アナリスト	投資理論、財務分析、経営者への取材などをもとにして、株式などの投資価値の分析を提供する。基本的に客観中立の立場にあるが、多くの人は証券会社や運用会社の調査部門に所属しているため、相場に冷水を浴びせるようなリポートは、会社上層部からの有形無形の圧力もあって、なかなか発表できないのが実情
評論家	ここでも「万年強気」の人と、「万年弱気」の人に分けられる。財テクフィーバーの89年までは、大方の評論家が、ある程度の実績を残せたが、90年は強気の人は大きくハズれてしまった。評論家も、個性と合わせてその質が問われる時代になってきている

↓

相場コメントは、そのコメンテーターの“立場”を考え、受け手側が必要に応じて判断すること

報があふれています。ただし、書き手は一般の個人投資家がほとんどで、株価をあおったり、急落させたりすることを目的にした情報も多いようですから、その受け取り方には注意が必要です。

コメントには「立場」が反映される

機関投資家には外国人、生保、信託銀行、投信といった人達が含まれますが、これらに関わる人が新聞や雑誌などを通じてコメントを発することもあります。

投信の運用担当者のコメントは総じて強気です。やはり、証券会社の株式部長さんなどと同様、株価が高くなければ商売がやりづらいのでしょう。反面、外国人、生保、信託銀行の人達はわりと率直にものをいっているようです。

ファンドマネージャーの発言は、自分のポートフォリオに影響を受けるようです（たとえば、ハイテク株をもっている人はそれにこだわる……といった具合に）。また、最近は大手証券のアナリストが出す**レーティング**（株価格付け）が大きな影響を与えるようになっています。

いずれにせよ、相場コメントはそのコメンテーターの〝立場〟を考慮して判断することが大切です。

なお、株式専門紙、雑誌類は銘柄情報、株価データ、それにいまのテーマは何かといった市場の流れ、物色傾向などを詳細に報じてくれます。これらの情報量、質の高さは一般紙の及ぶところではありませんので、興味がある人は一度、読んでみると新しい世界が開けると思います。

KEY WORD

強気：相場が上昇すると思うこと。逆に、下がると思うのは弱気。万年強気、万年弱気という言葉もある。

売りたい強気：自分が売り抜けたいために強気説を唱える人がいる。

先人の知恵

相場格言

五

少数意見に耳を傾けよ

◆人気が一致すると裏目が出る
◆人気の重みに株価が沈む
◆みんなの意見が一致したらテーブルをひっくり返して帰れ

欲をかくな

◆勝とう、勝とうは負けのもと
◆損を一度に取り戻そうとするな！
◆飛びつく魚は釣られる
◆強気も弱気も儲けられるが、欲張りはダメ
◆相場に欲は禁物
◆欲にきりなし、地獄に底なし
◆嫁を選ぶように、銘柄を選びぬけ
◆頭とシッポはネコにやれ！
◆天井売らず、底買わず
◆もうちょっとと思う心がチャンスを逃す
◆1文惜しみは天底逃し
◆辛抱する気（木）にカネがなる
◆急いで儲けようとするな

眠れぬ株は持つな！

仕手株、材料株など急騰を続けている株式に投資すると、「明日は暴落するのではないか」と眠れなくなる。そんな心配をさせられるような銘柄は買わないに限る。

赤信号みんなで渡れば命取り

◆人の行く裏に道あり、花の山
◆連れができたら儲からない
◆シーズン物は高くつく
◆売り買い休みの3筋道
◆相場のカネとタコの糸は出しすぎるな！
◆お金も酷使すると逃げる
◆命金には手をつけるな！
◆鯨が3文といわれても金がなくては買えぬ
◆相場には度胸、勇気は無用なり、臆病こそ宝と思え！
◆相場に見栄は不要
◆他人の商いをうらやむな！
◆相場に意地は禁物
◆過ちを改むるにはばかることはない
◆同じエサで何度も釣られる魚は愚かな魚

BEST INTRODUCTION TO ECONOMY

6章 投資の尺度・技術あれこれ

SECTION 6-1

出来高・売買代金

市場エネルギーのモノサシ。上げ相場で増加、下げ相場で減少する

売り方から買い方に渡った株数が出来高

　株式市場のエネルギーを計るモノサシの代表例は**出来高**（売買高ともいう）と**売買代金**です。なかでも出来高はよく使われ、ニュースでも「東証1部の平均株価はいくら、出来高は何万株」などと伝えられます。

　株式の売買が成立するのは、売りと買いの希望する値段が一致したときです。たとえば、Aさんがある銘柄を1万株売り、BさんとCさんがそれぞれ5000株ずつ買ったとしましょう。売りと買いの合計は2万株ですが、出来高は半分の1万株と計算します。この各銘柄の合計が市場全体の出来高です。

　出来高は、相場が上昇し始めたときに増加し、下げ相場で減少する傾向があります。例外的に、投げが投げを呼ぶ大暴落時には大量の売り物が出る一方で、底値を買おうとする資金も入ってくるため、出来高が急増することがあります。東京証券取引所第1部市場の出来高は1日20億〜25億株前後が普通ですが、調整または見送りムードが続くときは、20億株を下回ることもあります。

　出来高を見る場合、大商いが続けば警戒ゾーン、薄商いの日が続けば安値ゾーンといえます。商いが増えたときに買うのは、短期で一定の値上がりが期待できる反面、高値づかみの危険も伴います。ただ、出来高は株価に先行するといわれ、初動で出来高が増えたあ

●「出来高」と「売買代金」は株価の先行指標

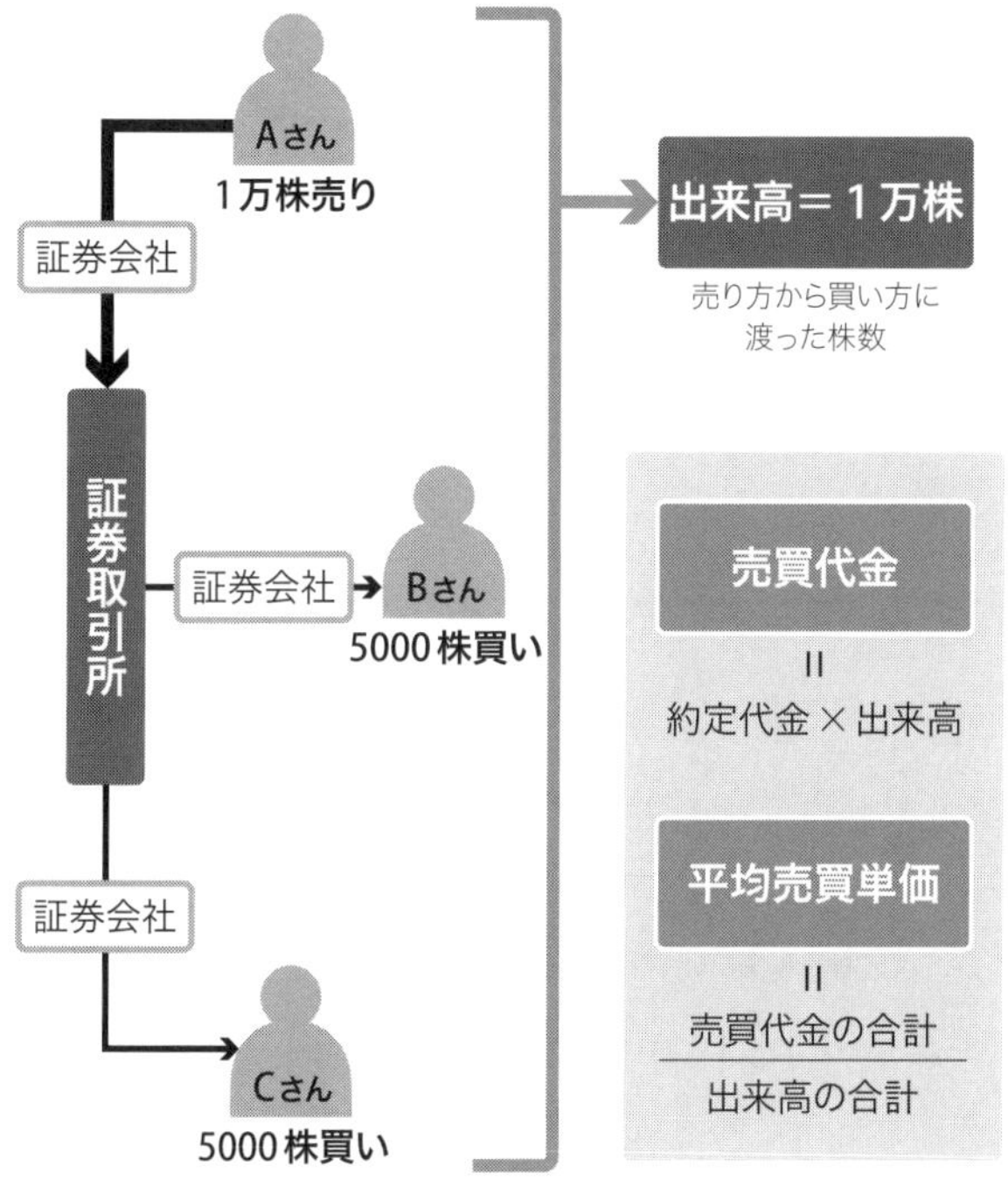

KEY WORD

顔（つら）合せ：高値顔合せ、安値顔合せ、などと使う。元の高値、安値と同じになること。たとえば、980円の高値があった株式が900円に下がり、その後、反発し980円になれば高値顔合せという。

●1日平均売買代金と売買代金回転率

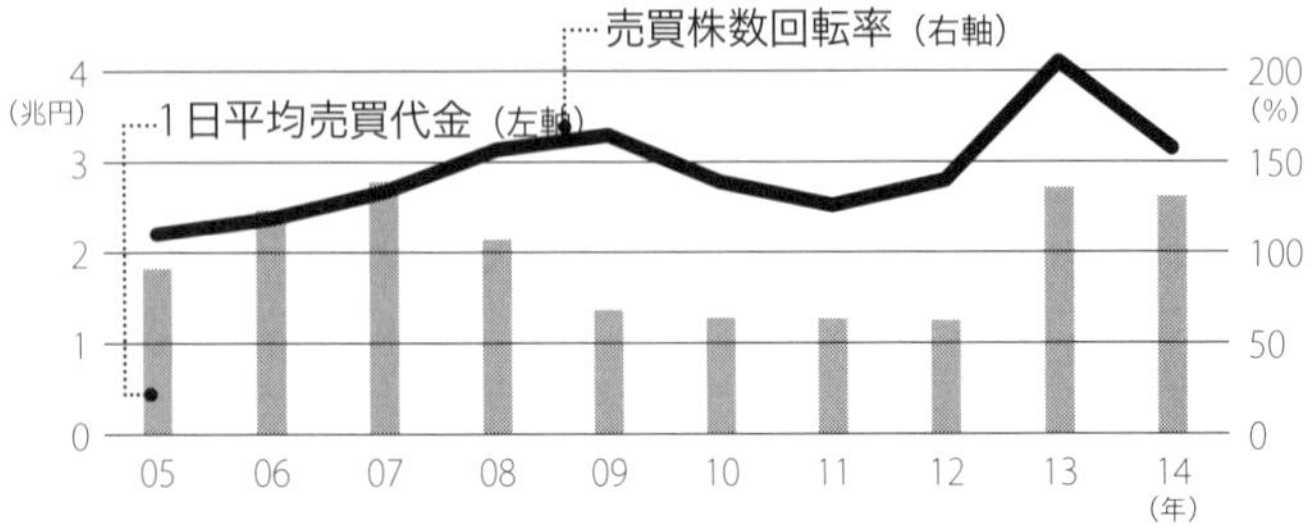

出所：各種資料より筆者作成

と、株価が上昇トレンドに入るときもあります。

●売買代金の増加は回転売買の影響も……

一方、売買代金は約定代金に出来高をかけたものです。出来高が同じでも株価が高くなれば売買代金は当然膨らみます。

東証1部の1日平均売買代金は日経平均株価が史上最高値を付けた89年に1兆3000億円のピークを付けました。それが2007年は3兆7033億円に達した後、2012年は1兆2367億円に落ちましたが、2013年は2兆〜3兆円となっています。株価が高かったバブル時代のピークを上回っている背景には**回転売買**を行なうネットトレーダーの存在があります。

出来高も、売買代金も日々のデータはバラツキがあります。このため、**移動平均線**を使って判断するケースが多いようです。

SECTION 6-2

日経平均株価

データの連続性で投資家に愛用されている生き物のような指標

日本経済新聞社が算出する日経平均

株式市場全体の流れや動きを知るうえで、投資家の多くが利用している指数に日経平均株価があります。

日経平均株価は東京証券取引所の第1部上場銘柄のうち、市場を代表する225銘柄が対象です。

日本では1950年9月に、東京証券取引所が発表を始めました。戦後、株式市場が再開された49年5月16日が起点になっています。この日の単純平均は173円21銭でした。現在、日経平均株価の算定と発表は、その名のとおり日本経済新聞社が行なっています。

一部に、「平均株価は全体の動きを表わしていない」という批判があります。その理由として、採用銘柄が225銘柄と東証1部銘柄の2割弱に過ぎないことや、業種的に古い重厚長大型の産業のウエイトが高く、ハイテク産業が少ないといったことが指摘されています。

東京証券取引所が1969年7月、平均株価をやめて「**東証株価指数**」（TOPIX）に切り替えたのはこうした批判を受けてのものでした。しかし、日経平均株価はその後も投資家のあいだで利用され続けているのに対して、TOPIXの利用はいまひとつです。これはひとえに**データの連続性**と、日経平均株価のほうにより親しみがあるためのようです。

「平均株価」の種類

単純平均株価

対象銘柄の株価合計 ／ 対象銘柄数

東証株価指数

日々の時価総額 ／ 基準時の時価総額（1968年1月4日）

※連続性維持のため修正を加える

日経平均株価

対象銘柄の株価合計（225または500） ／ 除数

※連続性維持のため除数は修正されていく

長期移動（日経平均株価）

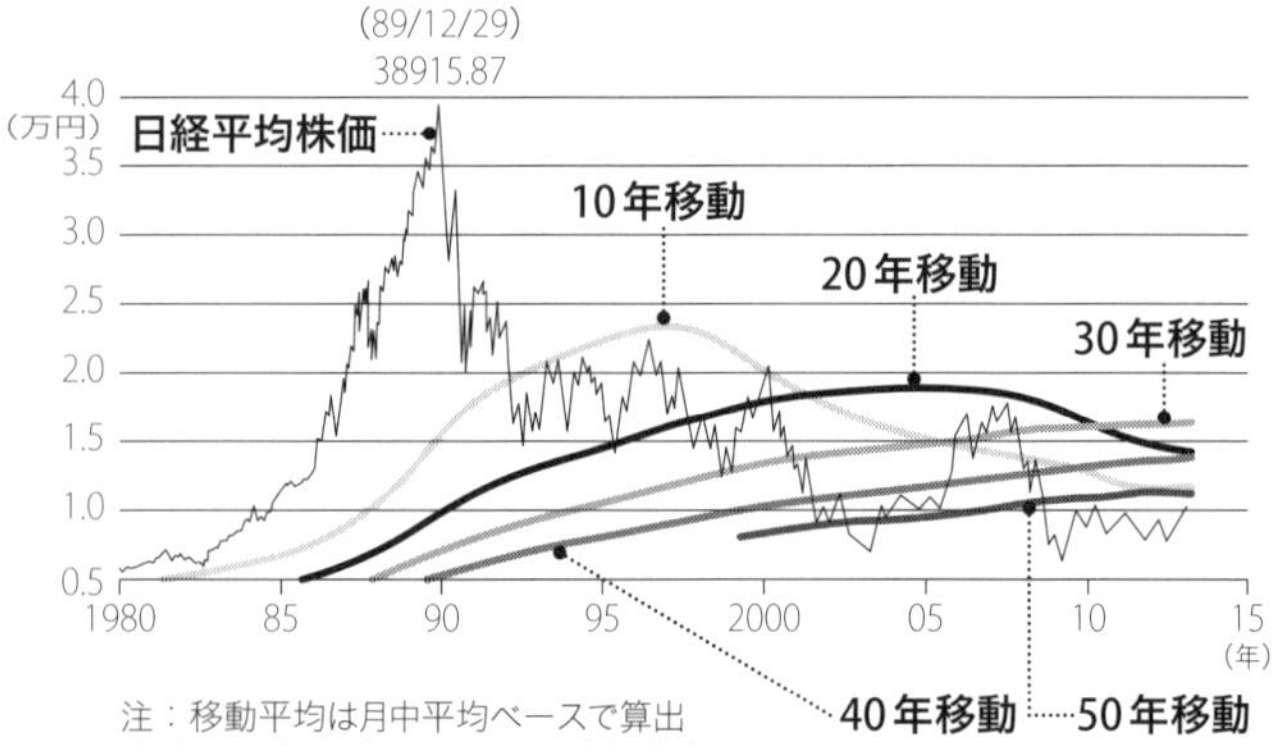

注：移動平均は月中平均ベースで算出
出所：みずほ証券エクイティ調査部作成

KEY WORD

一文新値：500円の高値があった株式が400円まで下げ、その後、反発に転じ、この高値を奪回したものの、501円止まり。この場合、一文新値という。弱い相場、戻り一杯と判断される。

●最高値は3万8915円

1989年の史上最高値は日経平均株価が12月29日の3万8915円（12月29日）と記憶している市場関係者が多いなか、「TOPIXはいくら？」と聞かれると「いくらだったかな」という人が意外に多いものです。日経平均株価は、まるで生き物のような感覚でとらえられているともいえるでしょう。ちなみに、TOPIXの史上最高値は同じ年の2364ポイント（12月18日）です。

日経平均株価は株式分割、配当権利落ちのたびに権利修正していきます。単純平均はすべての株価を合計し、単純に銘柄数で割ったものですが、日経平均株価は権利修正を行なった結果、1万円とか2万円とか、実際の株価に比べ高いものになっているのです。

なお、日経平均株価は原則、毎年10月に採用銘柄の一部入れ替えが行なわれます。このほか、合併、上場廃止などに伴って臨時に入れ替えられることがあります。

TOPIXについては東証が**浮動株指数**を算出、調整係数を導入します。これは「TOPIX構成銘柄のうち、時価総額に比べて流動性が低いとみられる銘柄について、浮動株比率に調整係数を掛け、構成ウエイトを軽減させる」というものです。

すでに、NYダウはサブプライムローン・ショック、リーマン・ショック前の高値（2007年10月9日の1万4164ドル）を大きく上回っています。

しかし、日経平均株価は2007年7月9日の高値1万8261円をやっと上回ったばかりです。

この背景には東日本大震災、電力危機、タイの洪水、中国での反日暴動、超円高、旧民主党政権の迷走などがありました。しかし、現在はこれらの〝悪材料〟は解消されつつあります。

SECTION
6-3 利回り

「利回り革命」までは投資尺度の王様。株価暴落で見直し気運高まる

●年間の配当金を株価で割って求める

利回りは、年間の配当金を株価で割った数値（比率）です。投資した資金が配当によって年間にどの程度の利益を生むかを示す指標なのです。１株当りの配当金を中間５円、期末５円と年間10円出している企業の場合、株価が５００円の場合は２％、１０００円の場合は１％という計算になります。

利回りは以前、投資尺度の〝王様〟でした。東証第１部の全銘柄単純平均利回りは、ピーク時（１９５１年）には11・９１％もあったのがその後次第に低下、59年から71年まで３～４％台が続きました。そして72年には３％の壁を破り、85年にはとうとう１％も割り込んでしまったのです。史上最低は株価が史上最高値を付けた89年の０・４５％、その後は好業績につれ上昇、現在は１・４３％前後です。ちなみに、米国は２％台後半、英国は４％台前半です。

利回り低下の要因は、ＰＥＲ（株価収益率）をはじめ新しい投資尺度が導入され、企業の成長とともに株価が利回りを〝無視〟して上昇したためでした。この動きを「**利回り革命**」といいます。

ところで、利回りといえば普通、配当利回りをさしますが、「**所有期間利回り**」、「**総合利回り**」を活用することがあります。

所有期間利回りは、３か月、６か月もって

利回り

◎配当利回り（%）

$$\frac{\text{年間配当金}}{\text{株価}} \times 100$$

◎総合利回り（%）

$$\frac{\text{受取配当金（年換算）}+\text{売買益}}{\text{買付価格}} \times 100$$

◎所有期間利回り（%）

$$\frac{\text{配当金} \times \dfrac{12}{\text{所有期間（か月）}}}{\text{買付価格}} \times 100$$

配当性向

$$\frac{\text{配当}}{\text{1株当り税引き利益}}$$

$$= \frac{\text{株価}}{\text{1株当り税引き利益}} \times \frac{\text{配当}}{\text{株価}}$$

$$= \text{株価収益率} \times \text{配当利回り}$$

KEY WORD

投げ：相場が意に反し、下げに転じ、放っておくと手持ちの株式の損が大きくなる。このため、損を覚悟で処分すること。
総投げ：下げ相場では投げが投げを呼び、総投げ、早い者勝ちの状況になる。売り気配が何日も続くこともある。

売却し、配当金を得た場合の年間利回りです。短期間で成果をあげようとするときに見る指標です。一方、総合利回りは値上がり益、配当金、そして株式分割による持株数の増加を加味して計算するもので、長期投資を行なう場合に用いられます。

●日本企業でも増配が増えてきた

企業があげた利益（税引き利益）の何％を配当に振り向けたかを示すのが**配当性向**です。

日本の企業は「安定配当」と称し、良いときも悪いときも配当を変えない傾向が強かったのですが、最近は積極的に増配する企業が増えています。外資によるM&Aに対する備えです。

ちなみに、日本の上場企業の配当性向は22％程度です。米国の主要500社の配当性向は34％を超えており、英国企業は40％強あるそうです。

世界的に配当に対する関心が高まっています。2004年末にはマイクロソフトが1株当たり3ドル、総額320億ドルの配当を行なって話題を集めました。これまでの成長路線を修正、利益配分重視に方向転換したのです。こうした動きは世界的な流れです。

財務省、証券取引所並びに大量の株式を保有している生命保険などは、好業績の事業会社に、配当や株式分割など株主還元を前向きに行なうよう要望しています。

配当利回りの高い企業としては、ローソン、三菱商事、武田薬品などがあります。このほか、みずほFG、双日などをピックアップできます。もちろん、配当利回りは株価が上がると低下します。

SECTION

6-4

PER（株価収益率）とEPS（1株利益）

株価収益率は成長株理論で、1株利益の何倍に株価が買われているかを見る

株価が1株当りの利益の何倍か？

株式投資でよく使われる指標にPER（株価収益率）があります。Price Earnings Ratioの略で「パー」ではなく文字どおり「ピー・イー・アール」と呼びます。

計算はいたって簡単です。株価を**1株利益**（EPS）で割って算出します。つまり、株価が1株利益の何倍に買われているか、を見るものです。

この1株利益は予想利益をベースに計算します。なぜなら、株価は過去の実績よりも、将来の利益を予見し織り込んでいくものだからです。倍数が高ければ割高、低ければ割安と判断します。ただ、倍率に明確な絶対基準はありません。このため、業種間、企業間での**相対比較**をする必要があります。

たとえば、A社の予想1株利益は20円で株価はPER25倍の500円だったとします。同業他社の平均PERが30倍のとき、A社は出遅れていることになります。単純に計算すれば、A社の株価は業界平均のPER30倍に1株利益20円をかけた600円が妥当、というわけです。

予測が重要

ただ、注意しなければならないのは、PERは**成長株理論**だということです。単純に1期分の予想1株利益だけでは判断できません。

●PER（株価収益率）の求め方

$$\text{PER} = \frac{\text{株価}}{\text{1株当り税引き利益}}\text{（倍）}$$

$$\text{1株利益 (EPS)} = \frac{\text{年間利益}}{\text{発行済み株式数}}\text{（円）}$$

1株当り利益＝税引き利益÷発行済み株式数

株価＝EPS×PER

株価が値上がりするには、
EPSが増加するか、
PERが上昇することが必要である。

●株価収益率分布（東証第一部、2011年末）

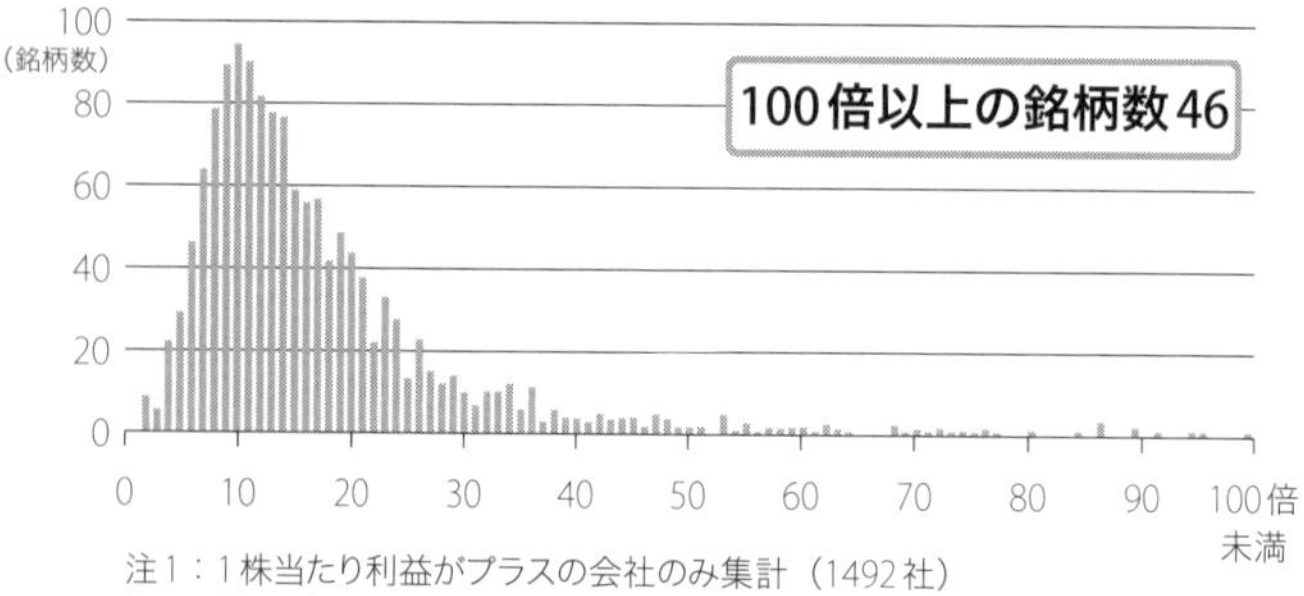

注1：1株当たり利益がプラスの会社のみ集計（1492社）
注2：整理ポスト割当銘柄を含まない
出所：日本取引所G

KEY WORD

整理：相場が上昇し、次第に警戒感が強まり、その後売り人気となる。このような商状を整理、調整局面などという。

日柄整理・値幅整理：整理には時間的な感覚と値段的な感覚がある。

A社と同業他社であるB社の予想1株利益が20円と同じであっても、A社よりもB社のほうが成長力が高いとき、B社のほうが高く評価される、つまり高PERまで買われることになるのです。

調査機関のアナリストの調査リポートでは、5年先前後までの1株利益の成長率を予測しています。実際にそうなるかどうかは別にして、その将来予測が株価に反映されてくるのです。株式投資は成長性を買うゲーム、といわれるゆえんです。

日本企業のPERは欧米企業に比べ割高でしたが、最近は予想ベースで16〜17倍と割高感は完全にふっしょくされています。

次の注意点は、時として〝夢〟を買う相場が出現することです。ゲノム、エイズ治療薬、制ガン剤といったバイオ関連株相場、数年前の情報通信関連株の大フィーバーなど、将来の業績変化率を先取る相場がその例です。急騰の最中には〝夢〟だけがクローズアップされ、とんでもない水準のPER（200倍以上）まで買われることがあります。

PERの算出の元になる1株利益も分析しなくてはなりません。資産売却益は含まれていないか、また研究開発費や設備投資を将来に備えてきちんとやっているか、税金を払ったうえでの利益か、などです。また、額面割れの転換社債の買入れ消却でも1株利益は増えます。

一例を挙げますと、A社とB社の税引き利益が同じ100億円、1株利益も同じ水準と仮定します。A社の年間研究開発費と設備投資が合計200億円、これに対してB社はほとんど目立った投資を行なわず数億円単位。将来性はどちらがあるでしょうか。答えはA社です。このように、株価を予測するときは利益の中身がどうなっているかにまで踏み込んで注意を払う必要があるのです。

SECTION 6-5

PBR（株価純資産倍率）

純資産から株価を判断、解散価値ともいう。1倍を切れば底値圏

株価が1株当り純資産の何倍か？

収益力から株価を計るPER（株価収益率）に対して、**純資産**から株価を判断する尺度として、PBR（株価純資産倍率）があります。Price Book Value Ratio（プライス・ブック・バリュー・レシオ）の略です。株価を**1株当り純資産**（BPS）で割って倍率を求めます。これが1倍を割り込めば底値圏、0・5倍割れは超割安と一般的には判断します。

ただし、含み損や隠れ借金は反映されません。このため、あまりにもPBRが低いと「倒産信号」との見方も出てきます。2002年、2003年、2008年にはPBR1倍割れの企業が急増（全体の5割超）しました。これは金融システム不安、経営危機を反映したものです。

ここで使用する純資産とは何でしょう。別名「**株主資本**」、「**自己資本**」と呼ばれ、貸借対照表では資本金、準備金、剰余金、当期利益などを合計した金額がそれに相当します。借入金や支払手形など他人資本を総資本から引いた額でもあるのです。最近は自己資本とはあまり呼ばず、株主のものという観点から株主資本といいます。

この株主資本、イコール純資産を発行済み株式数で割った1株当り純資産は、株主にとっては文字どおり1株当りの〝取り分〟であり、**解散価値**でもあるのです。このため、P

PBR（株価純資産倍率）の求め方

$$\text{株価純資産倍率} = \frac{\text{株価}}{\text{1株当りの純資産（BPS）}}\ \text{（倍）}$$

Qレシオ（実質PBR）の求め方

$$\text{Qレシオ} = \frac{\text{株式の時価総額}}{\text{時価ベースの純資産}} = \frac{\text{株価}}{\text{1株当りの実質純資産}}\ \text{（倍）}$$

株価純資産倍率分布（東証第一部、2011年末）

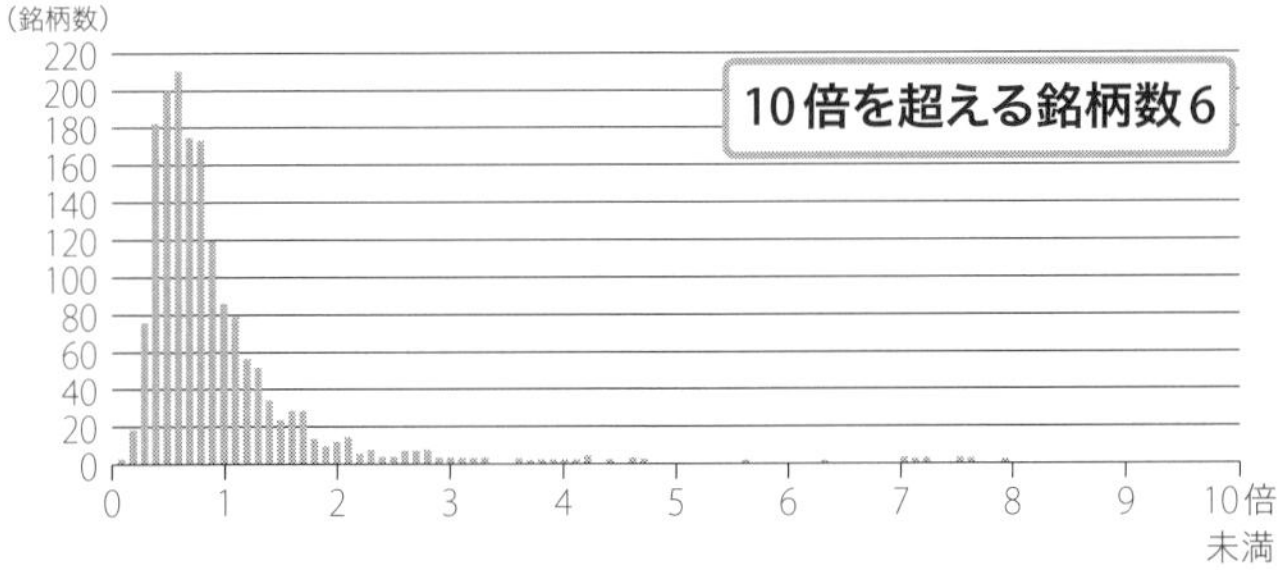

注1：1株当たり純資産がプラスの会社のみ集計（1656社）
注2：整理ポスト割当銘柄を含まない
出所：日本取引所G

KEY WORD

理想買い：新技術や新製品などの好材料が出て、ワッと飛びつく。しかし、まだ海のものとも山のものともわからず、失敗するケースも多い。反面、強弱観が対立し、壮大な仕手相場に発展することもある。

ＢＲが1倍を割ることは解散価値よりも株価が安くなっていることを示し、底値圏の判断につながるわけです。純資産は個別の予想がなかなかしにくいことから、通常は実績データを採用します。

●景気後退期に用いられやすい指標

景気が上昇、拡大期にあるときはＰＥＲが重視されることが多いのとは逆に、ＰＢＲは景気が下降、後退期に用いられます。これは、景気が悪いときは企業の利益も総じて出ないため、成長株理論（ＰＥＲ）が使いづらいからです。

もちろん、低ＰＢＲだけでは投資はできません。リスクが大きいからです。低ＰＥＲとの組み合わせだとパフォーマンスが良好のようです。

ところで、ここで述べた純資産は簿価ベースです。土地や有価証券の含み益は反映されていません。

実質ＰＢＲは**Ｑレシオ**ともいいます。１９８０年代後半のバブル相場期には、株価とともに土地も暴騰したことからこの指標がもてはやされたものです。ＦＶＢＰＳ（フューチャー・バリューＢＰＳ、再開発などによって将来の土地の価格が値上がりすることを前提に、1株当りの実質純資産を試算）などという〝尺度〟も登場しましたから、これはもう完全に行き過ぎでした。〝異常〟は修正されます。

なお、ＰＢＲはＲＯＥ（株主資本利益率）と密接な関係があります。ＲＯＥが上昇すると、ＰＢＲも上昇します。ちなみに、アメリカ企業のＰＢＲは2・2倍、日本企業は1・4倍ですが、これは現在のＲＯＥがそれぞれ17％、8％という差に起因します。日本のＲＯＥは今後、着実に上昇しそうですから、つれてＰＢＲも上昇するでしょう。

SECTION
6-6 PCFR（株価キャッシュフロー倍率）

キャッシュフロー倍率はPERの応用編。機関投資家がよく使う

欧米では馴染み深い指標

ＰＥＲはよく聞くがＰＣＦＲはあまり聞かない、という方が少なくないでしょう。この投資尺度は、欧米の投資家のあいだでは以前から馴染みの深いものですが、日本でも徐々に浸透しつつあります。

ＰＣＦＲはPrice Cash Flow Ratioという英語の略で、株価を1株当りのキャッシュフローで割ったものです。**キャッシュフロー**は税引き利益に**減価償却費**を加えたものですから、ＰＥＲの応用編と考えていいでしょう。基本的にはＰＥＲと同じく倍率が高いと割高、低いと割安と判断します。比較は同業他社ないし同業種平均、市場平均で行ないます。

減価償却費がポイント

ではなぜこの尺度が使われるのでしょうか。新聞の企業欄には「今期は減価償却費の負担が大きく減益」などとよく書かれています。減益なら「株は売りだ」と思ってしまいがちですが、必ずしもそうとは限りません。その答えは減価償却費にあります。

減価償却費は、工場、機械、店舗、実用新案権、借地権など有形・無形固定資産に投資したあとにかかる費用です。土地や建設仮勘定は含みません。企業はこれらの投資を償却費として費用を計上するのですが、財務面から見ると内部に蓄積され、借入金の返済や運用資金として活用されるのです。このため、

●PCFR（株価キャッシュフロー倍率）の求め方

$$\text{PCFR} = \frac{\text{株価}}{\text{1株当りキャッシュフロー}}$$

※キャッシュフロー＝
税引き利益＋減価償却費

●減価償却費と株価評価

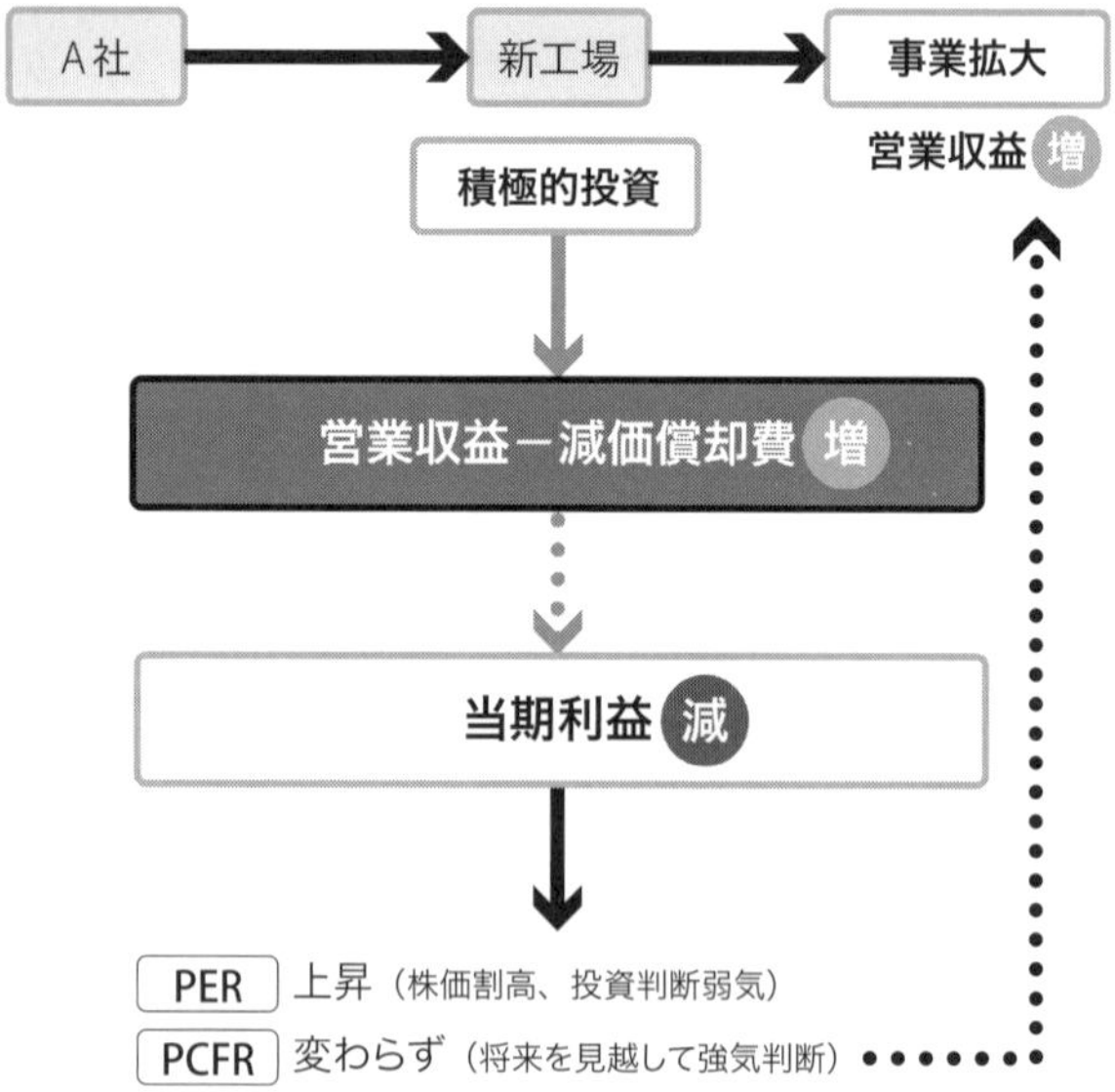

キャッシュフローのことを内部留保とも呼ぶのです。

減価償却費が多いことは、その企業が将来に向けて積極的に投資をしている、ということにつながります。もちろん、積極策が裏目に出ることもあります。しかし、株式評価の観点から見れば、減価償却費も利益に加えて利益成長をとらえたほうがいい、ともいえるのです。

たとえば、ある企業が工場を建て減価償却費がかなり増加したとします。この結果、利益は圧迫され株価が一定ならPER上昇を招き割高となってしまいます。ところが、増加した減価償却費を加味したPCFRだとそうはなりません。単純に見ると工場を建てる前と同じ倍率になるはずです。それなら、投資判断は売りではなく持続、ないし積極策を評価して買い乗せ、となります。PERといっしょに活用するといいでしょう。

なお、減価償却費の償却方法には、耐用年数などに応じて等分で償却する「定額法」と一定の比率を掛けて償却する「定率法」の2つがあります。定率法は最初に償却額が多くなるものの、年数が経つにつれ償却額は少なくなります。償却方法の違いまで踏み込んで分析すれば、よりベターです。

なお、日本政府は成長戦略の一環として投資減税を実施する方針を打ち出しています。企業は90兆~100兆円の内部留保を持っており、この有効活用は必要不可欠です。設備投資が活発になれば、当然、減価償却費は増えます。

KEY WORD

飛びつき買い：株価の動きや材料の出現につられ、あと先を考えずに買うこと。高値づかみになるケースも多く、ご用心、ご用心。ケガのもと。

早耳：うわさ話などのニュース、情報を早耳という。早耳の早倒れといわれる。

SECTION 6-7

ROE（株主資本利益率）

「会社は株主のもの」という考えからクローズアップ

効率よく儲けているか？

ROE（株主資本利益率）は、株主の持ち分ともいうべき株主資本に対して、何％の利益があがっているかを見る指標であり、機関投資家、とくに大量の株式を保有する生命保険ではこの指標をとくに重視しています。英語ではReturn On Equity（リターン・オン・エクイティ）です。

PBRのところでもふれましたが、株主資本は総資産から借入金などの負債（他人資本）を引いた、純粋な会社の資産です。活用法は、この株主資本に対する税引き利益の割合が高いときは評価し、低いときは資本が有効に使われていないとして、チェックの対象とします。単独の推移とともに、同業他社、市場平均と比較して判断します。

ただ、注意しなくてはならないのは「ROEが高いと買い」「低いと売り」と単純にいえないことです。いま現在ROEが低くても、将来的に利益成長が見込めれば「買い」の場合があるからです。

それに赤字決算が続いたりして自己資本が減少した場合もROEは高くなります。借金が増えても結果は同じになります。

自社株買いで数字は向上する

日本のROEは1980年代初めまで11％台くらいで欧米諸国とそう変わりませんでし

●ROE（株主資本利益率）の求め方

$$\underset{(\text{株式資本利益率})}{\text{ROE}} = \frac{\text{当期純利益（年換算）}}{\text{株主資本（期首・期末平均）}} \times 100\ (\%)$$

た。しかし、80年代半ばから大量のエクイティ・ファイナンス（新株発行を伴う資金調達）により株主資本が急増、そして90年代に入っての利益の落ち込みによって4％前後に減少してしまいました。最近は傾向的に8％に回復しています。

なぜ、株式市場でこの指標が注目されるようになったのかについては、1990年以降の株価暴落、日本経済の構造的変化と関係があるようです。89年まではROEが低下しても株価が上昇することで含み益が増えました。それが、その後の暴落で含みが急減、投資家は投資先の見直しを行なうにあたり、この指標を使うようになったのです。

投資家のなかでも生命保険会社は、企業に対しROEを武器にして、株主還元のあり方を厳しく問うようになりました。会社側では自社株買いを行なうことにより、ROEの向上を目指す動きを強めています。

●ROE（株主資本利益率）の求め方

Q 会社の決算期（年1回決算）における「株主資本（期末）」、「純利益（税引後）」が以下であるとき、平成25年3月期の株主資本利益率はいくらになりますか？

（単位：百万円）

	株主資本（期末）	当期純利益（税引後）
平成25年3月期	2,800	300
平成24年3月期	2,000	100

A 平成25年3月期末の株主資本は、平成25年3月期の期初となるので、期首・期末平均＝(2,000＋2,800)／2=2,400百万円であり、上の公式より

$$株主資本利益率 = \frac{300百万円}{2,400百万円} \times 100 = 12.5\%$$

KEY WORD

配当取り：決算が集中する3月期末などに配当金をもらうために買いを出すこと。3月決算期の会社の場合、10月に買っても、3月に買っても、もらえる配当金の額は同じ。期間収入を考えると、配当落ち（株主確定）のギリギリに買ったほうがよい。

SECTION
6-8 チャートのいろいろ

株価の足取りを図式化したチャートで、将来の波動を予見できる

株価にはすべての情報が織り込まれている

株価は売り手と買い手の関係、つまり需給で決まります。この需給に変動を与えるものが材料（5-6参照）です。3章などで見たように、材料には企業業績をはじめ、ありとあらゆるものが含まれ、それを分析し、評価する投資家の価値観も多種多様です。

そこで、株価の動きと出来高や売買代金などのエネルギーから、将来の波動を予見しようというのが**テクニカル分析**です。これは、株価にはすべての情報が織り込まれている、との立場に立っています。代表的なのは株価の動きを表わした**チャート**（ケイ線）です。

チャートの種類には①止め足・ホシ足、②棒足、③イカリ足、④バーチャート、⑤ローソク足――の5つのタイプがありますが、いちばん利用されているのは、江戸時代の米相場から始まった**ローソク足**でしょう。

株価の波動をとらえるうえでよく知られているのは、**エリオット波動**です。これは、株価は5つの波動を描いて上昇したあと、3つの波動を描いて下降し、ひとつの循環を構成する、という考え方です。

移動平均線は代表的な指標

また、単純な株価推移だけでなく、そこに**移動平均線**（過去何日間、何週間とかの株価の終値平均をグラフ化したもの）を描いて、投資判断を

●チャートのいろいろ

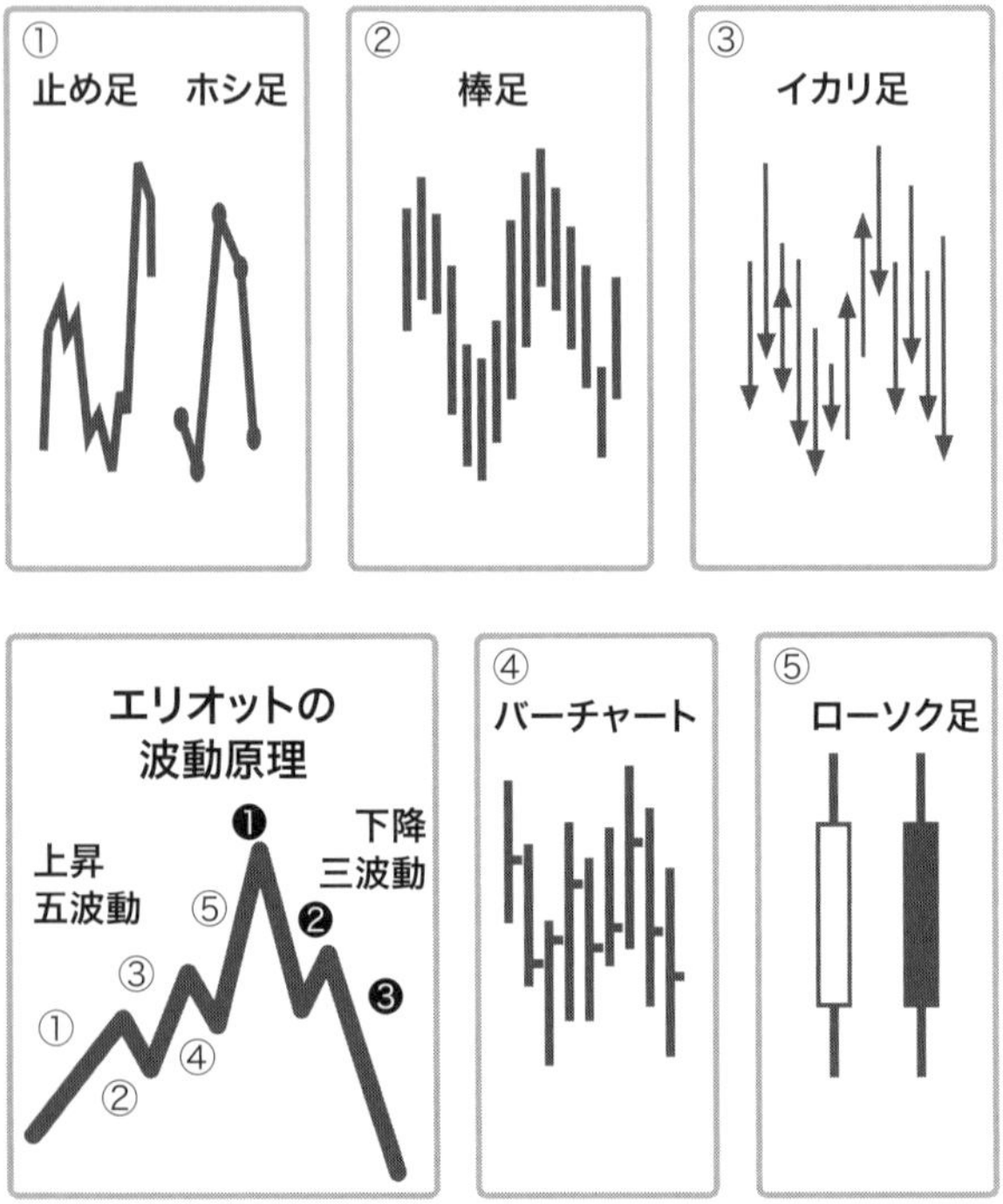

KEY WORD

株式分割取り：昔流にいえば無償取り。配当取りと同様に、株式分割の権利を得るため買いを入れること。

する方法があります。エリオット波動と同じく、米国でまず用いられました。

移動平均線を用いる代表例は**グランビルの8法則**です。この法則によると買いの局面は、

①移動平均線が上向きに転じたとき（買い第1弾）

②移動平均線が上昇中で、株価がこれを割り込んだとき（押し目買い）

③株価もみ合いのあと、上昇中の移動平均線に上方から接近しても平均線を割り込まず再上昇したとき（買い乗せ）

④移動平均線が下降しているとき、株価が下に大きく離れたとき（自律反騰）

です。一方、売りの局面は、

⑤移動平均線、株価ともに上昇中であっても、株価が平均線よりも大きく上に離れたとき（売りの第1弾）

⑥長期間上昇した移動平均線が横ばいか下降に転じたとき（戻り売り）

⑦下降中の移動平均線を株価が上回っても、平均線が下降を続けるとき（売り乗せ）

⑧下降中の移動平均線の下で株価がもみ合いを続けたあと、平均線にぶつからずに下げるとき（自律反落）

です。

移動平均線は1本だけでなく2本を組み合わせて活用することもあります。短期線（たとえば25日線）が中期線（75日線）を下から上回ったときは、原則、買いを示す**ゴールデン・クロス**、逆に短期線が上から中期線を切って交差すると、売りシグナルの**デッド・クロス**と呼びます。このほか、当日の株価を移動平均値で割った**カイ離率**を計算して、投資判断の手がかりにする場合もあります。

ただ、これらのチャート分析には、ファンダメンタルズ分析と同様に「絶対」ということはありません。いわゆる〝**だまし**〟も出ますので、よく研究することが必要です。

SECTION 6-9

ケイ線の見方

ケイ線の王様は陰陽（ローソク）足。いろいろな型で相場のゆくえを占う

●日本発のケイ線「ローソク足」

日本のケイ線といえば、始値、高値、安値、終値の4本値が表示されている〝**陰陽足**〟のことをさします。陰陽線は始値よりも終値が高い場合は白、つまり陽線といいます。逆に、終値のほうが始値よりも安い場合は黒塗り、陰線と呼んでいます。高値は上に、安値は下にそれぞれ棒で表わし、この棒のことを「ひげ」とか「かげ」といいます。これが上に出れば「上ひげ」、下に出れば「下ひげ」と称しています。

期間については1日の4本値を毎日表わした「日足」が原則ですが、「週足」「月足」「年足」と長くとることもあるのです。月足、年足は大勢観をつかむときに使います。最近は5分足なども使われます。

陰陽足は、その長方形の実体部分がローソクの蝋（ろう）の部分、ひげがローソクの芯の部分の形によく似ていることから、**ローソク足**ともいうわけです。

●見方の基本は9つ

ローソク足の見方の基本型は9つあります。たとえば大陰線は、終値が始値よりもかなり安いことから当然、相場が弱いことを表わし、初動では「売り」ないし「買い見送り」のシグナルといえます。大陽線はその逆です。市場では「ストップ高に付け」といわれること

ローソク足の基本

9つの基本型

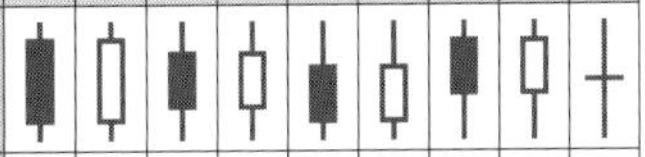

	1	2	3	4	5	6	7	8	9
線の呼び名	**大陰線**	**大陽線**	**小陰線**	**小陽線**	**上影陰線**	**上影陽線**	**下影陰線**	**下影陽線**	**寄引同時線**
線の性質	すごく弱い線	すごく強い線	弱保ち合い	強保ち合い	弱い線	弱い線	強い線	強い線	転換暗示の線

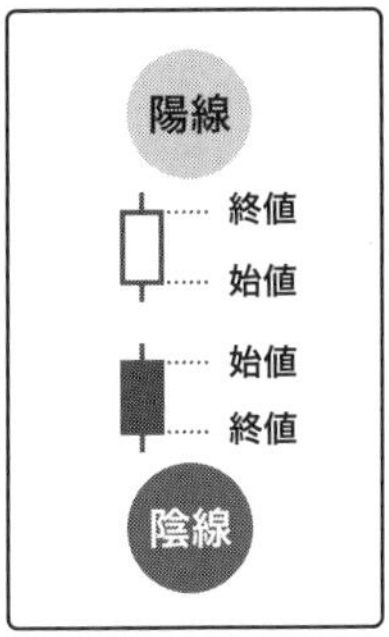

15の応用型

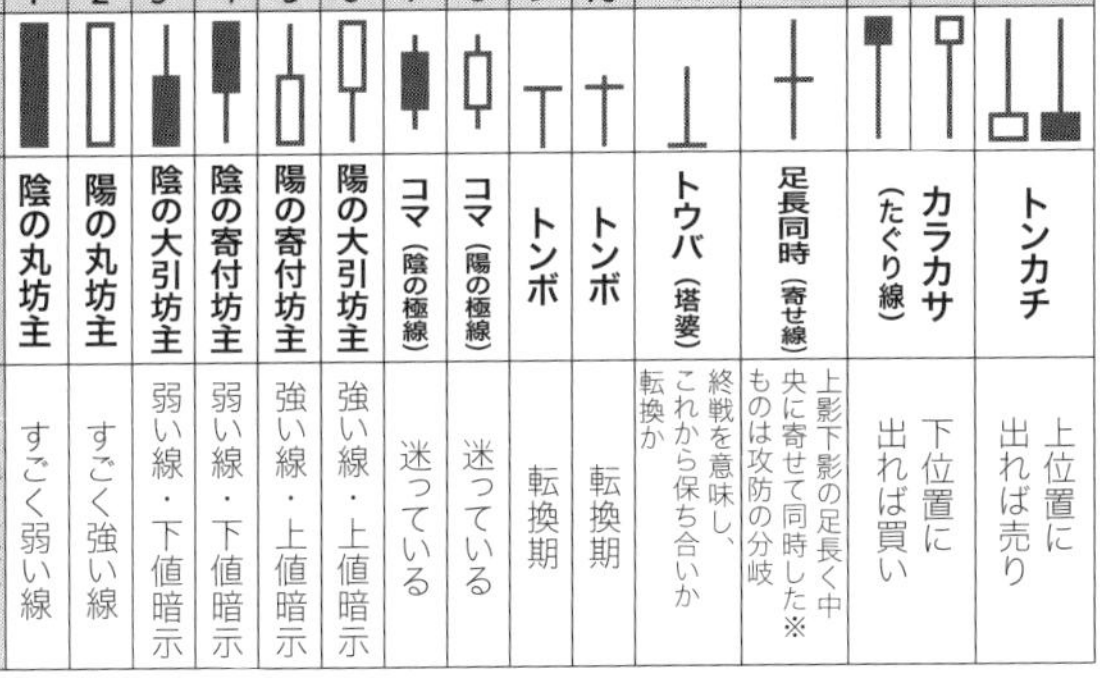

	1	2	3	4	5	6	7	8	9	10	11	12	13	14	15
あだ名	**陰の丸坊主**	**陽の丸坊主**	**陰の大引坊主**	**陰の寄付坊主**	**陽の寄付坊主**	**陽の大引坊主**	**コマ**（陰の極線）	**コマ**（陽の極線）	**トンボ**	**トンボ**	**トウバ**（塔婆）	**足長同時**（寄せ線）	**カラカサ**（たぐり線）		**トンカチ**
線の性質	すごく弱い線	すごく強い線	弱い線・下値暗示	弱い線・下値暗示	強い線・上値暗示	強い線・上値暗示	迷っている	迷っている	転換期	転換期	終戦を意味し、これから保ち合いか転換か	上影下影の足長く中央に寄せて同時した※ものは攻防の分岐	下位置に出れば買い		上位置に出れば売り

※同時（する）：始値と終値が同値であること

がありますが、これは大陽線の初動は買いだ、という意味です。9つの基本型のほかには15の応用型があり、それぞれあだ名が付いています。相場の転換点を知るうえでたいへん参考になります。

チャート分析では、トレンドを読むことも重要です。トレンドには**上昇トレンド**、**下降トレンド**、**横ばいトレンド**の3つがあり、上昇トレンドが買い、下降トレンドが売り、になります。横ばいトレンドも基本的には売りです。

ただし、ケイ線を過信してはいけません。ケイ線はあくまでも過去の値動きを示すものです。「ケイ線は過去を語ると忘るるな、株価のことはこれからのこと」という教えもあります。

だからこそ、ファンダメンタルズ・アプローチとの併用が重要なのです。

●押し目買い作戦とは？

株式投資では押し目買い作戦も有効ですが、その際にもチャートを活用できます。

基本的には強い銘柄が、たとえば25日移動平均線に接近するなど、「ちょっと安くなったところ」を買うことを押し目買いといいます。

では、強い銘柄とはどういうものでしょうか。それは順張りパターンの銘柄です。すなわち、短期、中期、長期の移動平均線が順の配列でそろって上昇し、時価（ローソク足）がそのいちばん上に位置している銘柄ということになります。

KEY WORD

味付け：相場が低調なとき、刺激を与えるため、証券会社が買い注文を入れること。

打診買い：味付けと同じような意味で使われている。探りを入れること。この点ではやややニュアンスが違う。

SECTION
6-10

チャートとトレンド

満ち潮（上昇相場）か引き潮（下落相場）かを見極めることが大切

ダウの考え方の基本は？

チャールズ・ダウはNYダウの考案者としてよく知られており、アメリカにおけるチャートの始祖といわれています。

彼の考え方の基本は次のとおりです。

①株価にはすべての材料が織り込まれている
②株価の動きは短期、中期、長期の3つのトレンドを形成している
③トレンドの転換はその波動に対し、直前の高値を抜けず、直前の安値を下回ったときとする（上昇トレンドの場合。下降トレンドの場合はその逆）
④出来高はトレンドと一緒に動いている
⑤終値が投資家心理に最も大きな影響を与えている

これが今日のチャート分析の基本観になっています。

トレンドとは傾向、方向といった意味です。株価は大きく分けて上昇、下降、もみ合いの3つのパターンを繰り返しています。そして、ひとつの方向に動きだすと、それが継続する場合が多いのです。ただし、上昇、下降、横ばいのいずれにしても、細かい山と谷が常に繰り返されていることに注意が必要です。

日本の相場格言にも、「漁師は潮目を見る」というものがあります。潮の満ち引きによって、操船、網の入れ場所、狙う魚の種類などが微妙に変わるのです。相場においても、

●トレンドによる戦略転換のポイント

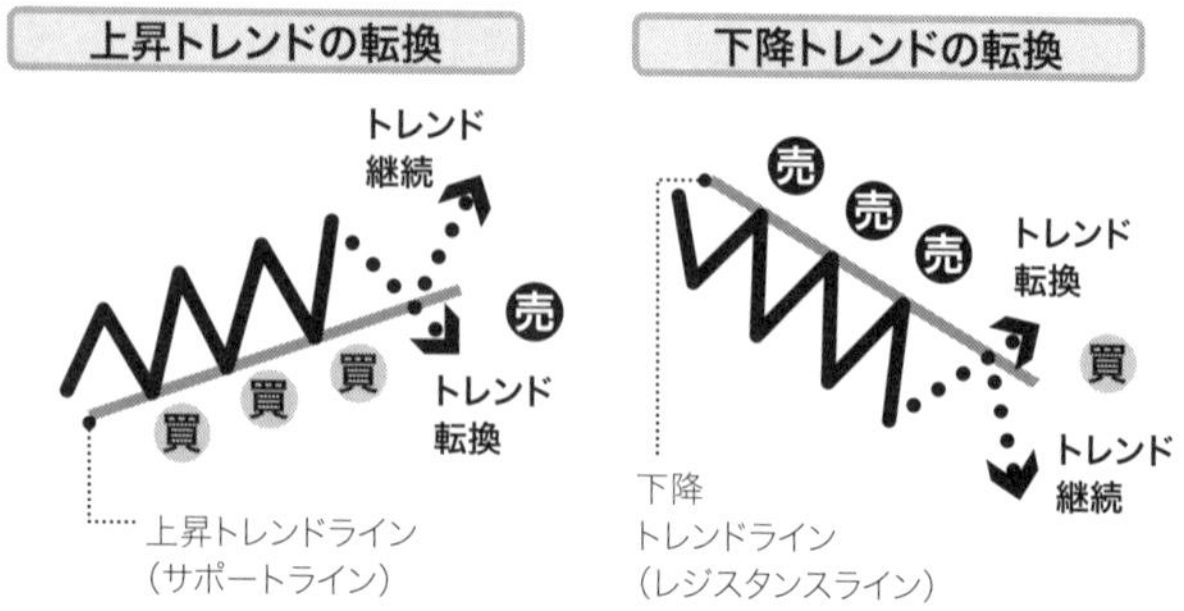

●売りと買いのエネルギーがつくる山と谷

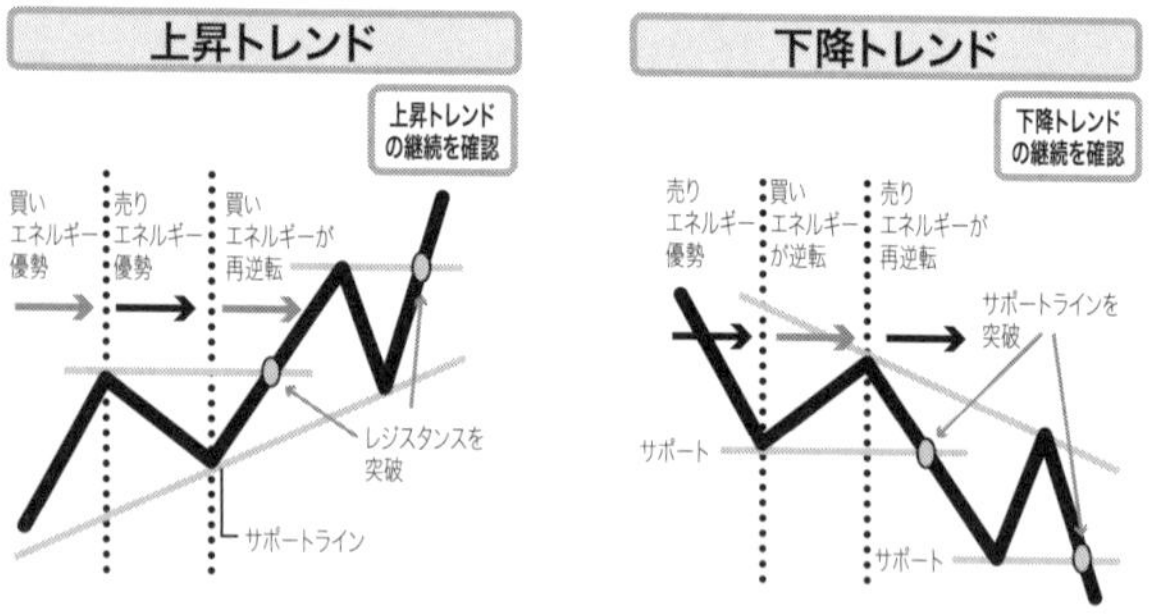

KEY WORD

逆日歩：信用取引において売りが買いより多くなり、株券調達のために日歩（調達コスト）が必要になった場合、売り方が取られるお金。1株につき、何銭、何円と表示される。

満ち潮（上昇相場）か引き潮（下降相場）かを見極めて行動せよ、ということです。

●トレンドが最も重要

トレンドを知るためには、**トレンドライン**を引いてみるのがいちばんです。チャートの山と山、谷と谷を通る線を引くことで、上昇か下降か、横ばいかという相場の大勢観を見分けることができるのです。

トレンドラインを使った投資戦術では、上昇・下降のトレンドラインが破られない、つまりトレンドが続く限り、上昇→買い、下降→売りの態度を続けるのが基本です。

戦術転換はトレンド転換にあわせて行ないます。つまり、上昇トレンドで、トレンドラインを株価が下に突き抜けたときと、下降トレンドで、トレンドラインを株価が上に突き抜けたときで、前者では買いから売りに、後者では売りから買いに投資方針を変えるのです。

株価は山（買いのエネルギーが強いところ）と谷（売りのエネルギーが強いところ）を形成しつつ、上昇したり下降したりしながら、全体のトレンドを形成しています。

つまり、上昇トレンドの場合、上昇が一服しながら上昇していき、下降トレンドの場合、下降が一服しながら下降していくのです。この一服するポイントを**レジスタンスライン**（上昇トレンドの場合）、**サポートライン**（下降トレンドの場合）といいます。

上昇トレンドであれば、このレジスタンスラインを突破して高値をつけたときに、下降トレンドであればサポートラインを突破して安値をつけたときに、それまでのトレンドが継続していることが確認されることになります。

いずれにせよ、トレンド、方向をしっかりつかむことが大切です。

SECTION 6-11

市場関連指標の見方

相場全体の強弱や物色の傾向をつかむものなど様々。組み合わせて効果あり

株価の動きを読むさまざまな指標

平均株価やＴＯＰＩＸ（東証株価指数）は株式市場全体の動きを示すポピュラーなデータですが、このほかにも株価の動きを読むたくさんの指標があります。

騰落レシオは、値上がり銘柄数を分子に、値下がり銘柄数を分母にして計算します。毎日だと振れが大きいためデータはいずれも25日移動平均線を使うのが普通です。１００％がニュートラルな状態、１００％から上は値上がり銘柄が多くなることから物色範囲拡大の強気相場になり、１３０％あたりが過熱ゾーン。これを超えると「売り」を考慮します。逆に、１００％から下は値下がり銘柄が多くなることを示し、70％前後が底値ゾーンと判断します。

大商い十傑集中度は、「その日の出来高のうち、大商い十傑合計の出来高がどの程度のシェアを占めているか」、を見るものです。この集中度が高いときには物色の軸がはっきりしているのですが、低いときは物色が分散し焦点ボケになっていることを表わします。

信用取引の拡大で評価損率もポイントに

売買単価は、「いまどの株価水準の銘柄が買われているか」を知るのに使われます。これも移動平均線で見ますが、単純平均株価よりも上にあってさらに上昇していれば、株価

●市場関連指標で市場の動向を探る

KEY WORD

高値づかみ：買ったところ（値段）が素っ高値。その後はズルズルと値下がり。このような状況を高値づかみと表現している。

●市場関連指標で市場の動向を探る

日経平均株価（225種）	20593円67銭（－248円30銭）		
	騰落率＝－1.191%		
東証株価指数（TOPIX）	1655.37（－18.51）		
	騰落率＝－1.105%		
売買代金	2368914百万円（＋186365百万円）		
売買高	216132万株（＋18292万株）		
売買単価	1096.0円		
売買売上高上位10銘柄の占有率	34.5%		
上場銘柄数 1891	値上がり 288		
売買成立 1891	値下がり 1517	変わらず 86	
新値株（年初来）	高値 95	安値 7	
騰落レシオ（25日移動平均）	105.03%		
時価総額	6020451億円（－61588億円）		

出所：日本経済新聞、2015年7月23日

が高い水準の値がさ株物色、逆の場合は低位株物色を示しています。

上方位銘柄比率は、時価が25日移動平均線を上回っている銘柄数を、全銘柄数で割って求めます。この場合、70％を超えると過熱ゾーン、30％を切ってくると底値ゾーンといえるようです。

業種別株価指数も参考になります。これは「いまどの業種が買われているか」ということだけでなく、電力、ガス、不動産、鉄鋼、造船などの金利敏感株が買われていれば、株式市場は「金利低下を期待している」と判断できます。

信用取引の拡大で、買い残、売り残の動向とともに、建て玉の**評価損率**もポイントになってきました。評価損率が20％を超えるような局面はだいたい大底圏です。逆に、評価損率がマイナス（総利食いの状態）に近くなったら高値ゾーンであり、警戒が必要です。

SECTION 6-12

レーティングと格付け

個別銘柄の株価判断がレーティング、債券のリスク評価が格付け

今後6か月の株価見通しがレーティング

株式や債券など証券に投資するときの目安になるのが「**レーティング**」や「**格付け**」です。

レーティングは、証券アナリストが株式について、所属する研究機関および証券会社を通じて投資家に示す基準で「株価格付け」「相対株価評価」などといわれます。企業の収益予想や成長性などのファンダメンタルズ（経済の基礎的諸条件）分析を基本に、テクニカル分析やマーケット情報などを踏まえたうえで、アナリストが個別銘柄の株価判断を行なうものです。

通常、当該銘柄の株価が今後6か月間において、市場平均（日経平均、TOPIX等）に対し、10％超上回ると判断する場合は「1」ないし「A」、プラス・マイナス10％の範囲内だと「2」ないし「B」、10％超下回るなら「3」ないし「C」とランク付けされます（ただし、会社によって表記が異なる場合もあります）。

注意したいのは、レーティングは企業そのものの「良い」「悪い」や、単純な「買い」「売り」を判断したものではないことです。加えて、レーティングは証券会社によって、大きなバラツキがあります。このため、レーティングが高いかどうかということだけで判断してはいけません。

ちなみに、どんなに成長力が高く、業績が

●証券系調査機関のレーティング基準

調査機関	強気 ←		中立		→ 弱気
野村證券	Buy		Neutral		Sell
大和証券	1	2	3	4	5
三菱UFJモルガン・スタンレー証券	アウトパフォーム		ニュートラル		アンダーパフォーム
SMBC日興証券	1・A		2・B		3・C
みずほ証券	アウトパフォーム		ニュートラル		アンダーパフォーム
岡三証券	1		2		3
水戸証券経済研究所	A	B+	B	B.−	C
丸三証券	1	2	3	4	5
東海東京調査センター	1	2	3	4	5
岩井コスモ証券	A	B+	B	B−	C
東洋証券	ストロングバイ	バイ	ホールド	REDUCE	セル
SMBCフレンド証券	強気		中立		弱気
いちよし証券	A		B		C
シティグループ証券	1		2		3
	リスク格付なし				H（高リスク）
ゴールドマン・サックス証券	買い		中立		売り
	強い買い推奨リスト				強い売り推奨リスト
モルガン・スタンレーMUFG証券	Overweight		Equal-weight		Underweight
			V（変動リスクが大きい）		
UBS証券	Buy		Neutral		Sell
メリルリンチ日本証券	買い		中立		売り
クレディ・スイス証券	アウトパフォーム		ニュートラル		アンダーパフォーム
ドイツ証券	バイ		ホールド		セル
J.P.モルガン証券	Overweight		Neutral		Underweight
カリヨン証券	BUY	O-PF		U-PF	SELL
HSBC証券	Overweight		Neutral		Underweight
バークレイズ証券	Overweight		Equal-weight		Underweight
マッコリー証券	Overweight		Neutral		Underweight

良い企業でも、株価が買われ過ぎれば、レーティングは引き下げられます。また、レーティングが「1」でも、相場全般が下落するときには、その株もまた下がることが多いのです。レーティングは基本的に機関投資家向けです。この情報をもとに大量に彼らが買うことがあります。

債券のリスクを表す格付け

レーティングと似たものに、格付けがありますが、これは「債券をもっている人が、金利および元本を約束どおり受け取ることに関して、どれくらいリスクがあるか、その評価を記号で表わしたもの」です。

最近では、「格付けの引き下げが、株価を急落させた」「倒産に追い込んだ」などといわれるほど重要性を増していますが、レーティングと同じように、「企業そのものの格付け」とは違います。

レーティング情報は投資情報誌、ネットなどに掲載されています。重要なのは新規格付けです。どこかの調査機関が新しい格付け情報を出したときには、その後の株価に注目してみるとよいでしょう。

ただし、レーティング情報は数が多く、あふれています。それに一般投資家の場合、ほとんどの場合は株価が動いたあとに知らされることになります。投資判断に遅れが生じることが難点だといえるでしょう。

KEY WORD

利乗せ：買い乗せともいう。買ったあと急伸した株をさらに買い足して、大幅利食いを狙うこと。

利抜き：利乗せとは違って、一部の株式を売却して利益を確定し、残った株式のコストを下げる。手堅いやり方だ。

先人の知恵

相場格言

六

トレンドを確認せよ

◆漁師は潮目を見る
◆トレンドは継続する
◆天井の翌日は底ではない
◆大底の翌日は天井ではない
◆上昇に転じた相場は上昇を続ける
◆下降に転じた相場は下落を続ける
◆相場は豹変する

相場認識のポイント

◆もうはまだなり、まだはもうなり
◆押し目待ちに押し目なし
◆戻り待ちに戻りなし
◆買いやすい相場は下がる
◆売りやすい相場は上がる
◆天井3日、底100日
◆買い上手より、売り上手
◆大商いに買いなし
◆閑散に売りなし
◆相場はあまのじゃく
◆上り峠の茶屋、下り峠の温泉

石が浮かび、木の葉が沈む

株式市場は理不尽な世界である。矛盾に満ちている。株価はファンダメンタルズだけで決まるわけではない。優良株が売られ、業績が悪い企業が買われることもある。

チャンスを逃すな

◆寝て待てば果報は隣をすぎていく、起きてこちらに誘い込むべし
◆相場を学ぶのに王道なし

仕掛けのタイミングを探る

◆安値圏での出来高増は買いシグナル
◆短期的な視点と長期的な視点を分けて行動せよ
◆信用期日には買い向かえ
◆もち合い放れにつけ
◆大上っ放れ、大下っ放れは動きにつけ
◆暴落日の〝赤札〟銘柄を狙え!
◆高級魚は底に近いところにいる

7章 新興・海外市場とデリバティブ

SECTION

7-1 ジャスダック市場

取引所取引に移行して、よりスケールの大きいマーケットに

元々は相対売買だった

ジャスダック市場とは、従来、取引所を通さず証券会社の店舗内で業者と顧客が1対1の相対売買をする市場でしたが、現在は取引所取引に移行し、流動性は格段に高まっています。現在の名称はジャスダック証券取引所です。楽天、タカラバイオなどのユニークな企業が上場しています。

なお、大証ヘラクレスは現在、ジャスダックに併合されています。現在の所属は東京証券取引所です。

ジャスダック銘柄の売買は取引所取引に移行したために、取引の仕方は他のマーケットと基本的に同じになりました。その結果、以前はできなかった成り行き買い・売り注文もできるようになりました。ただし、寄り付き注文、引け成り注文、不成り注文（指し値がザラバ中に約定できなかった場合、引け成り注文に変更すること）などはありません。

いずれにしても、取引所取引への移行によって、売買面のメリット（立会い外取引、先物商品の取扱いが可能になることなど）が増え、投資家の利便性が向上しました。また、上場企業にとっては他の市場との重複上場が可能になった点も大きなメリットです。これまでジャスダック市場は、1部、2部市場を目指すための「通過市場」などともいわれてきましたが、今後は新興企業の資金調達の場として一段の

日経ジャスダック平均株価

KEY WORD

吹き値売り：株価が瞬間、高くなったところをすかさず売ること。しかし、現実には「もっと高くなるだろう」と思い、なかなか売れないもの。
ろうばい売り：悪材料が飛び出し、株価が一斉に下げる。われ先に売りに行く。このさまをろうばい売り、という。

●新旧制度の比較

	LP制度（新制度）	（ジャスダックの）MM制度	新制度効果
売買方式	オークション方式	マーケットメイク方式	統一化
届出対象銘柄	全上場銘柄	マーケットメイク銘柄	対象銘柄の拡大
約定形態	注文 ⇔ 注文 [投資者LP] [投資者LP]	マーケットメイカーの最良気配 ⇔注文	統一化
制限値幅	あり	なし	価格変動の限定
注文種類	指値注文・成行注文	指値注文	注文選択の拡大
約定順位	①価格優先 ②時間優先	①価格優先 ②時間優先	透明性の維持
注文表示	あり	なし （マーケットメイカー気配のみ表示）	可視性の向上

出所：大和総研

飛躍が期待されています。

●リクイディティ・プロバイダー制度を導入

２００８年４月１日、ジャスダック証券取引所は売買手法として**マーケットメイク制度**を廃止し、新たに**リクイディティ・プロバイダー制度**を導入しています。

リクイディティ・プロバイダー制度とはマーケットメイク制度におけるマーケットメイカーの提示気配に代え、リクイディティ・プロバイダー（証券会社）が自己の計算による注文をしてオークション方式に組み込んだ売買手法ということです。

ジャスダック証券取引所はリクイディティ・プロバイダー制度について、「取引参加者による流動性供給機能を生かすというマーケットメイク制度の長所を残しつつ、投資家にとってわかりやすく、参加しやすい売買制度になった」と説明しています。

SECTION

7-2 東証マザーズ

ハイリスクという認識が必要だが、ハイリターン

●経済成長の背後に新興市場あり

アメリカが甦った背景には5つの潮流、3つの改革があったといわれています。5つの潮流のうち、もっとも大きく寄与したのが「ベンチャー・ダイナミズム」の波でしょう。すなわち、1980年以降、マイクロソフト、インテル、サン・マイクロシステムズなどデファクト・スタンダード（事実上の国際標準）を獲得した若い企業を輩出したことです。これがアメリカ経済を活性化したのです。

この波は日本にも押し寄せています。新興市場の創設とその活況がそれを裏付けています。99年末に東証マザーズ、2000年6月には大証ヘラクレス（当初はナスダック・ジャパンとしてスタート）がつくられました。その後、名証セントレックス、札証アンビシャス、福証Qボードなど、新興市場が相次いで創設されています。

●新興市場では個人投資家が主役

東証1部は委託売買代金シェアの7割を外国人が占めていますが、新興市場（とくに東証マザーズ）は個人投資家が主役です。逆に委託売買代金シェアの6〜7割を占めています。

東証マザーズ指数は2012年6月4日の289ポイントを安値に、一気に3・7倍になりましたが、これは個人投資家の投資意欲の高さにほかなりません。

●2012年秋を底に3.75倍の暴騰

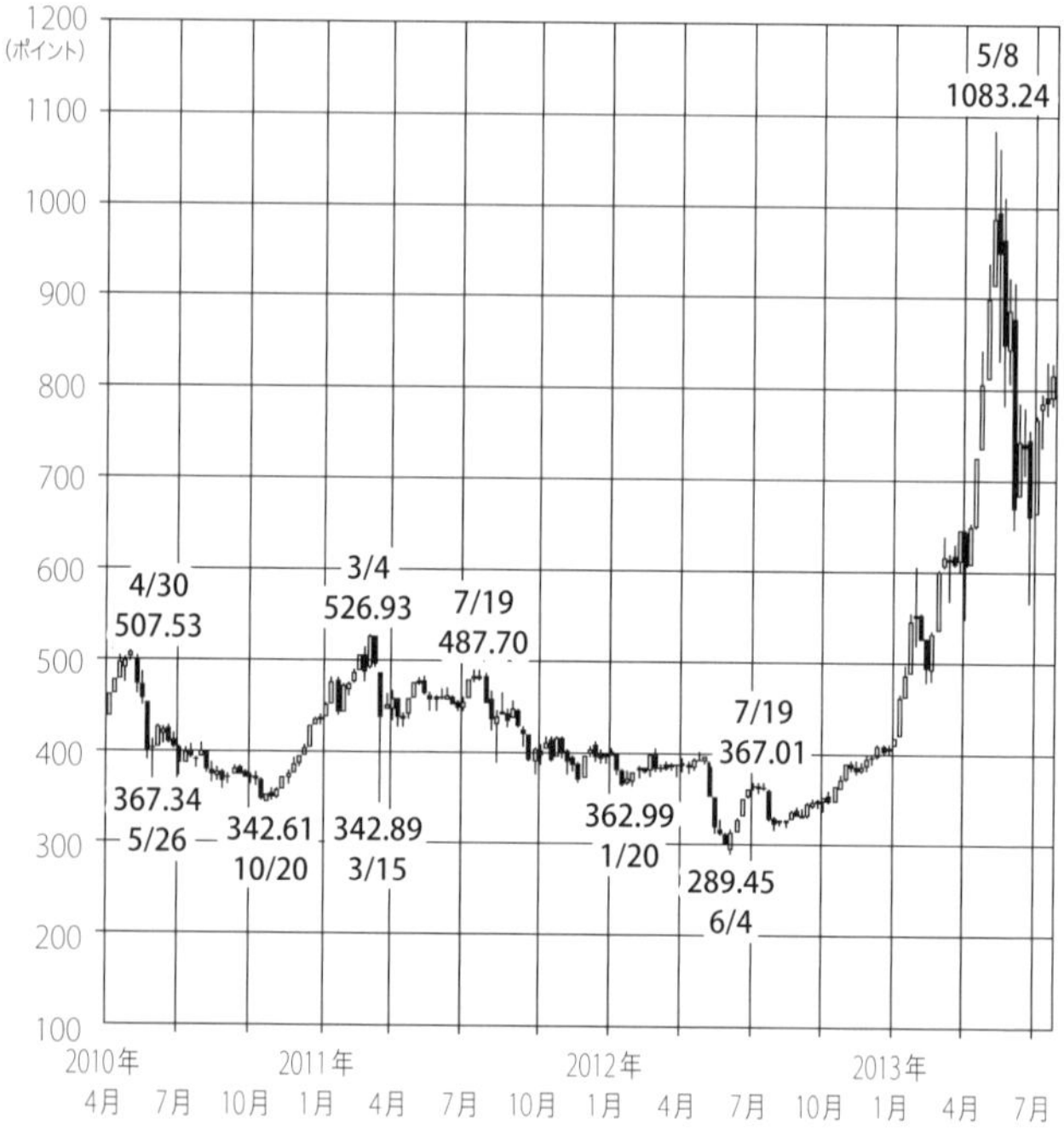

KEY WORD

やれやれの売り：買ったもののすぐに値下がり、辛抱し、やっと買い値近辺まで戻ってきた。「一時の損を考えればやれやれだ。とりあえず売っておこう」となる。

売り逃げ：うまく天井をつける前に売却し、手仕舞う。株式投資は売りのタイミングがむずかしい。やはり、何事も"腹八分"が肝心か。

SECTION 7-3

転換社債型新株予約権付社債

一定の確定利息を受けながら、株式転換やCBの売買でキャピタルゲインも

確定利息と株式の値上がりを狙う

商法改正により、従来の**転換社債**（別名CB）は**新株予約権付社債**のひとつとなりました。証券会社では転換社債型新株予約権付社債と呼んでいるようです。ここでは従来どおり、転換社債のままで説明します。

CBとはConvertible Bondという英語の頭文字をとったもので、直訳すると「転換できる債券」つまり「株式に転換できる社債」という意味です。

当初、CBは社債として発行されます。その社債に、発行会社の株式に転換できる権利が付けられています。〝甘味剤〟付き社債という人もいます。株式に転換する場合、募集時の株価を若干上回る一定価格（これを転換価格という）で株式に転換できます。

転換社債は社債として一定の確定利息をもらいながら、株式の値上がりがあれば株式に転換し、キャピタルゲインを手にすることができます。また、転換社債自体が市場で取引されていますから、そのまま売買して、値上がり益を得ることも可能です。このため、CBは社債として金利動向の影響を受けるほか、株式市場の動きにも左右されます。

MSCBには注意が必要

CBは通常、100万円券が主流です。額面はふつう100円ですから、時価100円

●CBと株価の関係は

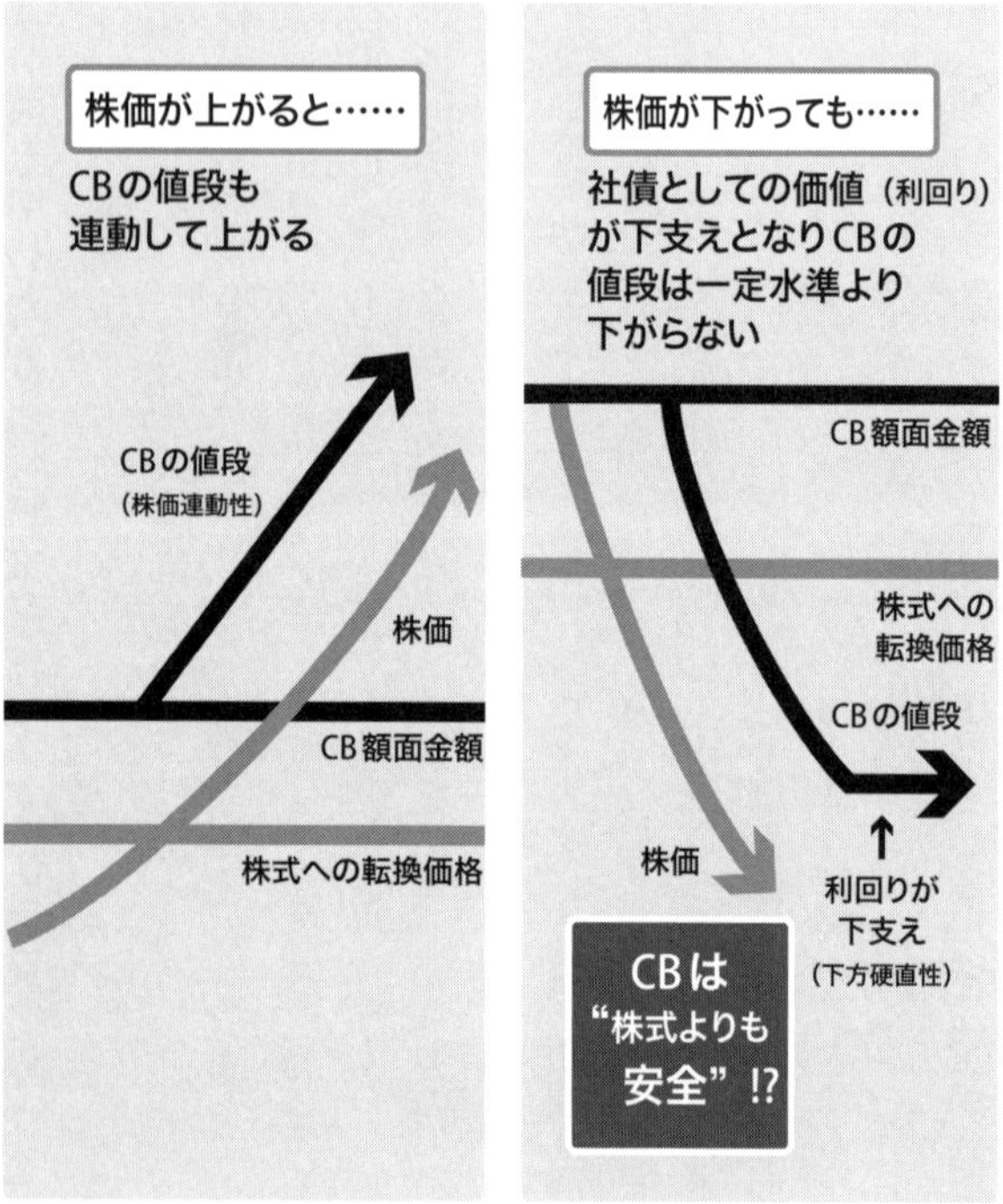

株価が上がると……
CBの値段も
連動して上がる
CBの値段
(株価連動性)
株価
CB額面金額
株式への転換価格
株価が下がっても……
社債としての価値(利回り)
が下支えとなりCBの
値段は一定水準より
下がらない
CB額面金額
株式への
転換価格
CBの値段
株価
利回りが
下支え
(下方硬直性)
CBは
"株式よりも
安全"!?

KEY WORD

日計り商い：買ったその日のうちに利食うこと。もちろん、売り先行もある。超目先の短期売買。しかし、個人投資家がこればかりを狙うと、必ず落とし穴にはまる。現在のデイトレーダーがそう。

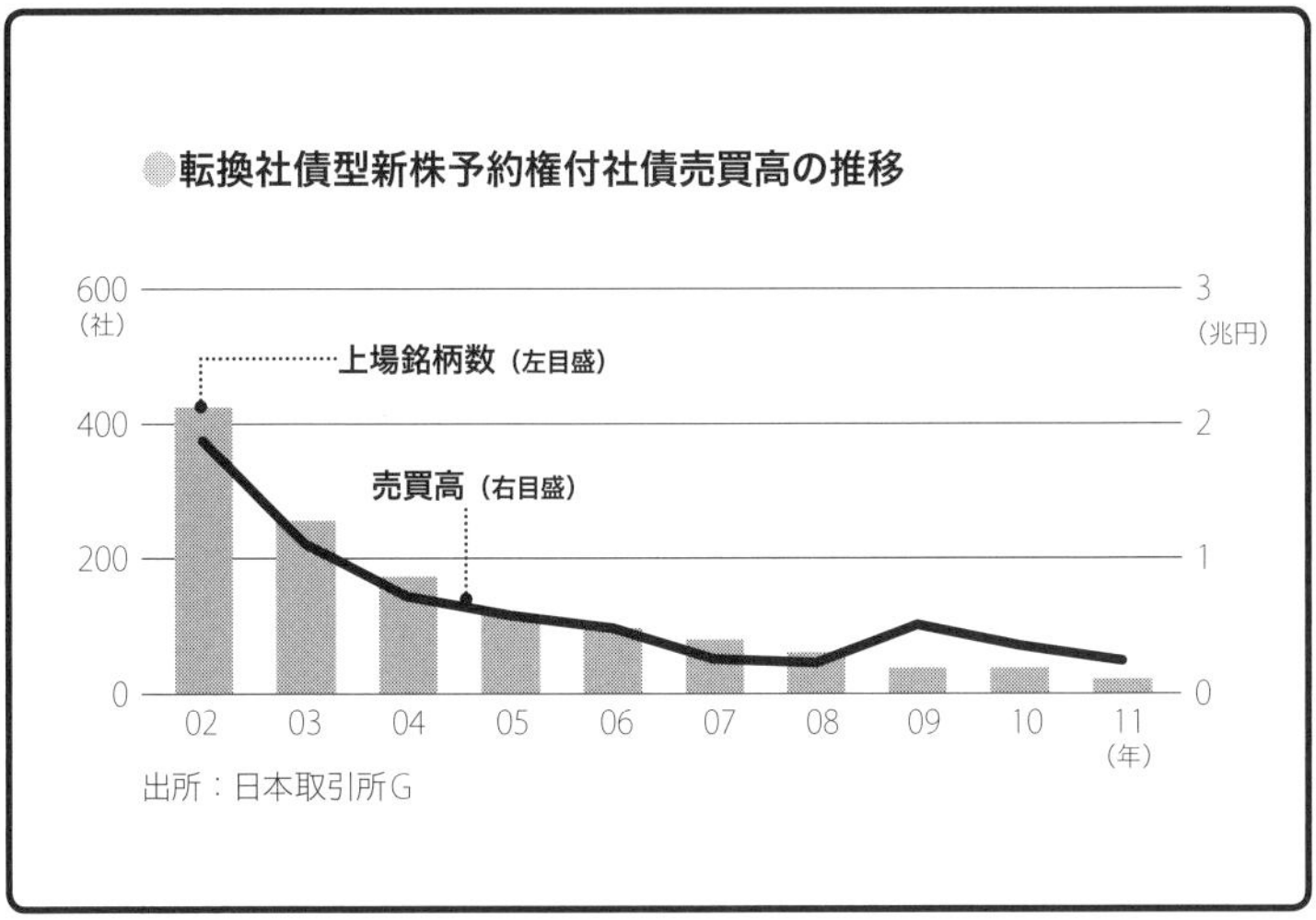

の転換社債を買うには100万円の資金（手数料は含まず）が必要になります（時価／額面×100万円）。

なお、一時期、話題になったMSCBとは転換価格に下方修正条項が付いたCBです。ライブドアなどが発行して市場の関心を集めました。MSCBは引き受け手が貸し株を使って株価を売り叩くのが普通です。株価が下がると、株式に転換した場合の株数が増え、一段と有利になるからです。

もちろん、既存の株主には当初はデメリットばかりです。株式の価値は希薄化しますし、株価は急落します。しかし、売りが一巡すると、調達資金を元手に新規事業がスタートするとの思惑もあり、株価は上昇に転じることもあります。

このMSCBをはじめ無利息の転換社債も増えています。

SECTION 7-4

新株予約権証券

いわば権利に値をつけて売買するもの。ギャリング効果期待と紙クズの恐怖

●株式を買い付ける権利

従来の**新株引受権付社債**（ワラント債）は、商法改正により、転換社債と同じ新株予約権付社債と呼ばれることになりました。債券部分を切り離した従来のワラントは**新株予約権証券**と呼ばれます。ただし、商品性は変わりませんので、ここでは従来どおりワラント、ワラント債と呼ぶことにします。

そもそもワラントとは、発行時に定められた一定条件（価格、数量、期間）で、その会社の株式を買い付けることのできる「権利付証書」のことをいいます。従来ワラント（新株引受権証書）は当初、普通社債に付けられた形で、ワラント債として発行されていました。

これが、発行後に、ワラント部分と債券部分（いわゆるポンカス）に切り離され、それぞれ別の流通市場で売買されます。商法改正後は切り離しのできない**非分離型ワラント債**は新株予約権付社債として発行され、切り離し可能な**分離型ワラント債**は新株予約権証券と普通社債のセットとして発行されます。新株予約権証券単体で発行されることもあります。

現在、日本で売買されているワラントの大半は、1986年以降に販売が解禁された**ユーロドル建てワラント**です。ワラントは新株を引き受けるという意味において、転換社債型新株予約権付社債（以下、CB）とよく似た性格と判断されがちですが、いくつかの相違

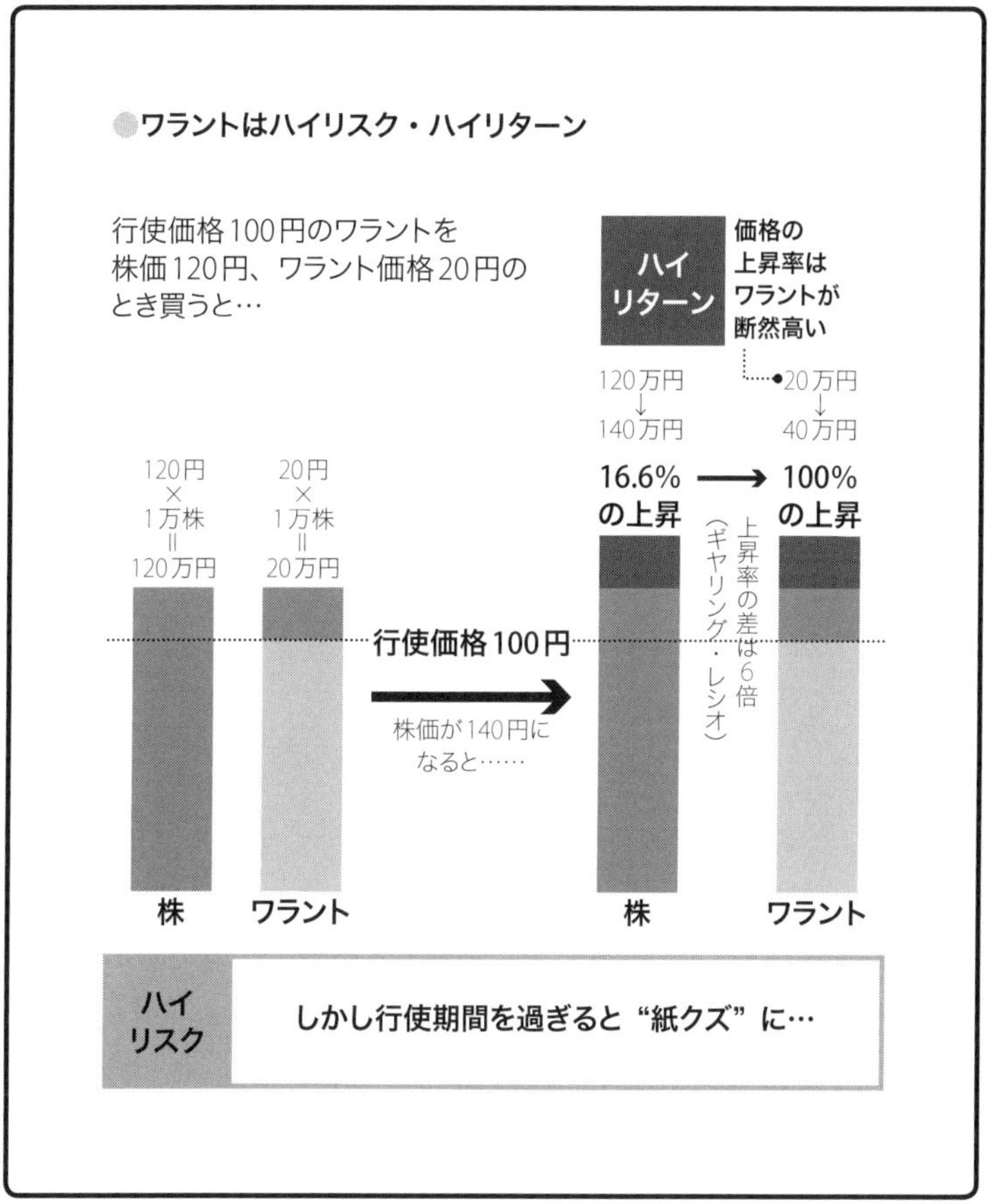

KEY WORD

手口：市場取引を行なった証券会社の売り、買いのこと。「野村証券の買い手口が目立っている」などと使う。市場情報のなかでも有効なデータのひとつ。

毒性廃棄物：MSCBは毒まんじゅうといわれるが、サブプライムローンショックで話題になったCDO（合成債務証券）エクイティは毒性廃棄物と呼ばれている。

点があります。

すなわち、①ワラントは権利（プレミアム）の売買であり、CBと異なり、新株を引き受ける際はワラント買い付け代金とは別に権利行使代金を支払わなくてはならない、②ワラントにはCBのように利息が付かず、償還時償還金もない、③ワラントは行使期限が過ぎると、無価値になる、という点です。

とくに、③のところは〝紙クズ〟ワラントの恐怖、などと一時、損失を受けた被害者の話と一緒にマスコミを賑わしました。

ハイリスク・ハイリターン

リスクが高ければリターンも大きい。ワラントはその最たるものといっていい商品です。

たとえば、株価120円、行使価格100円、ワラント価格20円（プレミアムを考慮せず）のケースでみてみましょう。

株式を1株買うと120円が必要（最低売買単位はここでは考慮しない）ですが、1株分のワラントは20円ですみます。ここで株価が120円から140円に上昇するとワラント価格も20円から40円と、ともに20円上がります。

しかし、値上がり率は株価が16・6%なのに対して、ワラントは100%です。ワラントの上昇率は株価の上昇率の6倍となり、これを**ギヤリング・レシオ**と呼びます。そしてこうした効果を**ギヤリング効果**というのです。

なお、外貨建てワラントの売買は証券会社との相対取引（国内発行銘柄は取引所取引）です。WB（ワラント債）マーケットが形成されているため以前ほど証券会社によって値段が違うことはありませんが、それでも異なることがありますので注意してください。

なお、一部の証券会社等ではカバードワラントという商品を扱っていますが、これは対象企業以外の発行するワラントという意味で、実際はオプションを利用した商品です。

SECTION 7-5

ETF（株価指数連動型上場投資信託）

株価指数に連動し、リアルタイムで売買できるファンド

●上場された投資信託

ETF（株価指数連動型上場投資信託）とは、Exchange Traded Fundの略であり、株価指数に連動する投資信託です。

株価指数に連動する投資信託という意味では、**インデックスファンド**とどう違うのかという指摘があると思います。

ETFがインデックスファンドと決定的に違うのは、「証券取引所に上場されている」ということです。そして、リアルタイムでの売買が可能で、かつ、従来の投資信託にはなかった、自分の指定した価格での売買の注文を出すことができます。

いわば、ETFはインデックスファンドと株式の特徴を兼ね備えた商品との見方もできます。もちろん、どこの証券会社でもどの銘柄でも売買が可能です。

保有コストが安いのも魅力です。投資信託を運用していく費用として運用資産から一定の比率で差し引かれる信託報酬が、いままでのインデックスファンドに比べ3分の1、10分の1と低く設定されています。

投資金額も、1単位当り10万～20万円になるように設定されています。毎月1万円以上の一定額を積み立てる「るいとう」の対象銘柄としている証券会社もあります。

税制面では、ETFの分配金（株式の配当に相当）、売却益は株式と同じ取扱いです。

ETFと株式、従来の投資信託の比較表

	株式	ETF	従来の投資信託
購入する場所	全銘柄全国の証券会社どこでも購入可能(※)		取り扱っている証券会社が限定
購入価格 売却価格	自分で指定することが可能		指定不可能
銘柄名・価格の確認方法	一般紙の株式相場欄に毎日掲載	一部の銘柄の価格についてはテレビニュース等で概略の把握が可能	専門紙を見るか取扱証券会社に確認
信託報酬	なし	0.1～0.2%程度	0.6%以上が大半
リスク	個別銘柄にかかわるリスクあり	多数の銘柄に投資することにより、個別銘柄にかかわるリスクは分散される	

※ETFについては、2002年4月1日より、全国の銀行の窓口でも購入が可能となるように、関係法令が改正されている

ETFのリスク

①価格変動リスク
ETFは、原則として全資産を株式で運用する商品。したがって、組み入れた株式の値動き等によって市場価格が上下するので、これによって投資元本を割り込むことがある。また、ETFは取引所に上場し売買されることから、その市場価格は需給や様々な要因で変動することとなる。

②信用リスク
ETFは組み入れた銘柄の経営・財務状況の変化等により、投資元本を割り込むことがある。また、収益分配金を保証したものではない。

③流動性リスク
ETFは取引所に上場し売買される商品。そのETFの取引量が少ない場合は、株価指数等の市場実勢から見込まれる価格で売買できないリスクがある。

④基準価額とのカイ離リスク
ETFは株価指数に連動するよう運用される商品であり、基準価額の変動率を株価指数の変動率に一致させることを目指している。ただし、両者が一致して推移することが保証されるものではない。また、ETFの市場価格は、需給等に左右されるので、基準価額や株価指数の動きと一致することが保証されるものではない。

KEY WORD

煽る：あおる。相場を自分の思いどおりに導くために大量の買い注文を出したり、ひんぱんに売り買いを繰り返し、相場を動かすこと。反対語は売りたたき。
金ETF：2007年8月、大証に金価格に連動するETFが上場した。ETF多様化の第1歩と期待されている。

●日銀のETF購入額と日経平均

注：6月18日時点
出所：日銀、ブルームバーグよりみずほ証券エクイティ調査部作成

●売買の仕方は株式と同じ

ＥＴＦの売買・決済制度は通常の株式と同じルールです。指し値、成り行き注文が可能ですし、売買単位はそれぞれ異なっていますが、基本はＴＯＰＩＸ型が１００口、日経平均型が10口です。

しかし、ＥＴＦの商いは期待されたほど盛り上がりません。なぜでしょうか。

個人はいまやネットトレーダーが主役です。彼らは個別銘柄に比べて値動きの乏しいＥＴＦに魅力を感じていないのです。このため、２００７年より、連動する指標を広げるなど多様化の取組みが始まっています。

ＥＴＦの本数は年々増加し、現在、１００本を超えています。最近は高配当、環境重視など、特定のテーマに着目したものや、変動率が対象指数の2倍に連動するレバレッジ型、マイナス1倍に連動するインバース型など、多様なＥＴＦが登場しています。

SECTION 7-6

株価指数先物

現物株市場に多大な影響を与える

●世界で最初は堂島の米相場

先物取引の歴史は古く、古代ギリシャまで遡るといわれます。しかし、制度化された先物取引としては、18世紀前半に始まった大阪の堂島米市場が世界で最初とされます。

日本で本格的な**株価指数先物取引**がスタートしたのは1988年9月でした。日経平均株価を対象にした「**日経平均株価先物**（ニッケイ225）」とTOPIX（東証株価指数）を対象にした「**TOPIX先物**」です。その後、94年2月に日経株価指数300を対象とする「**日経株価指数300先物**（ニッケイ300）」が、2001年6月にはS&P／TOPIX150先物が始まりました。現在は4つの株価指数先物の取引が、TOPIXは東京証券取引所、ニッケイ225と300は大阪取引所でそれぞれ行なわれていますが、今後、デリバティブ取引は大阪取引所に統合されます。商いがいちばん多いのはニッケイ225です。

取引単位はTOPIXが原価格の1万倍、日経225が1000倍となっています。手数料は99年10月1日に先物・オプション取引に係る委託手数料が完全に自由化されていますが、それぞれの会社ごとに異なっていますが、最近はかなり安いところも現われています。

●将来の差金決済が前提

先物取引は将来の一定時期（限月）に契約

先物取引による損失と利益

将来の値上がりを予想した場合

先物買い

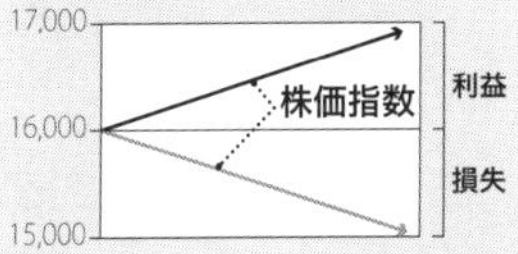

利益（予想どおり）	損失（予想がはずれた）
16,000円で買う	16,000円で買う
↓	↓
17,000円で売る	15,000円で売る
↓	↓
1,000円の利益	**1,000円の損失**

将来の値下がりを予想した場合

先物売り

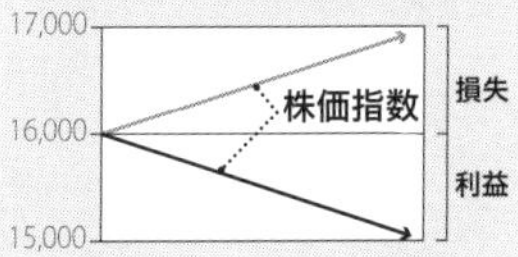

損失（予想がはずれた）	利益（予想どおり）
16,000円で売る	16,000円で売る
↓	↓
17,000円で買う	15,000円で買う
↓	↓
1,000円の損失	**1,000円の利益**

KEY WORD

ボラティリティ：変動率のこと。オプション料を計算するとき、今後相場がどう変動するかが重要なポイントになるが、これを予想変動率と呼ぶ。相場の変動を計る体温計のようなもの。相場の上下が激しいときはボラティリティが高い、逆に動かないときはボラティリティが低いという。

●4つの株価指数を比べると……

	東証株価指数（TOPIX）	日経平均株価（225種）	日経株価指数300	S&P/TOPIX150
発表媒体	東京証券取引所	日本経済新聞社	日本経済新聞社	東京証券取引所
構成銘柄	東証1部上場全銘柄	東証1部上場225銘柄	東証1部上場300銘柄	東証1部上場150銘柄
基準値	'68年1月4日を100	'49年5月16日を176.21	'82年10月1日を100	'97年12月30日を1000
算出方法	時価総額方式	単純平均方式	時価総額方式	時価総額方式

時の決定価格と対象指数との差金決済を行なう条件で指数を売買する取引で、その利用方法には、①**スペキュレーション**（投機）、②**ヘッジ取引**、③**裁定取引**、④**スプレッド取引**などがあります。

「裁定取引に伴う現物買いに日経平均が上昇」とよく新聞記事で見かけます。これは、日経平均先物と現物指数である日経平均株価指数との差が開いたとき、割高な先物を売って割安な現物を買う、裁定取引によるものなのです。

なお、決済の方法には、①反対売買、②最終決済があり、②の場合には建約定価格と特別清算指数（S．Q．）で**差金決済**されることになります。

なお、ミニ日経平均先物やミニTOPIX先物は個人向けにマトを絞った株価指数先物です。通常の日経225先物やTOPIX先物の10分の1の単位で取引ができます。

指数オプション

代表的なデリバティブ取引

古代ギリシャ時代から存在する取引

オプション取引の起源としては、古代ギリシャ時代にオリーブの収穫量を予想して圧搾機を利用する権利を売買したとか、17世紀初めのオランダにおいてチューリップの球根をオプション取引したなどの記録が残っています。

日本での**株価指数オプション取引**は現在、**「TOPIXオプション」**（東京証券取引所）、**「S&P/TOPIX150オプション」**（同）、**「日経平均株価オプション」**（大阪証券取引所）、**「日経株価指数300オプション」**（同）の4種類が売買されています。

オプション取引とは、ある商品（原証券）を定められた価格で将来のある期日以内に「買う権利」（**コール**）と「売る権利」（**プット**）を売買するものです。期日とは権利行使の期限のことです。取引の種類はコールを「買う」「売る」とプットを「買う」「売る」の4つです。

株価が高くなると思えばコールを買うか、プットを売る、逆に株価が安くなると思えばコールを売るか、プットを買えばいいのです。

なお東証は、売買代金と時価総額を基準に上場銘柄を分類した6種類の指数（1998年4月より）をスタート。また、ジャスダックでも市場を代表する銘柄を「J-stock」として選定し、2002年4月より指数の算定を始め

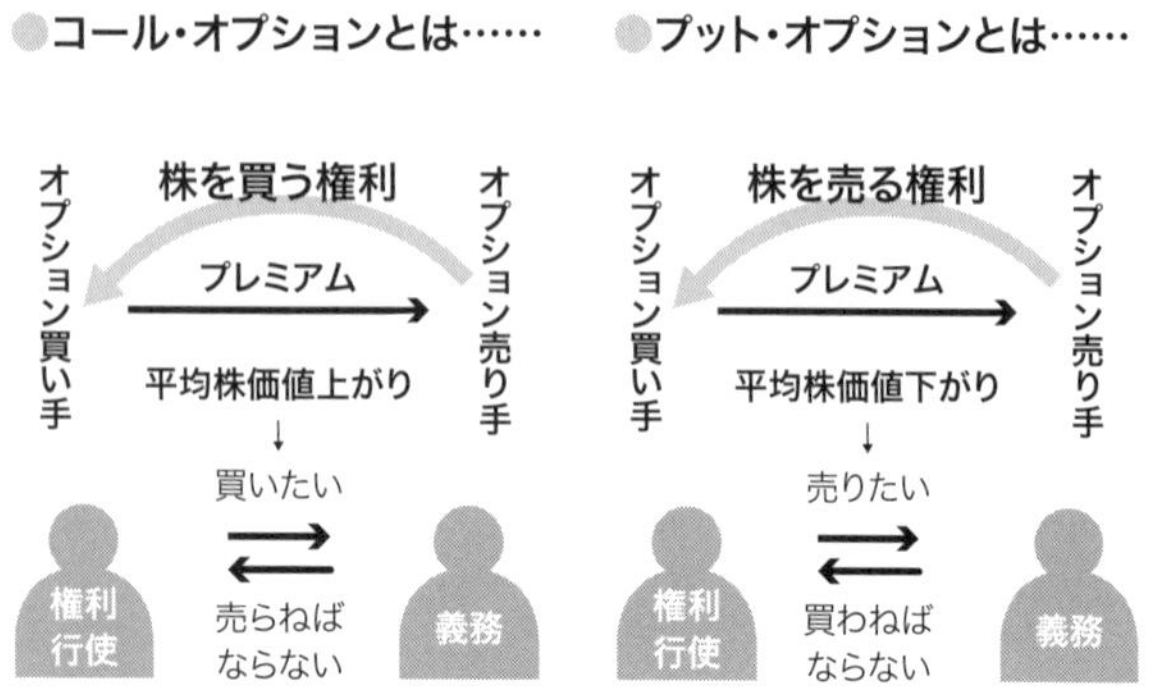

ています。2007年6月スタートのTOPIXcore30先物取引をはじめ、将来、先物やオプションが上場される予定です。

●さまざまな目的・効果がある

オプション取引のメリットは、①現物投資の代替物として使う、②レバレッジ効果によって現物投資以上の投資効率を狙う、③リスクの限定・移転に使う、④現物取引にない損益パターンをつくり出す、⑤現物投資によるリスクをヘッジするために使う、などがあります。

④としては、市場の上げ下げの方向には関係なく、市場価格が大きく変動するときに収益が上がるストラドルの買い（同じ行使価格のコールとプットを同じ量だけ買う）、市場価格が動かないときに収益が上がるストラドルの売り（同じ行使価格のコールとプットを同じ量だけ売る）などの手法があります。

●オプションの売買で損益はこうなる

コール・オプションを売買する場合

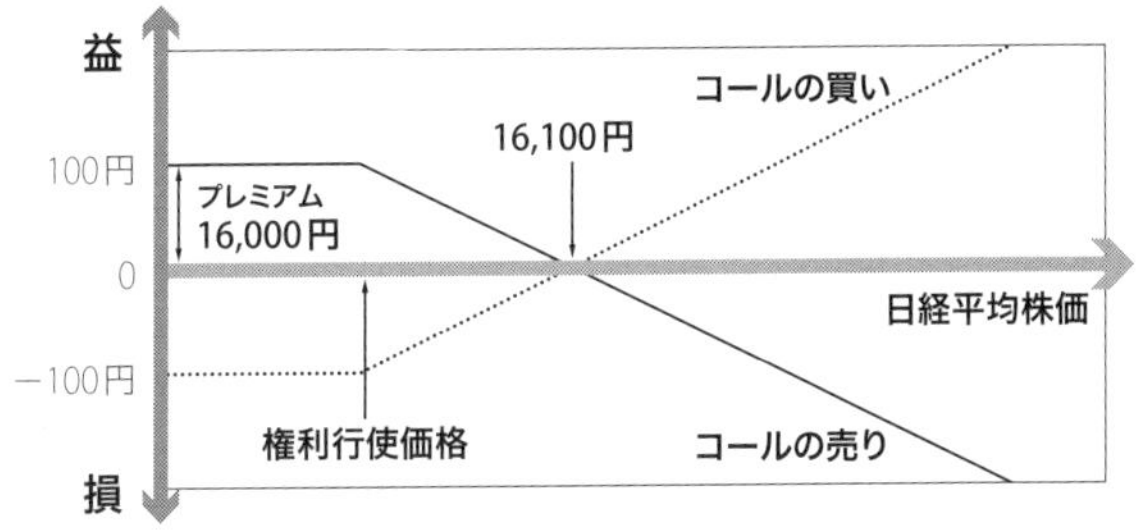

プット・オプションを売買する場合

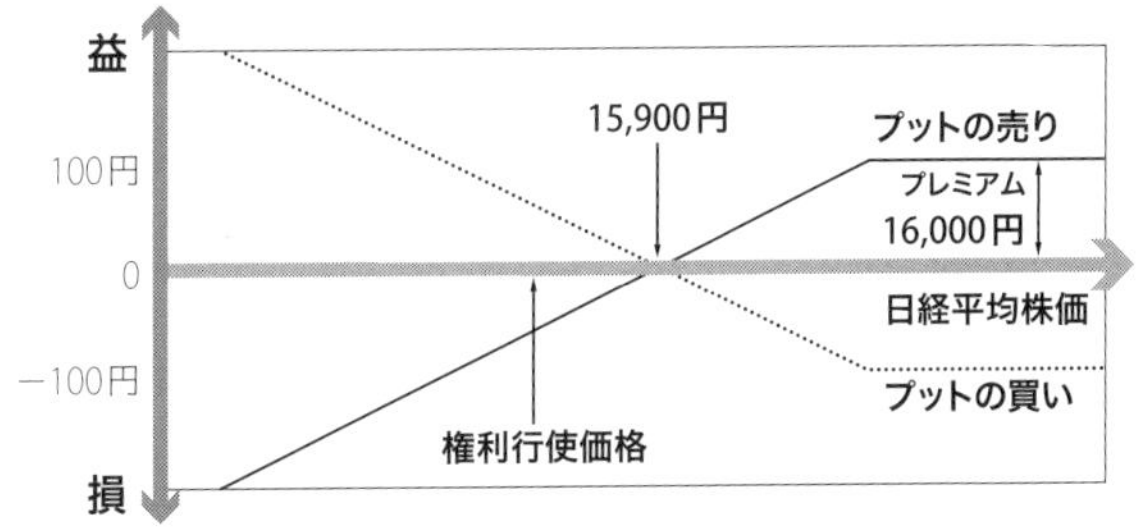

注：権利行使価格16,000円のコール・オプションまたはプット・オプションを100円のプレミアム（オプション料）で売買した場合の損益

KEY WORD

ヘッジ取引：相場の変動から受けるリスクを避けるために行なう取引。スペキュレーション（投機）と異なり安全指向の取引。なお、ヘッジファンドはヘッジも行なうが、それだけではなくデリバティブを駆使して高い運用利回りを狙うファンドのこと。

SECTION 7-8

個別株（株券）オプション

株価が上がると思えばコールを買いプットを売る、下がると思えば反対

1997年に登場

個別株（株券）オプションは、個人投資家も参加しやすいデリバティブ（金融派生商品）として1997年7月に登場しました。

オプション取引とは、ある商品を将来の一定の期日（満期日）までに、あらかじめ定められた価格（権利行使価格）で買ったり、売ったりする「権利」を売買する、というものです。

個別株オプションの場合は、この対象商品が文字どおりソニーやNTTといった個別株式になります。「個人も参加しやすい」とされ、期待されましたが、これまでのところ盛り上がりに欠けています。

買い付ける権利のことを「**コール・オプション**」、売り付ける権利のことを「**プット・オプション**」と呼びます。

あらかじめ定められた満期日までの期間中にいつでも権利行使できるタイプが「**アメリカンタイプ**」、満期日にしか権利を行使できないタイプが「**ヨーロピアンタイプ**」と呼ばれます。

売り手になるには細心の注意が必要

オプションの買い手は「権利」（買う権利、ないし売る権利）を取得する対価として、売り手に「**プレミアム**」というオプション料を支払う義務が生じます。

一方、売り手はプレミアムを受け取ること

相場局面とオプション投資戦略

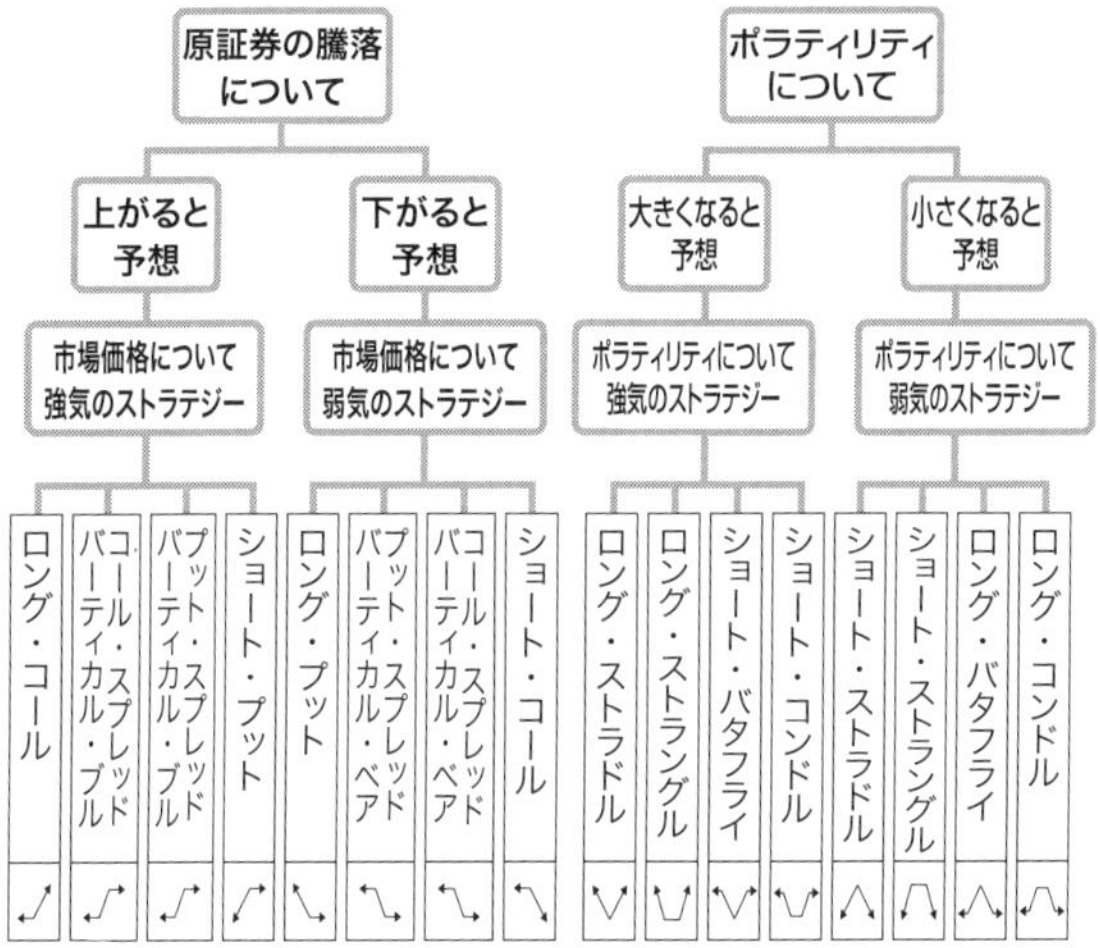

	ロング・コール	コール・スプレッド バーティカル・ブル	プット・スプレッド バーティカル・ブル	ショート・プット	ロング・プット	プット・スプレッド バーティカル・ベア	コール・スプレッド バーティカル・ベア	ショート・コール	ロング・ストラドル	ロング・ストラングル	ショート・バタフライ	ショート・コンドル	ショート・ストラドル	ショート・ストラングル	ロング・バタフライ	ロング・コンドル
利益	無限定	限定	限定	限定	無限定	限定	限定	限定	無限定	無限定	限定	限定	限定	限定	限定	限定
損失	限定	限定	限定	無限定	限定	限定	限定	無限定	限定	限定	限定	限定	無限定	無限定	限定	限定

※「ロング」は買い、「ショート」は売り

KEY WORD

レバレッジ効果：デリバティブでは少ない元手で多額の取引ができるレバレッジ（てこ）の効果がある。米国のヘッジファンドはこの特質を生かして投機的な運用を行なうことが多い。為替や債券、そして株式市場でよく話題になる。

●株券オプション取引の損益

株価	コール買方	コール売方	プット買方	プット売方
上昇	**利益**（無限）	**損失**（無限）	**損失**（オプション料に限定）	**利益**（オプション料に限定）
下降	**損失**（オプション料に限定）	**利益**（オプション料に限定）	**利益**（無限）	**損失**（無限）

ができる半面、買い手に権利行使されれば、必ずそれに応じなくてはなりません。

株価変動の読みと基本的な売買の関係は次のようになります。

株価が上昇すると思えば↓「コール・オプションを買う」ないし、「プット・オプションを売る」。逆に、株価が下落すると思えば↓「コール・オプションを売る」ないし、「プット・オプションを買う」。

ハイリターン・ハイリスクの商品だけに、こうした基本以外に十分な研究が必要です。

個別株オプションは取引所で取引される上場商品ですが、店頭デリバティブの解禁で金融機関が相対でオプションを取引することが可能になりました。これを利用しているのがポケット株などといわれるカバードワラントです。特定の証券会社が株価指数や個別株のオプションの値付けをしています。

SECTION 7-9

外国株

円安に向かうなら外貨資産への投資に妙味

円高トレンドは終了した？

為替市場では円安が進んでいます。この背景にはアベノミクスの断行（デフレ脱却、円高阻止に対する強い決意→大胆な金融政策、機動的な財政政策、明確な成長政策の推進）に加え、突出した日本の財政赤字（公的債務残高比率は237％、あのギリシャですら171％）があります。

すでに、1971年8月のニクソン・ショック以来の超円高トレンドは完全に終わったのではないでしょうか。

円安は国内資産を目減りさせます。それに、アベノミクスは基本的にリフレ→インフレ政策です。したがって、資産を守るためには外貨資産を保有することが必要です。社債、ファンド、株式、通貨（ドル、豪ドル、メキシコペソ、ユーロ）などにより、今後は資産の2～3割を外貨にするぐらいの覚悟が求められます。

外貨資産は証券会社で購入できます。ただし、中堅証券では取り扱っていない商品もあります。調べてみることが必要です。

欧米の株式には、日本にはない魅力的な投資先があります。3Dプリンター、シェールガス関連の3Dシステムズ、ストラタシス、ハネウェル・インターナショナル、ゼネラル・エレクトリックなどに注目できます。

また、NY市場には25年以上、増配を続けている企業が30社近くあります。

世界の時価総額ランキング（2014年末）

順位	企業名	国（地域）名	主な産業	時価総額（百万米ドル）
1	**アップル**	アメリカ	ハードウェア＆機器	647,361.00
2	**エクソンモービル**	アメリカ	石油・天然ガス	391,481.90
3	**マイクロソフト**	アメリカ	ソフトウェア＆コンピュータサービス	382,880.30
4	**バークシャー・ハサウェイ**	アメリカ	保険	370,652.60
5	**グーグル**	アメリカ	ソフトウェア＆コンピュータサービス	329,768.50
6	**ペトロチャイナ**	中国	石油・天然ガス	305,536.10
7	**ジョンソン・エンド・ジョンソン**	アメリカ	医薬品・バイオテクノロジー	292,702.80
8	**ウェルズ・ファーゴ**	アメリカ	銀行	284,385.60
9	**ウォルマート**	アメリカ	総合小売	276,807.40
10	**中国工商銀行**	中国	銀行	271,146.10

出所：Financial Times Global 500

KEY WORD

ストップ・オーダー：「逆指し注文」のこと。あらかじめ指定した株価以上になったら成り行きで買いを出し、指定した株価以下になったら成り行きで売りを出すもの。これにより、自動的に損切りや利益確定ができる。指し値で行なう場合はストップ・リミット・オーダーという。一部ネット証券で可能になっている。

SECTION 7-10

欧米市場

世界最大のNY市場。欧州市場は1つの経済圏として再発展の可能性あり

基本は上昇波動

世界最大の株式市場といえば米国のニューヨーク証券取引所（ＮＹＳＥ）です。

ニューヨーク株式市場は、１９８０年代初頭まで長期間のもみ合いを続けたあと、途中**ブラックマンデー**（87年）を挟みながら上昇波動を描いてきました。とくに日本がバブル崩壊で株式市場の暴落が始まった90年以降は強調展開となり、97年7月にはＮＹダウが史上初の８０００ドル台乗せを達成しました。これはエマージング市場の不振→資金のドル回帰、企業収益の好調などを反映したものです。ＮＹダウは82年8月12日の７７６ドルを安値に、２０００年1月14日には1万１７２２ドルまで15倍の急騰を演じたのです。

その後、景気過熱に伴うインフレ防止のための利上げ懸念があって、株式市場も調整しましたが、２００１年9月11日の**同時多発テロ**のショックはＦＲＢの利下げ効果もあり、短期間に落ち着きを取り戻しました。ただ、その後は**エンロン・ショック**に続き、ワールドコム、メルク、ゼロックスなど会計疑惑の高まりもあって、調整を続けていましたが、２００７年10月9日には1万４１６４ドルと、当時としては史上最高値を更新しています。

大量の資金提供（QE）で落ち着く

その後、サブプライムローン・ショックに

●主要市場のバリュエーション比較

		PER 今期（倍）	PER 来期（倍）	PBR実績（倍）	配当利回り（%）	ROE今期（%）
日本	TOPIX	15.8	14.4	1.41	1.75	8.7
米国	S&P500	17.5	15.6	2.83	2.08	15.5
	NASDAQ	21.7	18.8	3.66	1.15	16.5
英国	FT100	15.9	14.1	1.85	4.02	11.6
ドイツ	DAX	13.9	12.6	1.71	2.94	12.2
フランス	CAC40	15.8	14.0	1.52	3.43	9.4

注：決算年度は日本以外が暦年、日本が年度。7月3日時点のデータ。PER、配当利回り、ROEの値はBloomberg予想値。
出所：BloombergよりMUMSS作成

直撃され、世界金融マーケットはそろって大波乱に陥りましたが、オバマ政権、およびバーナンキFRB議長の迅速、かつドラスチックな政策対応があり、現在は史上最高値を更新中です。

なにしろ、FRBはFFレートを一気に5・25%↓0・00〜0・25%と、5・0ポイントも引き下げたのです。さらに、日銀はECBと連携し、大量の資金提供を行なっています。これらの政策対応を好感し、ニューヨーク市場、ヨーロッパ市場ともに底固い動きに転じています。

海外市場の動向は東京マーケットにも大きな影響を与えます。外国人が委託売買代金シェアの7割を占めているうえ、国内投資家も心理的に影響を受けるのです。とくに、ナスダック指数と日経平均株価はともにハイテク株指数といわれることもあり、値動きが似通っています。

SECTION

7-11 中国株とBRICs

インド、中国などの「潜在力」は魅力

日本の昭和30〜40年代のイメージ

ここ数年、アジアの株式市場に世界各国の資金が流入しています。背景はそれぞれの国の経済の飛躍的発展にあるわけですが、日本にたとえればまだ昭和30年代、40年代といわれる国々が多い、いわゆる**エマージング・マーケット**（新興工業国市場）です。

人件費でみると、2000年初めの時点では日本を100とすると、中国が4、ベトナム、ミャンマーが1といわれていました。それだけに、製造業の発展が期待でき、株式の投資先としては長期的に見て魅力ある市場として、これからも熱い視線が注がれることでしょう。

高い経済成長率

アジア市場といってもさまざまです。普通はアセアン5か国（シンガポール、マレーシア、タイ、インドネシア、フィリピン）とアジアNIES（台湾、韓国、香港）を指し、それ以外では社会主義国でありながら経済開放を進め、証券取引所までも開設した中国を含めることも多いようです。

アジアの経済成長は目を見張るものがあります。それは、まるで戦後の日本が高度経済成長を遂げたのと符合するかのようです。

実質経済成長率で日本とアジアを比較すると、1960年代は日本が約11%、アジアが4%強だったのが70年代に入ると日本が5%

●アジア主要国と日本の１人当たりGDP

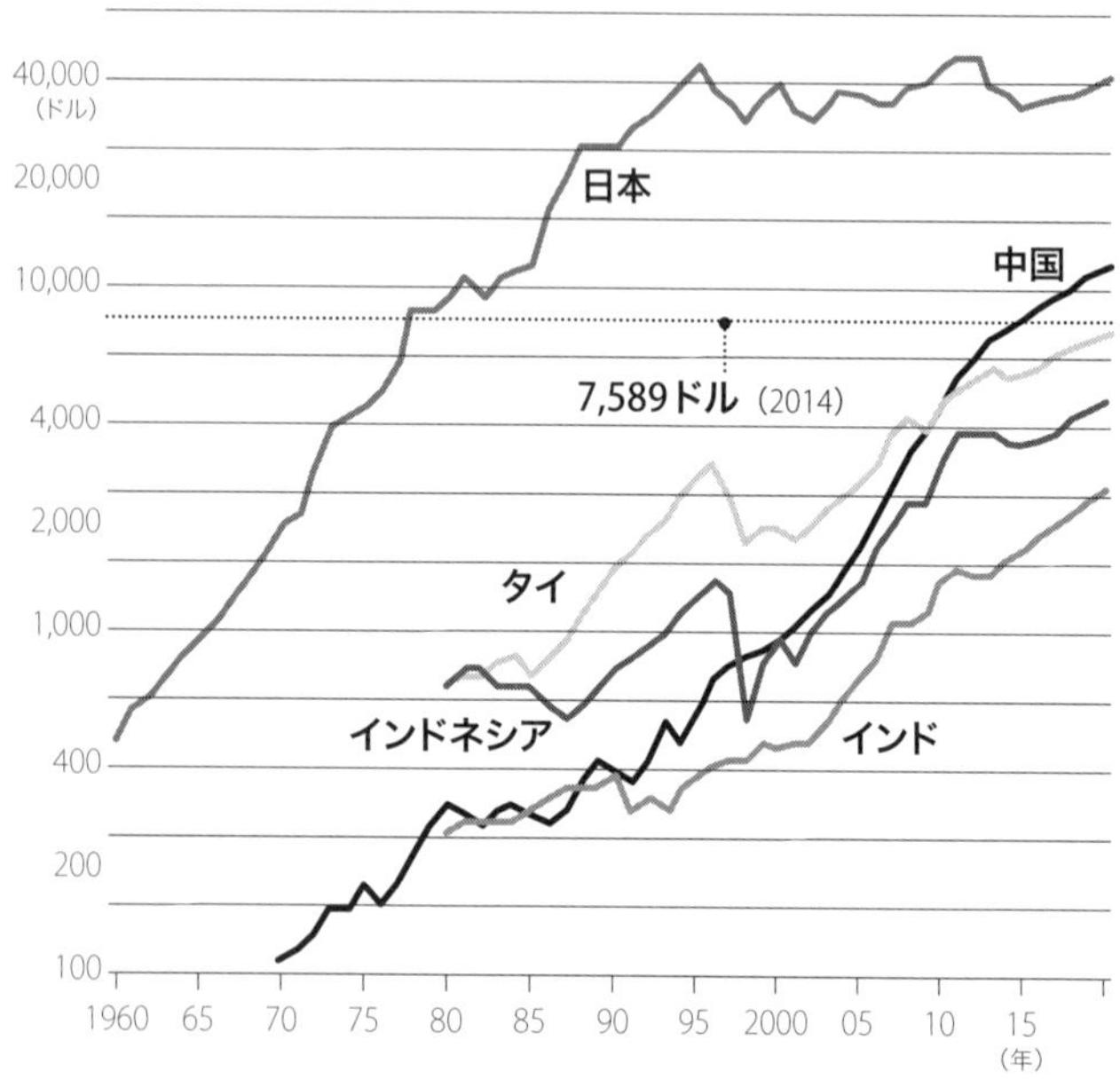

注：1980年以前は各国経済指標データ、1980年よりIMFデータにて接続。
2015年以降の値はIMFの予測値
出所：IMFおよびThomson Reuters DatastreamよりMUMSS作成

KEY WORD

肩代わり：持っている株式を仕手グループが会社側（グループ企業）に引き取らせたり、機関投資家の玉（株式）を証券会社の個人向け営業部門に買い取らせたりすること。

強に低下、アジアは逆に6％強の上昇と逆転してしまいました。その差は約1％です。これが80年代には2・8％に開き、90年代以降は5％以上に開いています。アジアの経済成長は、従来の域外貿易から域内貿易が盛んになったこと、さらにその域内貿易が膨らむことから、短期的な振れはともかく、高い伸びになることが予測されています。

インドの潜在力は大きい

BRICsといわれる人口大国の経済成長もすごいものがあります。BRICsとは、ブラジル、ロシア、インド、中国のことです。この4カ国の人口は世界人口の4割を占めています。

とくに、中国は13億人以上の人口で、広い国土を有し、この市場は想像を絶するほどの経済効果をもたらすに違いありません。

中国はWTO（国際貿易機関）への加盟、2008年の北京オリンピック開催とあわせて飛躍し、2010年には日本を抜いてGDPが米国に次いで世界2位になりました。10％台の成長率を記録していましたが、現在は失速が懸念されています。

中国株とは、中国大陸と香港の株式市場に上場している株式のことです。取引所は上海、深セン、香港の3つです。

インドは人口10億人強、IT産業などが急成長を示しています。富裕層が3億人といわれていることと、中国と違って親日であるというのも魅力といえます。

このほかのアジア株への投資では、直接現地の株を買うこともできます。しかし、個別銘柄は十分な情報が得られないケースが多いため、なるべく避け、アジア株を対象とした投資信託に目を向けたほうがいいでしょう。

投資に際しては、アジア株に詳しい証券会社に聞いてみるのがいちばんです。

先人の知恵

相場格言

七

株価は株価に聞け

◆株価は正直である

◆株価は正しい

◆理路整然として曲がる

◆理論で勝って、相場に負ける

◆ファンダメンタルズ派は8割が損をする

チャートを活かせ

◆罫線（チャート）は相場師の杖

◆罫線屋、足を引き引き足を出し

◆罫線を過信するな！

◆罫線が悪いのではない、悪いのはそれを使う投資家だッ

◆常に、株価の位置、方向を確認せよ

努力をする人に幸あり

◆僥倖が明日また続くと思うなよ、思うは破滅の第一歩なり

◆またあると思う心のあさましさ、奇跡は一生一度と思え！

◆金のなる木は水では生きぬ、汗をやらねば枯れていく

相場の天底をつかむ

◆万人があきれ果てたる値が出れば、そこが高下の境なりけり
◆天井圏では喜びつのり、底値圏では恐怖が走る
◆天井と見える天井はなく、大底と見える大底はない
◆強気相場は悲観のなかで生まれる
◆この街が静かな時に買え！
◆相場は最後が大きい
◆野も山も皆一面に弱気なら、アホーになりて買いのタネまけ！
◆天井圏では悪材料を探せ、なかったら売れッ
◆底値圏では好材料を探せ、なかったら買えッ
◆朝の来ない夜はない
◆夜明け前がいちばん暗い
◆株価は天には届かず、地には落ちる
◆山高ければ谷深し
◆陽極まれば陰転する
◆陰極まれば陽転する
◆利があればいずこより来るカネのヘビ、われもわれもと買いの行列

行きすぎもまた、相場なり

株価は常に上下に行きすぎる。それが相場である。したがって、波の先を見通す目が必要になる。冷静な視点である。行きすぎは強さとは違う。

BEST INTRODUCTION TO ECONOMY

8章 株式投資の実践ノウハウ

SECTION 8-1 株式投資の目的は？

"自分の性格"もよーく考えて、投資の目的とスタイルを確立する

「投資の3K」が大切

20年、30年やっても「株ってものは……」と嘆く人が多いのです。一方で、意外に短期間でコツを掴むことができる人もいます。

そのためには、やはり基本が大切なのです。「**投資の3K**」では、①基本を学び、②記事のウラを読み、③人の話を聞く——ことが肝心だと教えています。これは最低限の投資哲学・ノウハウを身に付けよ、との教訓とも合致しています。

先日、ある投資顧問会社の社長が「最近、会員になった人のなかに前場、後場の意味がわからないという人がいた」と語っていました。これでは困ります。

「投資の3性」を考える

「投資の3K」に加えて、株式投資の目的とそれに伴う投資スタイルを確立することです。「**投資の3性**」として、①お金の性格、②商品の性格、③自分の性格を確認せよと諭しています。

お金の性格とは何でしょうか。これはそのお金が老後の備えのための資金か、住宅改築資金か、子どもの教育費か、それとも純粋な余裕資金かといった、投資資金の性質です。

老後の備えのための資金を投機的な銘柄（たとえば仕手株など）に投資するわけにはいきません。資金の性格によって投資する商品（銘柄）は変わります。

したがって、商品の性格は、お金の性格とも深く関係します。投資をする前にその商品の信頼性、運用の透明性、換金性などをチェックすることは基本中の基本です。

最後に、自分の性格もとても重要です。人間にはもって生まれた肌の色によって、その人に合うカラー（色彩）があるといわれています。大別すると、金（ゴールド）派と銀（シルバー）派です。どうも服が似合わないという人は基本のカラーが合っていないケースが多いのです。

これと同じように、株式投資においても、自分の性格に合った投資スタイルが必要なのです。いつもワンテンポ遅れる優柔不断（おっとりしている）の人が材料株での短期売買をしようとしても所詮無理です。よく考えて、意を決して買いにいけば素っ高値、ダメだ、ダメだと思いつつ投げきれず、それでも我慢できなくなってやっと売ったらドン底値なんて経験はありませんか。そう、遅れた者は常に悪魔のエジキなのです。

長期投資でじっくり資産形成をするか、**中期投資**で確実に資産を殖やすか、**短期投資**（ネット証券を使ったディーリング）で小幅の利ザヤを狙ううちのいずれがいいのか、自分の性格をよく考えて、自身で判断するしかありません。

しかし、その目安を簡単に知る方法があります。それは、イヌ派、ネコ派の考え方です。これはあくまでも一般論ですが、イヌ好きの人はじっくり型の投資に向いていて、ネコ好きの人は短期売買に適性があるといわれています。

KEY WORD

天井：相場（株価）の高値（圏）。全体でも個々の銘柄でも出来高が急増し、値動きが荒っぽくなる。
青天井：株価の上昇が続き、なお際限なく上げ続けるような状態をいう。通常、史上最高値を更新している場合に使う。

SECTION 8-2

銘柄選び① 長期投資の場合

「成長株」を見極めて投資!

利殖の投資は長期が基本

銘柄選びは株式投資の成否を大きく左右します。株式投資では、何を、どこで、いくつ、いくらで、買うか、売るかが重要です。これがリスク・マネジメントの基本です。

何とは銘柄であり、どことはタイミングであり、いくつとは株数であり、いくらは株価であり、買うか売るかとは方向性です。

このなかでも、多くの人が悩むのが銘柄選びでしょう。相場観は的確でも、銘柄が外れていては効率のよい投資成果が上がらないことはいうまでもありません。

銘柄選びには、短期(趣味の)投資か、長期(利殖の)投資かによって変わってきます。すなわち、投資スタンスによって手がける銘柄は異なって当然ということです。材料株、仕手株を長期に保有するなんてことを考えてはいけません。

ここではまず、長期投資の銘柄選びについて考えてみましょう。長期投資といえば、かつては10年単位だったところですが、世の中の変化のスピードが速い昨今は2〜3年ぐらいをメドにしてください。

長期投資といえば、基本は**成長株**がターゲットです。しかし、成長株=新興市場という単純な思いつきは間違っています。いまや、高炉、自動車産業など、かつてはガチガチの成熟産業とみられていたものが成長産業に変

●アコムの週足チャート

KEY WORD

甘い：相場がやや安いさま。1～2円安いときには小甘いなどという。
しっかり：相場がわずかだが高いとき、しっかりという。小じっかりともいう。

わりつつあります。これはＢＲＩＣｓなど人口大国の経済成長を受けたものです。

もちろん、新興市場の純粋な成長株投資も有力な選択肢です。この場合、成長株をどうやってピックアップするかが肝要です。

成長株を発掘する2つの視点

成長株を発掘するには、①受動的視点と、②能動的視点があります。受動的視点とは、成長セクターを探し、そのなかから成長企業を選ぶやり方です。一方、能動的視点ではビジネスモデル、経営者の力量などを基準に銘柄を選択します。

前者の受動的視点からみると、やはり、アベノミクスに関連する分野ははずせません。すなわち、大胆な金融政策→円安、機動的な財政政策→社会インフラの再構築、国土強靭化計画、明確な成長戦略→ＴＰＰ参加、規制緩和などです。

具体的には：iPS細胞（創薬）に関連するリプロセル、小口金融の規制緩和のメリットを受けるアコム、ＴＰＰ関連の山崎製パン、電力改革によって存在感が高まる大阪ガス、円安メリットではトヨタ自動車、マツダなどをピックアップできます。

後者の能動的視点からみた代表は、ファーストリテイリング、ソフトバンク、日本Ｍ＆Ａセンター、テンプホールディングス、ＦＦＲＩなどでしょう。

チャートを掲載したのはアコムです。業績の長期低迷は過払い金の返還訴訟、総量規制、貸し出し金利の引き下げなど、行政サイドの方針変更によるものです。しかし、その「逆風」は急速に緩んでいます。さらに、安倍政権は小口金融の規制緩和を行なう方針を明らかにしています。アイフルなどを含めこれを評価する相場が始まる可能性があります。

SECTION

8-3 銘柄選び② 短期投資の場合

上昇トレンドの銘柄にタイミングよく飛びつく

短期投資では値動きを追いかける

短期投資ではひたすら値動きを重視し、それを追いかける**順張り**が肝要です。テクニカル・アプローチでは上昇トレンドの銘柄、新値を追っている銘柄、底練り離脱・もみ合い放れの銘柄に的を絞ります。

上昇トレンドとは13週移動平均線、26週移動平均線、25日移動平均線がともに上昇中であり、かつ13週移動平均線が26週移動平均線を上回っており、さらに時価が25日移動平均線の上に位置している状態です。

こうした上昇トレンドにある銘柄は押し目買いの戦術が有効でしょう。押し目買いのメドは25日移動平均線の水準になります。時価水準を積極的に攻めてもかまいません。

もちろん、こうした銘柄は新値を追っています。株価の強さは、好業績、好需給かつテーマ性内包と、ジャッジメンタル・アプローチとファンダメンタルズ・アプローチの両方の条件に合致していることを示しています。

テーマ銘柄の先回り買いも……

また、テーマ銘柄の先回り買いも有効です。テーマ的には長期的な需給の逼迫のほか、新興国の需要激増、アメリカの「脱中東」政策、世界景気の回復が市況を押し上げるエネルギーセクターに注目できます。

とくに、原油価格はシェールガス革命にも

●トレンドの基本パターンは3種類

上昇トレンドのケース

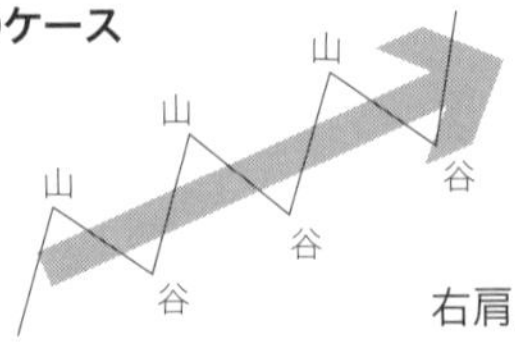

上昇は継続すると
考えられる

強気相場では
右肩上がりの波動を描く

下降トレンドのケース

下降は継続すると考えられる

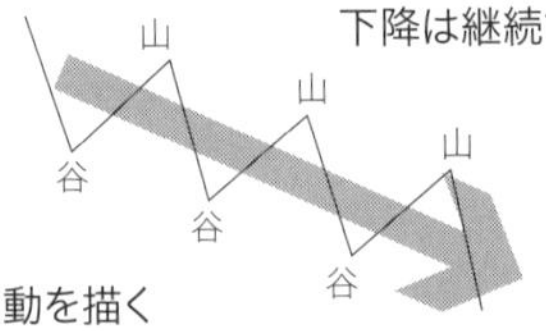

弱気相場では
右肩下がりの波動を描く

横ばいトレンド

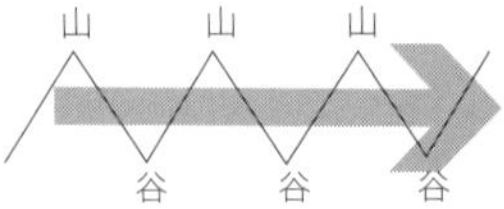

山と谷を繰り返すものの、全体としては上昇も下降もしない

KEY WORD

高寄り：その日の立ち会いの最初の商い（値段）を寄り付き（値）というが、これが前日の終値よりも高く始まること。逆の場合を安寄りと称する。

かかわらず長期的には値上がりが予想されています。この背景にはユーロ不安の存在に加え、イランの核開発疑惑、産油国ナイジェリアの政情不安、自然災害の多発など地政学上のリスクがあります。さらに、低コストで採掘が可能な「イージーオイル」の生産が先細り（2015年にはゼロに）という現実があるようです。

かつて、油田は映画「ジャイアンツ」（ジェームズ・ディーン主演）の感動シーンのように、原油が勢い良くふき上がったものですが、最近は圧力を加えたりしないと採掘できません。しかも、海上、大深度など採掘条件は著しく厳しくなっています。

それに、資源ナショナリズムの高まりがあって、有力油田が次々と国有化されています。国際石油資本のシェルは在来型の油田開発には参加しない方針を打ち出しています。資本、技術不足は新規油田の開発、原油増産を困難にするでしょう。

一方、穀物価格も高騰するでしょう。人口大国の経済成長→生活の洋風化は肉類の消費を増加させます。これは歴史の教訓です。

ちなみに、牛肉を1トン生産するには8トンの穀物が必要といわれています。豚肉を1トン生産するには4トンの穀物が必要です。食料の穀物が飼料になってしまうのです。これでは穀物が足りません。

これらのメリットを受けるのは中長期的な視点では三菱商事、伊藤忠商事、丸紅、三井物産などの総合商社です。

また、三菱重工業は仏・アレバと組んでの原子力事業、航空・宇宙、防衛、造船、風力発電など多彩なビジネスを展開しています。とくに、資源・エネルギー分野に強いのが魅力です。宇宙基本法の成立も追い風となるでしょう。日立、川重も社会インフラ、エネルギー分野に注力しています。

SECTION
8-4 銘柄選び③ 大型株or小型株、主力株or材料株？

銘柄の特徴によって値動きは異なることに注意

大型株は値動きがにぶい

ここでは銘柄を選ぶ指針について、**規模別**（大型株か小型株か）、**株価水準別**（値がさ株か低位株か）、**主力株**か**材料株**かといった視点から検証してみましょう。

銘柄は発行株式数によって大型株、中型株、小型株などに区別がなされています。東証1部上場企業には大型株が多く、新興市場は楽天などの例外を除いて小型株が中心となっています。

そして、基本的に大型株は値動きが鈍く、小型株は値動きが荒っぽいのが普通です。同じような株価の銘柄であっても、1日に1～2円しか動かないものと、同10～20円も動くものがありますから、投資するときには注意が必要です。

値がさ株と低位株という視点では、値幅は値がさ株が大きく低位株が小さいと思われがちですが、最近は必ずしもそうではありません。ネットトレーダーの出現で、低位株が大きな値幅で動くことも増えているからです。また、低位株のなかには「仕手株」に属して、普通の投資判断とはまったく異なる値動きをするものもありますから、これまた注意が必要です。

主力株は全体相場に連動して動く

次に、主力株と材料株という視点ではどうでしょうか。主力株というのは、日経平均株価に採用されているような銘柄を指します。

ブリヂストンの週足チャート

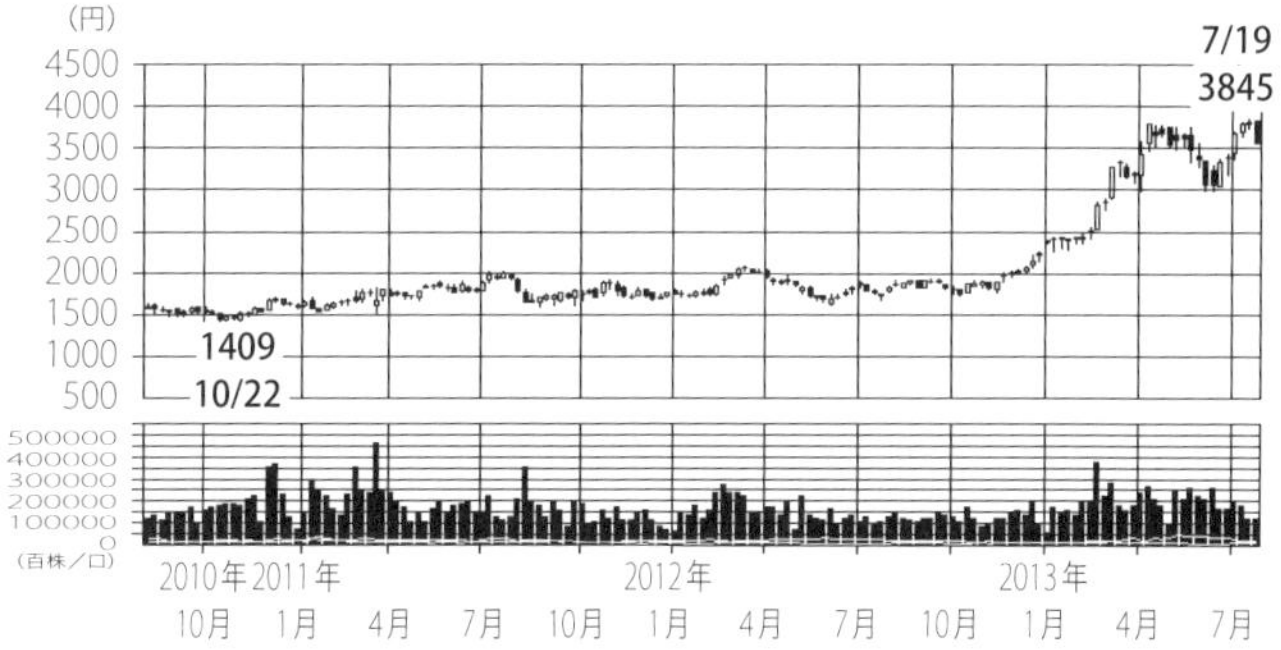

川崎汽船の週足チャート

KEY WORD

買い疲れ：買ってはみたものの、あまり上がらず買い気が薄れること。逆に売り込んだ銘柄には売り疲れが出る。

したがって、日経平均株価（全体の相場）が弱いときには弱い動きをし、強いときには強い動きをすることが多くなります。

　これに対して材料株となると、全体の相場とは関係なく、独歩高、独歩安になることもあります。こういう銘柄は、うまく投資できれば万々歳ですが、ヘタをすると、相場全体が活況のときに、一人だけ蚊帳の外になることもありますので、注意が必要です。

　また、主力株では、指数に採用されるとか、逆に指数から外されるときなどに、インデックスに連動する運用を目指すファンドなどからの売買の影響により、個別企業の業績などとは無関係に株価が上昇したり下落したりすることもあります。

　さらに、日経平均株価やＴＯＰＩＸなどに採用されている銘柄には、先物取引との裁定の影響により、株価が大きな影響を受けるものもあります。

　銘柄を選ぶ際には、このような特徴をつかんで、値動きに振り回されてあたふたとするようなことは避けたいものです。

　チャートを掲載したブリヂストンは、円高時代のリストラ（経費削減）効果に加え、世界景気の回復メリットをフルに受けています。足元の収益水準はミシュランを抜き、タイヤ業界では世界最高です。好業績↓大幅増配は株価に反映されるでしょう。当然、住友ゴム、横浜ゴムなども急浮上に転じる見通しです。

　一方、川崎汽船はコンテナ船業務がメインであり、欧米景気の影響を強く受けます。ここ数年はサブプライムローン・ショック、リーマン・ショック、ユーロ不安のダメージが大きかったものの、これからは逆に、すべてが好回転に転じる可能性があります。もちろん円安メリットも大きいことが好材料です。

SECTION 8-5

銘柄選び④ 一番手銘柄か二番手銘柄か

ビギナーはトップ企業の動きを観察して投資するのが無難

業界のトップ銘柄が無難

日本を代表する企業、要するに主軸株への投資はビギナーにピッタリです。業界の**トップ企業**は、まず経営リスクがありません。

トップ企業を狙うにはそれなりの理由があります。2番手、3番手企業よりも株価の弾性値が大きいのです。

弾性値とは何でしょうか。2番手、3番手企業は飛行機の後輪にたとえられます。飛行機の後輪は、離陸は最後、着陸は最初です。つまり、上がるのは遅く、下がるのは速いということです。兜町には「飛行機の後輪銘柄は買うな」「飛行機の前輪銘柄を狙え!」という教えがあります。

後輪銘柄は買うなということですが、これはどういった意味でしょうか。

飛行機の前輪は離陸の際、真っ先に地上を離れます。後輪は最後になります。要するに、投資する場合は業界の1~3番手企業までに的を絞れ、といっているのです。

着陸の場合はどうでしょうか。後輪が先に着地します。後輪銘柄とは業界の下位グループです。やはり、業界のトップグループを狙うのがセオリーなのです。

飛行機の前輪銘柄を狙え

まずは素直にトップ企業を狙う場合のビギナー向けの投資法として、**ジェリーフィッシ**

●野村ホールディングスの週足チャート

●伊藤忠の週足チャート

ユ作戦をお教えしましょう。

ジェリーフィッシュとはくらげです。波間に漂うくらげのように、ひたすらと株価の水準を追いかけて、狙ったターゲットゾーンに入ったら買うのです。

チャートを掲載した野村HDは業界トップですが、株価は一時期、大和証券グループに負けていました。旧リーマン買収の後遺症が残っているためか、業績回復が遅れていましたが、現在はV字型の回復を示しています。しかし、業界環境の激変を反映する相場が展開されることが期待できます。この銘柄はターゲットゾーンで買ったあと、天井が高いのが魅力です（1987年には5990円の高値）。

熟練者は出遅れ銘柄で勝負も……

これに対して、熟練者のなかには、業界ごとに1番手、2番手、3番手、4番手ぐらいまでの銘柄をピックアップして観察し、1番手が動いたら出遅れ（2番手以下）を狙う、という投資法を実践している人もいます。しっかりと動きを研究し、慣れているならばいい方法ですが、乗り遅れたり、逃げ遅れたりしたら危険だと肝に銘じておくべきです。

チャートを掲載した伊藤忠商事は業界3〜4位のグループですが、実力的には三菱商事、三井物産に見劣りしません。むしろバランスのとれたビジネスモデルが威力を発揮する局面を迎えつつあるといえるかもしれません。総合商社は資源、エネルギー、穀物市況高騰のメリットを享受できる立場にあるだけに、狙い目といえます。

KEY WORD

材料出つくし：相場には先見性がある。材料は早目早目に織り込む。これは好材料も悪材料も同じだ。このため、実際に材料が出たときにはすでに織り込み済みとし、株価が反応しないケースがある。むしろ、逆に売られたり（好材料の場合）、買われたり（悪材料の場合）するケースもある。

SECTION
8-6 買いと売りのタイミング

同じ銘柄でも、投資のタイミング次第で損にもなればトクにもなる

上昇トレンドの銘柄を買う

株式投資において、「まったく儲からない」と嘆いてばかりいる人は、投資スタンスが自分の性格と合っていないか、（たとえ銘柄選択がよくても）本来は売るべきタイミングで買ってしまったり、買うべきタイミングで売ってしまったりしているのです。これでは儲かりません。

まず、売買の大原則（基本）を確認しておくと、大底を確認し、上昇トレンドに転換した銘柄を買って、大天井を打って、下降トレンド入りした銘柄を売る――です。

もちろん、天底の確認は非常にむずかしく、そんなきれいな形のチャートを描く銘柄はそうたくさんあるわけではありません。

だからせめて、移動平均線が上昇中（順張りパターン）の銘柄で、かつ時価がその上にある銘柄（順カイリ）に的を絞ることが大切だというのです。

これがいわゆるトレンド重視の投資です。

逆に、移動平均線が下降中の銘柄を〝**値惚れ**〟で買ってはいけません。下げの途中で買うな、落ちる短剣はつかむなというのが株式投資の基本だからです。

ただし、主軸株の場合、日々の株価と25日移動平均線とのカイ離率が15～20％になったら目先的には調整が必要なことが大半です。この水準では利食いを優先し、新規の買いは

●沢井製薬の週足チャート

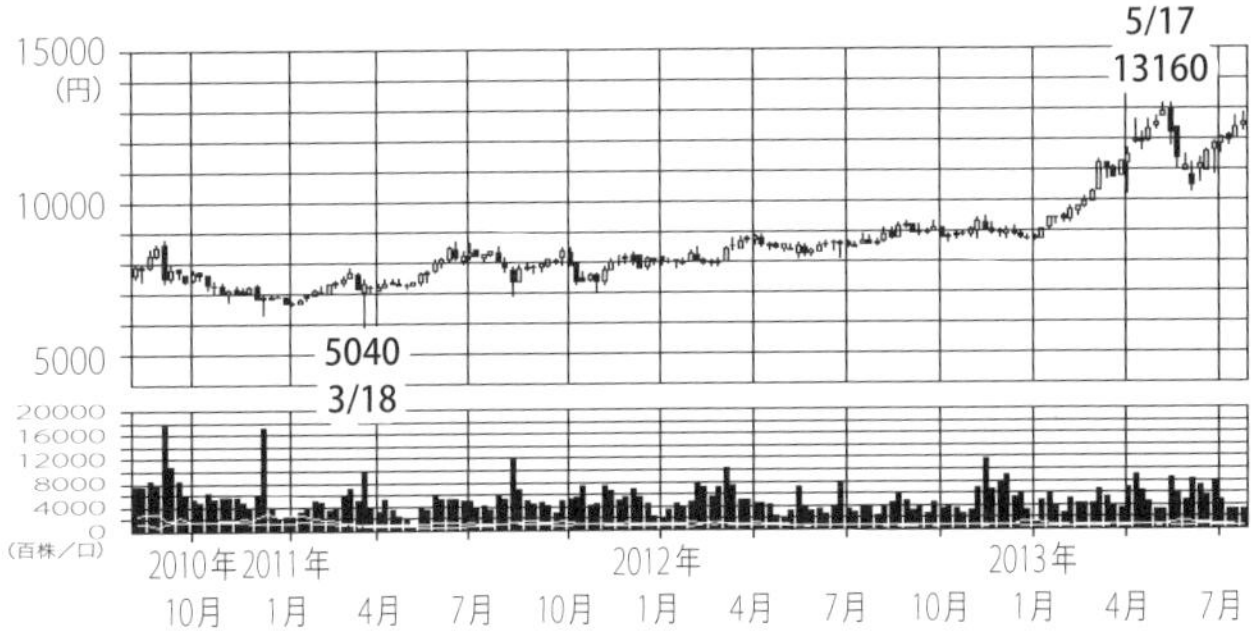

●新明和工業の週足チャート

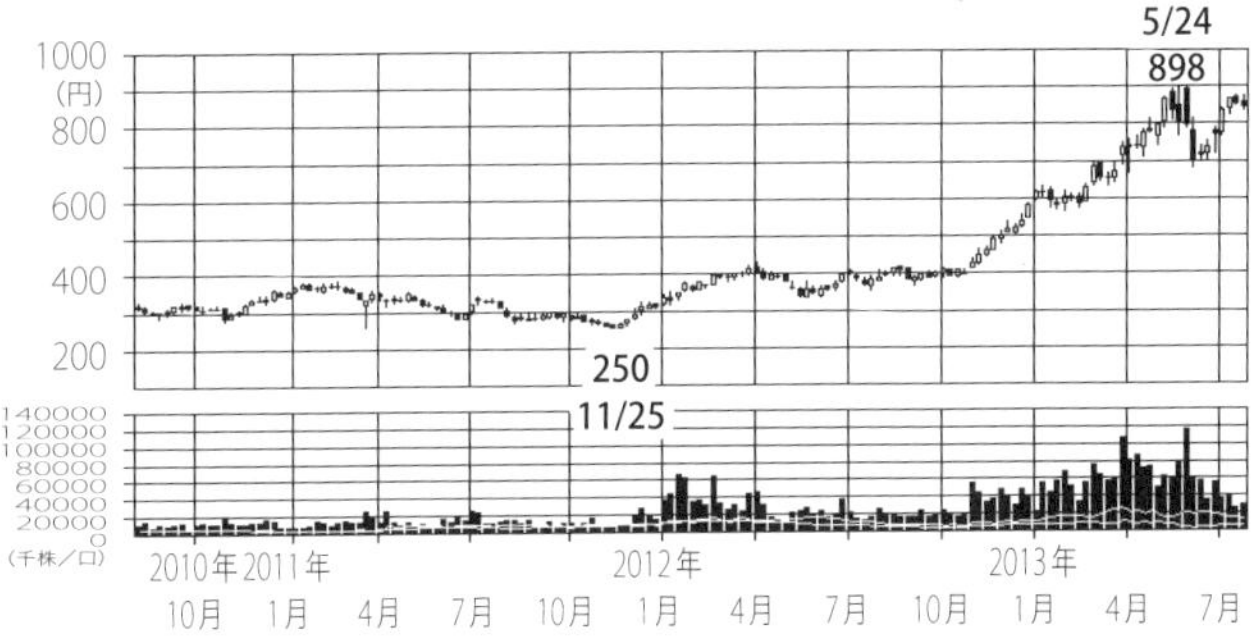

KEY WORD

手張り：証券会社の役員、社員が個人で株式投資を行なうこと。行為自体は違法ではないが、短期売買、信用取引などは禁止している証券会社が多く、売買には厳しい条件が付いている。実質的に禁止している証券会社もある。

見送るのが賢明です。これを「**押し目待ち**」の状態といいます。

また、一時的な調整（上昇トレンドが継続）のケースでは、押し目買いのパターンになります。この見極め、タイミングの取り方が大切なのです。

チャートを掲載した沢井製薬はここ数年、抜群に強い動きをみせています。ジェネリック（後発医薬品）のトップ企業ですが、この業界は政府の支援を受けています。テクニカル的にはきれいに25日移動平均線に沿って上昇しており、この水準に接近したところ（押し目）が買いになります。

また、新明和工業は、中段保ち合いというより高値圏での調整を経て、一段高に進みそうな値動きです。ダンプなど特殊車の大手であり、東日本大震災の復興需要、社会資本再構築などの恩恵を受けることが期待されています。

大底と天井のパターンは？

なお、チャート上の大底確認のパターンには、①逆三尊、②二点底（ダブルボトム）、③ソーサーボトム、④大陽線、⑤長い下ヒゲ、⑥十字線、⑦マドの出現、⑧ゴールデン・クロス、⑨移動平均線の上昇……などがありますが、これらのシグナルが複数重なって出るのが普通です。

天井形成のパターンはこの逆になります。

株価が天井を形成し、下げに転じた場合、すみやかに投げることです。ここで逡巡すると、大やられの原因になります。そう、引かれ腰は大ケガの元なのです。

SECTION 8-7

「簿価ゼロ株」をつくって、株式分割で儲ける法

趣味の投資における必勝法

「恩株をつくる」のが儲けの秘訣

最近は「あの人はいま？」に登場していますが、かつて、**タワー投資顧問**の清原達郎運用部長は推定年収105億円（2004年所得）のスーパーサラリーマンとして話題になりました。彼の得意とする運用手法はロング・ショート戦略です。これは割高なものを売って、割安なものを買う〝両建て〟作戦です。このほか、カラ売り、ワラント、MSCBなどを使って、コストゼロの持ち株をつくる戦術も多用したといわれています。

簿価ゼロの持ち株をつくる――これは仕手グループもよく使います。「**恩株**（コストゼロの株式）を残せ、その思いやりの心が大幅利食いを可能にする」という相場格言があるほどです。

株式投資の理想形は、大底で買って天井で売るパターンですが、前述したように、これは非常にむずかしいものです。どこが底やら天井だかわからないのが普通です。それに、天井売らず、底買わずとか、頭としっぽはネコにやれ、といった格言もあります。

だからこそ、買い下がり、売り上がりが有効ですし、恩株を残し、それを「大天井を確認する」までは持ち続けるのです。

具体的な恩株のつくり方

恩株のつくり方は簡単です。たとえば、2

●みずほフィナンシャルグループの週足チャート

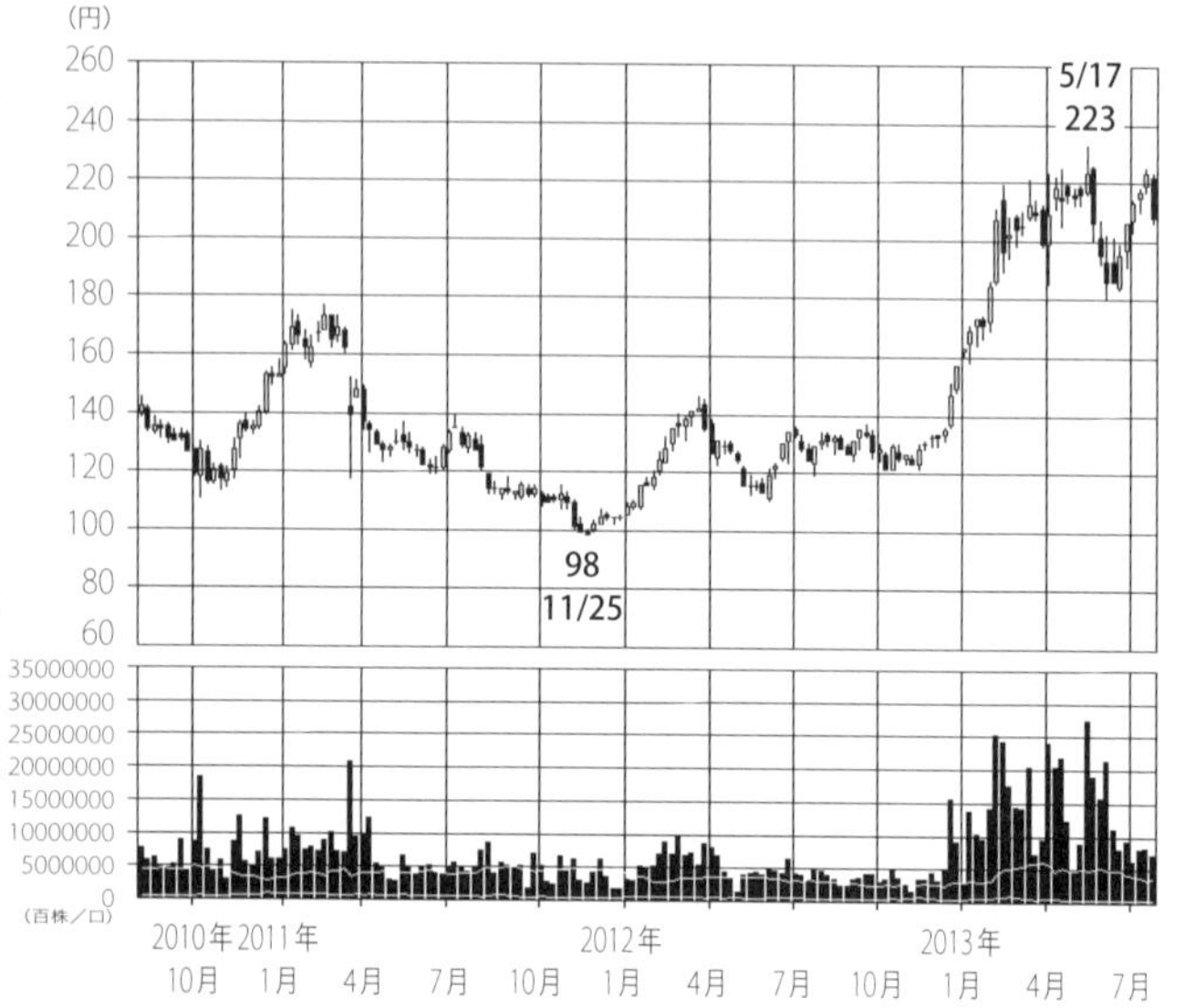

筆者は2011年夏〜秋、2012年夏〜秋に「普通預金を引き出し、メガバンク株を買おう！」という独自のキャンペーンを行なった。株価は2011年11月21日に98円の安値をつけたが、2013年5月15日には233円の高値まで上昇した。仮に100円前後で2000株購入し、200円超で1000株売ったとすると、残りの1000株はコストゼロとなる。これを大天井を形成するまで保有する。ちなみに、2006年4月には1030円の高値がある。

KEY WORD

買い支え：下落しそうな銘柄を下がらないように買うこと。ファイナンス期間中の株価安定操作、仕手グループが担保価値を維持するときなどに使う。株価操作と判断されることもある。

00円の株価の銘柄を2000株買ったとします。この銘柄が400円になったら1000株売るのです。残りの1000株は計算上、タダの株券です。これなら当面の株価の値動きに一喜一憂することなく、持ち続けることができます。なにしろコストゼロなのです。

ちょっと待って、株価倍増なんてめったにない？　そう、それはそうです。だからこそ、最初にちょっと株数を多めに買うのです。前記の例で5000株買えば、2割強の値上がりで4000株を売って1000株分をコストゼロにできます。

著名な学者のうち、相場で財をなしたのはリカルド、ケインズなど世界に数人といわれていますが、その1人、林学博士の**本多静六**先生の投資手法は、①2割益出し、②10割半分手放し法――です。びっくりするほど単純です。

要するに、趣味の投資は20％上昇した局面で確実に売る、利殖の投資においては100％上昇（2倍）した銘柄は半分売って、残りは保有する――というものです。この投資作戦によって、本多先生は25～40歳の15年間で資産数百億円、1万町歩（1万ヘクタール）の山林をもつに至ったといわれています。

一方、ハイ・グロース（小型成長株）の長期投資によって資産を形成する方法もあります。ヤフーは1997年11月に株式を公開しましたが、初値は200万円でした。以来、1対2の株式分割を13回実施、当初の1株はなんと8192株に膨らんでいます。200万円が数億円に増えたのです。

これが小型成長株投資（すなわち利殖の株式投資）のすごさです。もちろん、このケースでは短期間に急成長する企業をいかに探すかがポイントになります。趣味の投資と利殖の投資は、二者択一にするよりも、上手に資金配分したほうが長続きします。

INDEX —— 索引

杉村富生（すぎむら　とみお）
1949年熊本生まれ。明治大学卒業後、経済紙記者を経て、1991年独立。実践派の経済評論家、マネーエコノミストとして活躍中。大正大学客員教授。金融、経済界に強力なネットワークをもち、情報の正確さ、豊富さでは他を圧倒している。ラジオNIKKEI「ザ・マネー」「視界良好！杉村商店」などにレギュラー出演。講演会も好評を博している。累計35万部のベストセラー『入門の入門“株”のしくみ』（日本実業出版社）、『株価チャートの読み方』（同）など著書は100冊を超える。

見《み》る・読《よ》む・深《ふか》く・わかる
入門《にゅうもん》“株《かぶ》”のしくみ

2013年9月1日 初版発行
2015年8月10日 第4刷発行

著　者　杉村富生 ©T.Sugimura 2013
発行者　吉田啓二

発行所　株式会社日本実業出版社　東京都文京区本郷3−2−12 〒113-0033
大阪市北区西天満6−8−1 〒530-0047
編集部 ☎03-3814-5651
営業部 ☎03-3814-5161　振　替　00170−1−25349
http://www.njg.co.jp/

印刷／理想社　製本／共栄社

この本の内容についてのお問合せは、書面かFAX（03−3818−2723）にてお願い致します。
落丁・乱丁本は、送料小社負担にて、お取り替え致します。

ISBN 978-4-534-05107-3 Printed in JAPAN

日本実業出版社の本

定価変更の場合はご了承ください。

見る・読む・深く・わかる

入門 投資信託のしくみ

中野晴啓
定価 本体1400円(税別)

「理想の投資信託」を求めて、自ら投信会社を立ち上げ7万口座を保有するまでに育て上げた著者が、投資信託の基本から裏側まで、図解入りでわかりやすく解説する入門書の決定版！

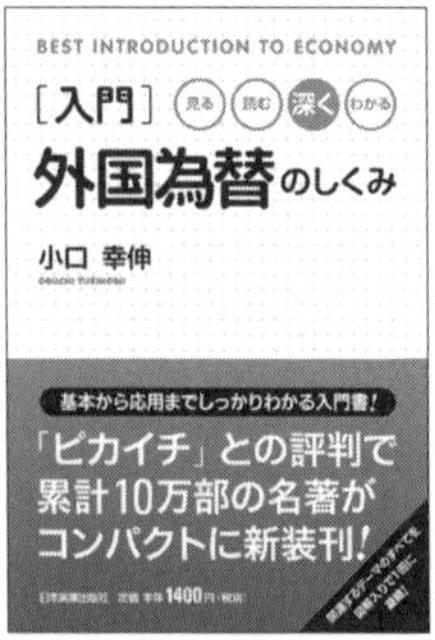

見る・読む・深く・わかる

入門 外国為替のしくみ

小口幸伸
定価 本体1400円(税別)

為替相場やインターバンク市場のしくみから、取引の実際、代表的な通貨の特徴、デリバティブ取引、為替レートの予測まで、知っておきたい基本知識を図解でやさしく解説！

見る・読む・深く・わかる

入門 金融のしくみ

田渕直也
定価 本体1400円(税別)

「深く・わかる」というコンセプトの下、金融のイロハから応用の入り口まで、必要なテーマについて体系的に整理。ポイントを押さえた図版とわかりやすい解説で、スラスラ読めて理解できる定番入門書！